教育家观察

顾明远题

PERSPECTIVE OF EDUCATORS

中国式教育现代化

郅庭瑾◎主编

华东师范大学出版社
·上海·

图书在版编目(CIP)数据

教育家观察:中国式教育现代化/郅庭瑾主编.—上海:华东师范大学出版社,2023
ISBN 978-7-5760-4011-1

Ⅰ.①教… Ⅱ.①郅… Ⅲ.①教育现代化-研究-中国 Ⅳ.①G52

中国国家版本馆CIP数据核字(2023)第130302号

教育家观察
中国式教育现代化

主　　编　郅庭瑾
责任编辑　彭呈军
特约审读　单敏月
责任校对　王丽平
装帧设计　卢晓红

出版发行　华东师范大学出版社
社　　址　上海市中山北路3663号　邮编200062
网　　址　www.ecnupress.com.cn
电　　话　021-60821666　行政传真　021-62572105
客服电话　021-62865537　门市(邮购)电话　021-62869887
地　　址　上海市中山北路3663号华东师范大学校内先锋路口
网　　店　http://hdsdcbs.tmall.com

印 刷 者　上海盛隆印务有限公司
开　　本　787毫米×1092毫米　1/16
印　　张　12.25
字　　数　225千字
版　　次　2023年7月第1版
印　　次　2024年10月第2次
书　　号　ISBN 978-7-5760-4011-1
定　　价　52.00元

出 版 人　王　焰

教育家观察

顾明远题

《教育家观察》简介

观察是指细察事物的现象和动向。观，指的是看和听；察，则是分析与思考。观察是以视觉为主，融察看和审视等多种感觉为一体，包含积极深刻的思维活动的综合感知，是认识世界、获取知识的重要途径，也是科学研究的重要方法。观察甚至被誉为学者的第一美德。

教育家是在教育思想理论或教育教学实践方面有创见、有贡献、有影响的各方面杰出人物。它不是一种头衔或者代表某种身份，优秀的教育研究者、管理者、一线教师都可以在某种意义上成为教育家。带着问题和思想，对教育过程或场景进行专业细致的观照和探察，即教育观察或观察教育，同样极有意义和价值。无论是研究者、管理者、实践者，专业、理性的观察乃是教育研究洞察力、想象力和生命力之所在。

《教育家观察》系列图书定位为一个发表专业观点、交流教育思想和实践经验的学术平台，面向所有关心、思考、研究教育的读者，每册聚焦一个主题，旨在**观照重大改革，洞见现实热点，传播前沿思想，引领未来走向**。通过全面回应教育改革与发展中的现实问题和热点问题，**为教育行政提供决策依据和信息，为学校领导提供办学方向和借鉴，为各类读者提供思考问题的专业视角**。

《教育家观察》由教育部中学校长培训中心主办。

“人民教育家”于漪先生和**著名教育学家、北京师范大学资深教授顾明远**先生担任总顾问。

顾问委员会

（以姓氏笔画为序）

总顾问

于　漪　顾明远

顾问委员

马宪平　中国教育学会教育管理分会理事长、北京教育学院党委原书记

尹后庆　上海教育学会会长、上海市教育委员会原副主任

朱永新　第十四届全国政协副主席、民进中央常务副主席

许晓东　华中科技大学党委常委、副校长

杨东平　国家教育咨询委员会委员、21 世纪教育研究院原院长

杨银付　中国教育学会秘书处秘书长

张民选　联合国教科文组织教师教育中心主任、上海市教育委员会原副主任

张志勇　全国人大代表、北京师范大学教育与社会政策研究院国情研究中心主任

陈玉琨　华东师范大学终身教授、教育部中学校长培训中心原主任

孟繁华　首都师范大学党委书记

柳海民　东北师范大学党委原副书记、副校长

袁振国　华东师范大学终身教授、国务院学位委员会教育学科评议组召集人

顾红亮　华东师范大学党委常委、副校长

徐　辉　十三届全国人大宪法和法律委员会副主任委员、民盟中央专职副主席

奚洁人　中国浦东干部学院首任常务副院长、上海市领导科学学会创始会长

桑　标　上海市教育科学研究院院长

程天君　南京师范大学党委常委、副校长

鲁　昕　教育部原副部长

童世骏　上海纽约大学校长、华东师范大学党委原书记

褚宏启　北京师范大学教授

薛　澜　清华大学文科资深教授、国务院学位委员会公共管理学科评议组召集人

戴立益　全国政协委员、华东师范大学副校长

《教育家观察》总顾问

顾明远先生
寄语《教育家观察》

我们的教育如果要变得更好，就要找出问题所在。当前教育的问题是什么？我觉得，那就是还没有摆脱应试教育的困境。正因为此，学生的学习负担重，学生被学习、被教育的状况依旧没有改变。教师和家长逼着学生学习，这样的教育是没有希望的。

中国教育处在从数量发展到质量提高的关键时期。提高教育质量，要明确基础教育的任务。我觉得基础教育首要的任务是打好三方面的基础。第一，打好学生身心健康成长的基础；第二，打好学生终身学习的基础；第三，打好学生走向社会的基础。根据这三个基础，我们来设计怎么把小学教育和中学教育办好。

减轻学生课业负担是关系到培养什么人、怎样培养人的问题，是贯彻党的教育方针、落实立德树人的问题。负担减轻了，才有可能真正做到“五育”并举，使学生德智体美劳全面发展，成为社会主义建设者和接班人。

规范治理校外培训机构是减负的重要环节。校外培训机构应该成为学校教育的补充，为学生在某些方面的兴趣特长提供服务，如提供体育、音乐、舞蹈、美术、科技等个性化资源，丰富学生的校外生活。

减负并非一减了之，要加强公共教育供给，使学生的学习生活丰富多彩。学校、家庭、社会都要对学生课余时间负起责任，提供公共教育服务。

北京师范大学资深教授　顾明远

中国教育学会名誉会长　2022.2.12

《教育家观察》总顾问

于漪先生
寄语《教育家观察》

百年大计，教育为本，基础教育则是本中之本。基础教育从事的是人的基本建设，给人的思想道德、行为习惯、科学文化打基础，为其终身发展奠基。一个人能不能和谐发展，能不能充分地释放潜能，成就人生，相当程度上取决于他在青少年时期所接受的基础教育质量。为此，就要时刻把“人”放在第一位，牢牢树立“全面育人观”，聚焦在学生的全面发展和终身发展上。

就国家和民族的发展而言，今天的基础教育，就是明天的国民素质和未来的民族性格，它直接关系到国家在国际格局中能否形成人力资源的优势，关系到国家建设和发展是否有后劲，关系到中华民族伟大复兴的宏图大业，其战略地位和战略意义不可等闲视之。

中国的基础教育，就是要培养有一颗中国心的现代文明人，要培养有中国自信、中国自尊的，能放眼世界的，为世界和平做贡献的人，也就是能真正屹立于世界民族之林的中国人。而在中国的土地上办教育，就一定要坚持走中国特色的教育发展之路，以教育自信创建自信的教育。

“双减”作为重构基础教育体系的重大改革，校长的角色担当和实践作为至关重要。优秀的校长一定要研究人，尊重学生的成长规律，将一切为了学生发展的教育目标真正落到实处；要精心培养教师，以人育人，以心动心，以情激情，让每一个教师闪发光彩。

“人民教育家”
全国教书育人楷模
“改革先锋”

于漪
2022年2月8日

卷首语

教育要积极应对中国式现代化战略需求

朱永新

党的二十大报告指出,中国共产党的中心任务就是团结带领全国各族人民全面建成社会主义现代化强国、实现第二个百年奋斗目标,以中国式现代化全面推进中华民族伟大复兴。在社会主义现代化强国建设中,教育起基础性、战略性支撑作用。未来五年,是全面建设社会主义现代化国家开局起步的关键时期。教育改革发展要积极应对中国式现代化的基本要求,助力实现中华民族伟大复兴。

习近平总书记在党的二十大报告中全面阐述了新时代新征程中国共产党的使命任务,庄严地向全世界宣告:从现在起,中国共产党的中心任务就是团结带领全国各族人民全面建成社会主义现代化强国、实现第二个百年奋斗目标,以中国式现代化全面推进中华民族伟大复兴。

党的二十大报告对中国式现代化进行了全面深入系统的阐释,形成了包括"五大特征""九条本质要求""五条重大原则"等在内的完整理论体系。

党的二十大报告列"实施科教兴国战略,强化现代化建设人才支撑"专章,对教育、科技、人才在全面建设社会主义现代化国家新征程中所肩负的重要使命进行阐释,并作出战略部署。

教育、科技、人才是全面建设社会主义现代化国家的基础性、战略性支撑,建设教育强国是中华民族伟大复兴的基础工程。未来五年,是全面建设社会主义现代化国家开局起步的关键时期。教育改革发展如何积极应对中国式现代化的基本要求,助力实现中华民族伟大复兴,是摆在每一位教育工作者面前的重大理论和实践课题。

必须坚持党对教育事业的全面领导

中国式现代化是中国共产党领导的社会主义现代化。中国共产党的领导是中国特色社会主义最本质的特征，是中国特色社会主义制度的最大优势。建党一百年来，我国教育事业取得了举世瞩目的成绩，这离不开中国共产党对中国教育的高瞻远瞩与科学决策。

中国共产党之所以能够领导新中国教育全面发展，实现了“穷国办大教育”，并且正行进在建设教育强国的路上，是因为有科学理论的指导，有明确的奋斗目标，有严密的组织架构，有人民群众的支持，有数以千万计先进分子的孜孜以求。

教育是国之大计、党之大计。坚持党对教育事业的全面领导，是引领新时代中国特色社会主义教育事业不断前进的最大政治优势，也是建设教育强国的根本政治保证。十年来，我们深入贯彻以人民为中心的发展思想，在“幼有所育、学有所教”等方面持续用力，建成了世界上规模最大的教育体系，教育普及程度达到中高收入国家水平。坚持党对教育事业的全面领导，实施科教兴国战略，强化现代化建设人才支撑，是进一步推动我国教育事业发展的有力保障，也是教育事业可持续发展的客观要求。

必须坚持从国情出发扎根中国大地办教育

中国式现代化是人口规模巨大的现代化。现代化虽然起源于西方的工业革命，但是不能把现代化等同于西方化。党的二十大报告指出，中国式现代化，是中国共产党领导的社会主义现代化，既有各国现代化的共同特征，更有基于自己国情的中国特色。

中国必须走自己的道路，在教育上也是如此。根据教育部发布的2021年全国教育事业发展统计公报，全国共有各级各类学校52.93万所，各级各类学历教育在校生2.91亿人，专任教师1844.37万人。中国教育体量为世界之最。面对如此庞大而复杂的教育体系，从国情出发想问题、作决策、办事情就显得特别重要。我们必须汲取各国现代化和教育改革发展的经验教训，坚持扎根中国大地办教育，坚持中国特色社会主义教育发展道路。

我国有5000多年的文明史，孕育了学无止境、有教无类、因材施教等深厚的教育思想。新中国成立以来，尤其是党的十八大以来，我们在几十年的时间里，就从一个文盲占国民总数80%的教育弱国，发展成为教育总体水平达到世界中上收入国家水平的教育大国。这是任何一个国家都没有过的速度。中华民族优秀的教育思想和教育实践，不仅是我们教育改革发展的重要思想财富，也正在成为世界许多国家关注和研究的对象。

十年来，教育事业的中国特色更加鲜明，教育现代化加速推进，教育方面人民群众获得感明显增强，我国教育的国际影响力加快提升。习近平总书记在全国高校思想政治工作会议上指出："只有扎根中国才能更好走向世界。"扎根中国大地办教育，凸显民族特色，是中国教育走向世界的根本。

必须坚持以人民为中心加快建设高质量教育体系

中国式现代化是全体人民共同富裕的现代化。推动共同富裕，是社会主义的本质要求，也是中国特色社会主义制度优越性的集中体现。

习近平总书记在党的二十大报告中强调，我们坚持把实现人民对美好生活的向往作为现代化建设的出发点和落脚点，着力维护和促进社会公平正义，着力促进全体人民共同富裕，坚决防止两极分化。教育公平是社会公平的基础，精神的富裕是共同富裕的题中应有之义。大力发展教育事业，推进教育公平，是达到共同富裕的重要路径。

我们党十分重视教育公平，百年来一直为促进和实现教育公平而不懈奋斗。改革开放以来，尤其是党的十八大以来，党和国家持续加大对于西部和农村教育事业的投入，合理配置教育资源，东西部地区、发达地区与落后地区、城乡之间的教育发展不均衡问题有所缓解，正向着教育均衡发展迈出稳健步伐。

在推进中国式现代化的进程中，我们必须坚持以人民为中心的发展思想，让教育惠及全体人民，以教育公平促进社会公平。当前，我国已由人口大国成长为教育大国，正逐步迈向教育强国。公平和质量并不矛盾，在更高层次上二者是统一的。今天所追求的教育公平，是通过经济社会发展和教育自身变革来实现的更高水平的公平，是高质量的公平。高水平的教育公平和高水平的教育质量，都是教育现代化的必然要求。我们应该让每一个个体都有机会享有优质教育的资源，都有发展的机会，都能成为有用之才。

党的二十大报告坚持教育优先发展、科技自立自强、人才引领驱动，就办好人民满意的教育作出详细战略部署，是以人民为中心加快建设高质量教育体系，从而加快建设教育强国，为中华民族伟大复兴奠基的行动纲领。

必须坚持人的全面发展

中国式现代化是物质文明和精神文明相协调的现代化。党的二十大报告指出，物质富足、精神富有是社会主义现代化的根本要求。我们不断厚植现代化的物质基础，不断夯实人民幸福生活的物质条件，同时大力发展社会主义先进文化，加强理想信念教育，传承中华文明，促进物的全面丰富和人的全面发展。教育关乎亿万人民的切身利益，对于促进物的丰富和人的全面发展具有基础性作用。党和国家优先发展教育事业，办好人民满意的教育，为的就是丰富人民群众物质生活和精神生活，提高科学文化水平，形成健康文明向上的精神气质。

培养德智体美劳全面发展的社会主义建设者和接班人，是全面贯彻党的教育方针、落实人的全面发展的基本要求。育人的根本在于立德。在落实立德树人根本任务过程中培养健全的人格和高尚的品格，是促进人的全面发展的首要任务。智育、体育、美育和劳动教育都是人的全面发展中不可或缺的重要内容，对于增长智慧、强健身心、培养创造力，掌握生存、生活能力，形成正确的世界观、人生观、价值观等具有非常重要的作用。建设现代化教育强国，需要发展素质教育，造就数以亿计的高素质劳动者、数以万计的专门人才和一大批拔尖创新人才。

必须加强生态文明教育

中国式现代化是人与自然和谐共生的现代化。在西方现代化的进程中，曾经出现过无止境地向自然索取甚至严重污染环境破坏自然的过程。中国式现代化决不能重蹈覆辙。党的二十大报告指出，尊重自然、顺应自然、保护自然，是全面建设社会主义现代化国家的内在要求。在党的二十大报告中，习近平总书记再次强调坚持绿水青山就是金山银山的理念。我们必须牢固树立和践行这一理念，站在人与自然和谐共生的高度谋划发展。

生态环境问题归根到底是发展方式和生活方式问题，也是人的思想认识和实践行为的问题。2021 年，联合国教科文组织发布的《一起重新构想我们的未来：打造新的社会契约》揭露，气候变化产生的影响已经深入我们的生态系统，因此也将在未来 30 年里继续影响地球上的生命。习近平主席在 2019 年中国北京世界园艺博览会开幕式上指出："我们要维持地球生态整体平衡，让子孙后代既能享有丰富的物质财富，又能遥望星空、看见青山、闻到花香。"这是对国际社会的承诺，是对子孙后代美好生活的承诺。建构生态文明，需要扎实的教育作基础。2018年，习近平总书记在全国生态环境保护大会上提出，培育生态道德和行为准则。学校教育要培育现代人的生态道德，让学生自小就负起人对自然的道德责任，践行绿色低碳、节能减排的现代生活方式，为美丽中国建设奠定基础。2022年，习近平主席就气候变化问题复信英国弗朗西斯·霍兰德学校小学生时指出，中国各级各类学校都十分重视生态文明教育，中国小学生们都从点滴小事做起，养成节能环保的良好习惯，学习绿色低碳生活方式。

学界曾经认为，只要我们在2050年达到零碳排放，就能够防止气候变化带来的最坏影响。但是，最近的科学研究表明，这一最后期限会大大提前。我们必须以生态文明教育加速人的认知和行动，才能更好地保护我们唯一的地球，守卫我们共同的家园。

必须推动构建人类命运共同体

中国式现代化是走和平发展道路的现代化。习近平总书记在党的十九大报告中指出："没有哪个国家能够独自应对人类面临的各种挑战，也没有哪个国家能够退回到自我封闭的孤岛。"只有各国人民同心协力，构建人类命运共同体，才能够建设持久和平、普遍安全、共同繁荣、开放包容、清洁美丽的世界。

党的二十大报告继续推进这一思想，强调我国不走一些国家通过战争、殖民、掠夺等方式实现现代化的老路，那种损人利己、充满血腥罪恶的老路给广大发展中国家人民带来深重苦难。所以，中国式现代化要高举和平、发展、合作、共赢的旗帜，在坚定维护世界和平与发展的过程中谋求自身发展，又以自身发展更好地维护世界和平与发展。

教育在维护世界和平与发展中具有不可替代的重要作用。习近平主席在致清华大学苏世民学者项目启动仪式的贺信中指出，教育决定着人类的今天，也决定着人类的未来。强调教育应该顺此大势，通过更加密切的互动交流，促进对人类各种知识和文化的认知，对各民族现实奋斗和未来愿景的体认，以促进各国学生增进相互了解、树立世界眼光、激发创新灵感，确立为人类和平与发展贡献智慧和力量的远大志向。人与人之间的理解与交往，国家与国家、民族与民族之间的理解与交往，理所当然地应该成为未来教育的重要内容。要构建人类命运共同体，要实现理解的世界化，关键就是要加强不同文化之间的交流交融、互学互鉴，在学校教育中全面加强国际理解教育。

中国式现代化是一条没有人走过的路，将为人类实现现代化提供新的选择，对于推进人类社会现代化进程具有重要的理论价值和实践意义。中国式现代化也对教育提出了新挑战和新要求，如何在中国式现代化的进程中发挥好教育的基础性、战略性支撑作用，为全面建设社会主义现代化国家、全面推进中华民族伟大复兴作出新的贡献，是摆在我们教育工作者面前的神圣使命。

教育学者、新教育实验发起人

朱永新

2023 年 5 月

（原文发表于《中国教育报・理论周刊》2022 年 10 月 30 日，经作者授权，全文转载。）

目录

CONTENTS

本期导读

中国式教育现代化是中国式现代化的重要组成部分。在社会主义现代化强国建设中，教育起基础性、战略性支撑作用。未来五年，是全面建设社会主义现代化国家开局起步的关键时期，教育改革发展要积极应对中国式现代化的基本要求，助力实现中华民族伟大复兴。

本期“特稿”栏目邀请北京师范大学教育与社会政策研究院国情研究中心主任张志勇教授，就中国式教育现代化道路的提出、内在逻辑、本质特征和道路进行深刻阐释。华东师范大学教育管理学系主任胡耀宗教授，就中国式教育现代化的财政保障机制的四个着力点进行了系统论述。华东师范大学教育学部郅庭瑾教授，剖析了用好党领导实现中国式教育现代化的宝贵政治资源、坚持教育优先发展国家战略、持续探寻破解深水区顽瘴痼疾的体系化制度方案等实现中国式教育现代化的战略路径选择。

“观察与观点”栏目，上海市教育科学研究院原副院长、研究员张珏等，以长三角教育一体化为例介绍了国家战略区域推进中国式教育现代化的实践方略。上海市教育科学研究院研究员、教育经济宏观政策研究院长三角教育现代化监测评估中心副主任李伟涛，总结了长三角区域教育治理现代化的制度优势与效能转化。

“区域探索”栏目，上海市静安区教育局局长陈宇卿、上海市长宁区教育局局长熊秋菊、上海市奉贤区教育局局长施文龙、上海市闵行区教育党工委书记恽敏霞，分别介绍了区域推进中国式教育现代化的探索与经验。

学校是教育现代化的基本细胞，学校高质量发展是实现教育现代化的关键。“学校作为”栏目，西安市航天城第一中学校长徐雄、广西桂林市第十七中学校长李山涛、上海市彭浦中学校长陈佳彦、江苏省曲塘高级中学校长顾庆华、甘肃省陇南市武都实验中学校长马健、广州大学附属中学副校长席长华、河北无极中学校长刘军祥，分别围绕中国式现代化的学校使命、西部城市普通高中、区级实验性示范性高中、县域农村高中转型发展方面的实践探索和经验，以及高中教育教学、普通高中多样化发展、校长的理想信念与使命担当等论题，生动呈现了一线办学者的思考与感悟。

——编者

特稿

1. 中国式教育现代化道路刍议

张志勇　袁语聪

提　要：中国式教育现代化道路作为中国式现代化新道路的重要组成部分，具有其内在的政治逻辑、历史逻辑、理论逻辑和实践逻辑。正确把握中国式教育现代化的本质特征，需要以党的全面领导为根本保障，以立德树人为根本任务，以服务人民为根本目标，以优先发展为根本方法，以改革创新为根本动力，以扎根中国大地为根本路径，以共建共治共享为根本方式，以高质量教师队伍为根本依靠。中国式教育现代化道路具有主体自觉，为解决世界教育现代化难题提供了"中国经验"，探索出了一条人类教育现代化的"中国道路"。

作　者：张志勇，北京师范大学中国教育政策研究院执行院长、教授
袁语聪，北京师范大学教育学部博士生

习近平总书记在党的二十大报告中全面阐述了中国式现代化的内涵本质和特征。中国式教育现代化道路是中国式现代化的重要组成部分。中国式教育现代化道路，是坚持以人民为中心，以立德树人为根本任务，促进人的全面发展、全体人民共同富裕、人与自然和谐发展、人类命运与共的教育现代化之路。本文分别从中国式教育现代化的具体提出、内在逻辑，以及如何正确把握其本质特征进行论述，以期尝试展现和分析人类教育现代化的"中国方案"。

一、中国式教育现代化道路的提出

教育现代化是国家现代化的重要组成部分；探索和实践"中国式教育现代化道路"，是"中国式现代化新道路"的必然要求。

（一）从国家现代化到中国式现代化新道路

现代化是一个国家或地区由不发达状态转变为发达状态的动态过程，也是包含经济、制度和治理现代化的有机整体；其衡量标准随着经济社会的发展而不断调整，是一个具有相对性的概念。①

① 胡乐明，宁阳. 中国现代化道路的百年探索及其世界意义[J]. 经济社会体制比较，2021(6)：13—20.

世界现代化进程起源于西方工业革命。清末洋务运动提出"中学为体，西学为用"的口号，开启了中国现代化进程。中日甲午战争的失败，宣告了洋务运动的彻底失败。而后陆续经历了太平天国运动、维新变法，但均以失败告终。辛亥革命彻底推翻帝制之后，我国现代化进程进入了局部的、工业化优先发展的阶段。① 但辛亥革命成果最终被窃取，新生的资本主义由于其自身的软弱性无法打破封建主义的桎梏，无力为推进中国现代化进程提供社会制度基础。

1921 年，中国共产党登上历史舞台，领导中国人民历经新民主主义革命、抗日战争、解放战争，直到中华人民共和国成立，中华民族有了实现现代化的制度基础和现实条件。从学习苏联的发展模式，到独立自主的工业化探索，直至改革开放建设有中国特色的社会主义，中国人民终于探索出属于自己的现代化道路。由此，在人类社会国家现代化道路的探索与实践征程上，走出了既不同于西方，也不同于苏联的一条新路，为人类社会国家现代化道路贡献了"中国智慧"。在庆祝中国共产党成立 100 周年大会上，习近平总书记指出："我们坚持和发展中国特色社会主义，推动物质文明、政治文明、精神文明、社会文明、生态文明协调发展，创造了中国式现代化新道路，创造了人类文明新形态。"②《中共中央关于党的百年奋斗重大成就和历史经验的决议》(以下简称《决议》)强调，"要以中国式现代化全面推进中华民族伟大复兴"。③

(二) 中国式教育现代化道路与中国式现代化新道路

教育现代化伴随着现代化进程不断推进。从洋务运动开始，西学传入中国、新式学堂出现，到"五四"新文化运动，西方的科学和民主思想逐渐传播开来，这些都对中国的思想解放和教育现代化产生了不可替代的推动作用。此时，传统文化和西方文化还处于碰撞阶段，传统教育方式和西方教育方式之间仍然相互排斥。④

新民主主义革命时期，教育现代化有了一定进展，更多开始面向农工，乡村教育、平民教育、职业教育以及生产教育不断开展。但由于处在特殊的历史时期，一方面，教育与政治高度相关，不稳定的政权体系导致教育秩序以及教育现代化建设无法得到保障；⑤另一方面，马克思主义刚刚传入中国不久，教育现代化也处于初步探索时期，更多停留在学习模仿阶段。

中华人民共和国成立后，伴随着国家的

---

① 何传启.《中国现代化报告 2021》专家座谈会上的发言[EB/OL].(2021－11－25)[2022－03－09]. https://baijiahao.baidu.com/sid=1717383612191084019&wfr=spider&for=pc.

② 习近平. 在庆祝中国共产党成立 100 周年大会上的讲话[N]. 人民日报，2021－07－02.

③ 中共中央关于党的百年奋斗重大成就和历史经验的决议[N]. 人民日报，2021－11－17.

④ 陈西雁. 中国教育现代化历史阶段分析[J]. 青海师专学报(教育科学)，2005(1).

⑤ 田正平，李江源. 教育制度变迁与中国教育现代化进程[J]. 华东师范大学学报(教育科学版)，2002(1)：39—51.

稳定和发展，教育得到了更快的恢复和发展，形成了新的高度集中、高度统一的计划经济体制下的教育制度框架，教育现代化开始具有自主性。在这一时期，教育先后经历了中华人民共和国成立初期学习苏联教育思想和理论的阶段，到后来随着中苏关系恶化，中国将革命根据地时期教育经验引入教育领域当中，展开“教育革命”。①

进入改革开放和社会主义建设新时期，中国共产党人对教育事业发展高度重视，将其提升到国家经济社会发展中的战略地位。邓小平强调，教育是一个民族最伟大的事业。江泽民、胡锦涛先后提出了“科教兴国”“人才强国”战略，逐步确立了教育在我国现代化建设中优先发展的战略地位。

进入中国特色社会主义新时代，以习近平同志为核心的党中央更加重视教育事业。2017年，党的十九大明确将建设教育强国作为中华民族伟大复兴的基础工程。② 2018年，习近平总书记在全国教育大会上的讲话中提出，教育是党之大计、国之大计。2020年，党的十九届五中全会提出，到2035年建成教育强国的宏伟目标。

习近平总书记在全国教育大会上，总结了新时代我国教育改革发展的经验和规律，把“坚持扎根中国大地办教育”作为我国教育改革发展经验的“九个坚持”之一，强调要“扎根中国、融通中外，发展具有中国特色、世界水平的现代教育”。我国独特的历史、文化、国情，决定了我国必须走自己的教育发展道路。③ 这就标志着中国式教育现代化道路的正式确立。

二、中国式教育现代化道路的内在逻辑

走中国式教育现代化道路，是由中国教育现代化赖以存在的社会制度、历史文化、理论基础和根本任务决定的，它们构成中国式教育现代化道路的内在逻辑。

（一）政治逻辑

习近平总书记强调，实现中国梦必须走中国特色社会主义道路，这条道路具有深厚的历史渊源和广泛的现实基础，中华民族具有非凡的创造力，能够继续拓展和走好适合中国国情的发展道路。④ 中国特色社会主义道路是中国式教育现代化道路的内在政治逻辑，为中国式教育现代化道路提供了方向上的指引和方法论上的指导，它要求中国教育现代化要始终坚持社会主义方向，扎根中国大地，牢固树立道路自信，独立自主地推进中

① 梁尔铭. 中国教育现代化的历史进程及其阶段特征[J]. 教育学术月刊，2015(5)：3—8.
② 习近平. 决胜全面建成小康社会　夺取新时代中国特色社会主义伟大胜利[N]. 人民日报，2017-10-28.
③ 习近平. 坚持中国特色社会主义教育发展道路培养德智体美劳全面发展的社会主义建设者和接班人[N]. 人民日报，2018-09-11.
④ 习近平. 在第十二届全国人民代表大会第一次会议上的讲话[N]. 人民日报，2013-03-18.

国教育现代化。

走中国式教育现代化道路，必须坚持党对教育事业的全面领导。中国特色社会主义的最本质特征和最大优势是中国共产党的领导。坚持党对教育工作的全面领导，是中国式教育现代化的根本制度保障。各级各类学校、组织、教育机构以及教育工作者要坚定不移地拥护中国共产党的领导。

走中国式教育现代化道路，必须坚持社会主义办学方向。马克思主义从来不讳言教育的政治属性。面对西方资产阶级教育，马克思（Marx, K.）、恩格斯（Engels, F.）曾深刻地指出："你们的教育不也是由社会决定的吗？不也是由你们进行教育时所处的那种社会关系决定的吗？不也是由社会通过学校等进行的直接的或间接的干涉决定的？"[①]我们的学校是党领导下的学校，是中国特色社会主义学校，培养社会主义建设者和接班人是党的教育方针，立德树人是学校教育的根本任务，必须坚持社会主义意识形态，坚持不懈培育和弘扬社会主义核心价值观。

走中国式教育现代化道路，必须坚持以人民为中心的教育发展理念。始终坚持为人民服务的宗旨，站在人民立场，办好人民满意的教育，坚定不移地把促进教育公平作为教育现代化的基石，确保每一个公民平等的受教育权，以及都能享受教育的红利。

（二）历史逻辑

"历史就是历史，历史不能任意选择，一个民族的历史是一个民族安身立命的基础。"[②]中国式教育现代化深深地扎根于五千年的历史文化传统。

中华民族是一个重视教育的民族。教育始终被视作立国立民之本。我国最早的官方教育可以追溯到奴隶社会。夏朝的官方学校"庠"、商朝的"大学"和周朝的"稷下学宫"，都是奴隶社会官学的代表。"学在官府"意味着，统治者已经意识到了教育的重要性，利用教育为统治阶层培养人才服务。春秋战国时期，孔子"杏坛讲学"打破了官府对文化教育的垄断。在漫长的封建社会，虽然经历了汉朝的"罢黜百家，独尊儒术"、隋唐的"科举取士"、宋代的"三次兴学"运动，以及明清日趋僵化的"八股教育"的历史变迁，但始终不变的是，教育是统治者选拔人才、巩固统治的重要工具。

中华民族是一个重视立德修身的民族。中华优秀传统文化经过长期的历史积淀，形成了具有丰富文化意蕴的思想内核，中国文化的典型特征也曾被总结为汉字思维、儒家学说、信仰世界、阴阳五行和天下观念五个部分。[③] 自汉武帝实施"罢黜百家，独尊儒术"

① 冯建军. 论新时代中国特色社会主义教育理论体系[J]. 清华大学教育研究，2021(5)：1—14.
② 习近平. 在纪念毛泽东同志诞辰 120 周年座谈会上的讲话[N]. 人民日报，2013-12-27.
③ 葛兆光. 究竟什么才是中国文化[EB/OL]. (2020-03-25)[2022-03-09]. https://new.qq.com/omn/20201112/20201112A01F8J00.html.

的文化教育政策之后，以家国宗族伦理为核心的儒家文化逐步成为中华文化的正统，成为中华民族潜移默化的思维和行为习惯。以“仁爱”思想为核心的儒家文化影响着一代又一代人价值观的形成，“自天子以至庶人，皆以修身为本”，教育最重要的任务就是对人的品德的培育。

中华民族是一个重视家国情怀的民族。中华文化历来强调“家国同构”，重视家国情怀的教育。《大学》开篇就讨论了个人与家国之间的关系，明确了修身、齐家、治国、平天下的教育逻辑。这种对于自身道德品质的崇高追求和“家国同构”的教育伦理观念深深根植于中华民族的文化品格。培养有理想、有担当、有本领的时代新人，与中华民族家国情怀教育传统是一脉相承的。

（三）理论逻辑

列宁（Lenin, V. I. U.）曾经在《怎么办》中强调了一个重要观点：“没有革命的理论，就不会有革命的运动。”①毛泽东指出：“自从中国人学会了马克思列宁主义以后，中国人在精神上就由被动转入主动。”②中国共产党成立以来，把马克思主义与中国实际相结合，与中国传统文化相结合，形成了三次历史性的飞跃，产生了毛泽东思想、中国特色社会主义理论和习近平新时代中国特色社会主义思想。

中国式教育现代化始终坚持以马克思主义为指导。中华人民共和国成立初期，毛泽东将马克思主义关于人的全面发展理论与教育和生产相结合，提出了德智体全面发展的教育思想，推动了马克思主义教育思想在全国范围内的普及。③ 邓小平提出了培养“四有新人”的教育目标，强调教育要“面向现代化，面向世界，面向未来”；将马克思主义科学技术是生产力的思想延伸为科学技术是第一生产力，④强调要以教育和科技进步提高劳动者素质，推动经济和社会的发展，丰富了中国式教育现代化的理论内涵。江泽民提出“科教兴国”战略，强调“人才资源是第一资源”，丰富了中国教育现代化理论，拓展了马克思主义的人才观。胡锦涛提出“以人为本”的科学发展观，强调要办好人民满意的教育，坚持和发展了马克思主义教育学的人民性。

进入新时代，面对中华民族伟大复兴战略全局和世界百年未有之大变局，习近平总书记强调教育是“党之大计、国之大计”，要求“为党育人、为国育才”，以“九个坚持”为核心，深刻回答了新时代中国特色社会主义教育“培养什么人、为谁培养人、如何培养人”，新时代中国特色社会主义教育事业“为谁改

① 列宁全集（第6卷）[M]. 北京：人民出版社，1984：23.

② 毛泽东选集（第一卷）[M]. 北京：人民出版社，1964：1405.

③ 顾明远. 马克思主义教育思想在中国——纪念马克思诞生200周年[J]. 北京师范大学学报（社会科学版），2018（3）：5—8.

④ 陈质敏. 党的第三代领导集体对科教兴国战略的理论贡献[J]. 东北师大学报，2000（4）：34—37.

革、改革什么、怎样改革、依靠谁改革”，新时代中国特色社会主义教育“由谁领导、领导什么、如何领导”等一系列重大理论和实践问题，形成了马克思主义的教育领导学，丰富了马克思主义教育学说。

（四）实践逻辑

习近平总书记在中国共产党成立100周年庆祝大会上强调：“走自己的路，是党的全部理论和实践立足点，更是党百年奋斗得出的历史结论。”①扎根中国大地，走自己的路，构成了中国式教育现代化的实践逻辑。

首先，在处理教育发展与人民需求的关系上，始终关注教育发展的主要矛盾。中华人民共和国成立之初，坚持教育向工农开门，加快发展大众的、民主的、科学的教育；改革开放之初，面对经济社会发展对高素质劳动者的迫切需要，党中央作出了加快普及九年制义务教育的战略决策；进入中国特色社会主义新时代，为了满足人民群众对美好教育生活的新期盼，党中央提出建设高质量教育体系。其次，在处理教育发展与国家需求的关系上，始终坚持教育的基础性、全局性、战略性地位，确保教育优先发展。从邓小平提出宁愿牺牲经济速度也要把教育办好，到江泽民、胡锦涛先后提出“科教兴国”“人才强国”战略，再到习近平总书记提出教育是“党之大计、国之大计”，都体现了这一点。再次，在处理教育改革与外部世界的关系上，始终坚持守正创新与对外开放相结合。既坚持对外开放，重视与世界教育发达国家交流互鉴；又坚持以马克思主义教育思想为指导，与弘扬中华优秀传统文化相统一。

三、正确把握中国式教育现代化道路的本质特征

中国教育现代化道路根源于正确方向，立足于历史传统文化。我们需要在深刻理解其内在逻辑的基础上，从以下几个方面牢牢把握中国式教育现代化道路的本质特征。

（一）以党的全面领导为根本保障

中国共产党作为我国最高政治力量，是各项事业的领导核心。坚持党的全面领导是中国式教育现代化的根本保障。教育事业是“党之大计”“国之大计”，必须不断加强和改善党对教育事业的领导。首先，“各级党委要把加强教育工作的全面领导当成重要职责，把教育改革发展纳入议事日程，党政主要负责同志要熟悉教育、关心教育、研究教育”；其次，要“建立健全党委统一领导、党政齐抓共管、部门各负其责的领导体制”②，“建立健全坚持和加强党的全面领导的组织体系、制度体系、工作机制，形成落实党的领导纵到底、

① 习近平. 在庆祝中国共产党成立100周年大会上的讲话[N]. 人民日报，2021-07-02.

② 中共中央、国务院. 深化新时代教育评价改革方案[EB/OL].（2020-10-13）[2022-03-09]. http://www.gov.cn/zhengce/2020-10/13/content_5551032.htm.

横到边、全覆盖的工作格局”①；再次，应加强党的建设和思想政治工作。习近平总书记强调，“各级各类学校党组织要把党建工作作为办学治校的重要工作，把抓好学校党建工作作为办学治校的基本功，把党的教育方针全面贯彻到学校工作各方面”，“思想政治工作是学校各项工作的生命线，各级党委、各级教育主管部门、学校党组织都必须紧紧抓在手上”。②

（二）以立德树人为根本任务

习近平总书记在全国教育大会上指出：“培养德智体美劳全面发展的社会主义建设者和接班人，归根结底就是立德树人。”③中国式教育现代化必须始终以立德树人为根本任务。首先，立德树人是对党的教育方针的创新发展。立德树人体现了对教育本质的新认识，要用立德树人统率人的全面发展，各级各类学校、德智体美劳各育都必须坚持立德树人。④ 其次，立德树人是人才成长的根本规律。人无德不立，国无德不兴。人才的培养，知识技能的教育固然重要，但正确的价值观塑造更为重要。习近平总书记强调：“‘才者，德之资也；德者，才之帅也。’人才培养一定是育人和育才相统一的过程，而育人是本。人无德不立，育人的根本在于立德。这是人才培养的辩证法。办学就要尊重这个规律，否则就办不好学。”⑤再次，立德树人是进行教育评价的根本标准。党的十八大以来，中国共产党始终强调要办好人民满意的教育。落实立德树人的根本任务，这既是“人民满意教育的根本要求，也是人民满意教育的根本标准”。⑥

（三）以服务人民为根本目标

习近平总书记指出：“人民对美好生活的向往，就是我们的奋斗目标。”⑦中国共产党的根本宗旨和初心使命是全心全意为人民服务，中国式教育现代化必然以服务人民为根本目标。

首先，努力保障人民群众教育机会公平。我国人口众多，加快发展各级各类教育，满足人民群众接受教育的需求，是中国式教育现代化的头等大事。改革开放以来，我国先后普及九年义务教育、普及高中阶段教育、推进高等教育大众化普及化、加快供给普惠优质

---

① 习近平. 论坚持党对一切工作的领导[M]. 北京：中央文献出版社，2019：278.

② 习近平. 坚持中国特色社会主义教育发展道路培养德智体美劳全面发展的社会主义建设者和接班人[N]. 人民日报，2018－09－11.

③ 习近平. 坚持中国特色社会主义教育发展道路培养德智体美劳全面发展的社会主义建设者和接班人[N]. 人民日报，2018－09－11.

④ 张志勇. 立德树人是党的教育方针的重大理论创新[J]. 教育研究，2019(3)：19—22.

⑤ 习近平. 在北京大学师生座谈会上的讲话[N]. 人民日报，2018－05－03.

⑥ 张志勇. 立德树人是教育的根本任务——深入学习习近平总书记教育思想（三）[EB/OL]. (2017－08－09)[2022－03－09]. http//www. moe. gov. cn/jyb_xwfb/moe_2082/zl_2017n/2017_zl37/201708/t20170809_310862. html.

⑦ 习近平. 人民对美好生活的向往就是我们的奋斗目标[N]. 人民日报，2022－02－16.

的学前教育，各级各类教育普及水平进入世界中上国家行列，极大地满足了人民群众的教育需求。截至2021年，我国义务教育巩固率为95.4%，高中阶段毛入学率为91.4%，高等教育毛入学率为57.8%。① 其次，致力于保障人民群众教育条件公平。多年来，我国一直在教育条件公平方面做出了大量努力。比如，缩小区域、城乡、校际教育差距，促进义务教育均衡发展，高度重视农村义务教育，加快建立健全公共教育服务体系，推动城乡义务教育一体化发展，全面改善贫困地区义务教育薄弱学校基本办学条件，等等。再次，全力为人民群众提供高质量的教育。当前，我国各级各类教育的普及程度已经达到或超过中高收入国家水平，教育发展的主要矛盾已从"有学上"转向"上好学"，推进教育事业高质量发展，建设高质量教育体系，已成为我国教育现代化的根本任务。

（四）以优先发展为根本方法

中国式教育现代化作为后发内生型教育现代化，其内生性源于中国共产党领导的国家现代化。1985年，邓小平在全国教育工作会议上的讲话中强调："我国的经济……可能接近发达国家的水平……根据之一，就是在这段时间里，我们完全有能力把教育搞上去。""一个十亿人口的大国，教育搞上去了，人才资源的巨大优势是任何国家比不了的。有了人才优势，再加上先进的社会主义制度，我们的目标就有把握达到。"②邓小平以教育发展支撑和保障我国现代化建设的思想，后期被确立为教育优先发展战略思想。1993年，《中国教育改革和发展纲要》要求"必须把教育摆在优先发展的战略地位，努力提高全民族的思想道德和科学文化水平，这是实现我国现代化的根本大计"。1994年，江泽民在全国教育工作会议讲话中强调："各级党委和政府，要将教育纳入战略发展重点和现代化建设的整体布局之中，切实把教育作为先导性、全局性、基础性的工作，摆到优先发展的战略重点地位。"③2010年，胡锦涛在全国教育工作会议上强调："优先发展教育是党和国家长期坚持的一项重大方针。""要把优先发展教育作为贯彻落实科学发展观的基本要求，切实保证经济社会发展规划优先安排教育发展、财政资金优先保障教育投入、公共资源优先满足教育和人力资源开发需要，并尽快形成科学规范的制度。"④2018年，习近平总书记在全国教育大会上强调："坚持把优先

① 2021年全国教育事业统计主要结果[EB/OL].（2022-03-01）[2022-03-09]. http://www.moe.gov.cn/jyb_xwfb/gzdt_gzdt/s5987/202203/t20220301_603262.html.

② 邓小平. 在全国教育工作会议上的讲话[EB/OL].（2017-02-08）[2022-03-09]. http://cpc.people.com.cn/n1/2017/0208/c69113-29066876.html.

③ 江泽民. 国运兴衰系于教育　教育振兴全民有责[N]. 人民日报，1999-06-16.

④ 胡锦涛. 在全国教育工作会议上的讲话[EB/OL].（2010-09-08）[2022-03-09]. http://www.gov.cn/ldhd/2010-09/08/content_1698579.htm.

发展教育事业作为推动党和国家各项事业发展的重要先手棋，不断使教育同党和国家事业发展要求相适应、同人民群众期待相契合、同我国综合国力和国际地位相匹配。”①经过20年的艰苦探索，我国建立健全了以国家财政性教育投入一般不低于国内生产总值的4%这一保障我国教育事业优先发展的根本制度，并从2012年实现之后保持至今。②

（五）以改革创新为根本动力

“改革开放是党的一次伟大觉醒，是中国人民和中华民族发展史上的一次伟大革命。”③改革创新是中国式教育现代化的根本动力。从改革开放和社会主义现代化建设新时期，到中国特色社会主义进入新时代，我国教育始终通过教育体制改革解放和发展教育生产力。1985年，《中央关于教育体制改革的决定》提出，必须从教育体制入手，有系统地进行改革。要求“把发展基础教育的责任交给地方，有步骤地实行九年制义务教育”、“调整中等教育结构，大力发展职业技术教育”、“扩大高等学校办学自主权”，等等。1993年，《中国教育改革和发展纲要》提出：“改革办学体制。改变政府包揽办学的格局，逐步建立以政府办学为主体、社会各界共同办学的体制”“深化中等以下教育体制改革，继续完善分级办学、分级管理的体制”“深化高等教育体制改革。进行高等教育体制改革，主要是解决政府与高等学校、中央与地方、国家教委与中央各业务部门之间的关系，逐步建立政府宏观管理、学校面向社会自主办学的体制”，等等。2010年，《国家中长期教育改革和发展规划纲要（2010—2020年）》要求，“把改革创新作为教育发展的强大动力。教育要发展，根本靠改革。要以体制机制改革为重点，鼓励地方和学校大胆探索和试验，加快重要领域和关键环节改革步伐”，作出战略部署。2019年，《中国教育现代化2035》强调，将改革作为教育现代化的根本动力，深化教育领域综合改革，增强系统性、整体性、协同性，破除不合时宜的体制机制弊端。充分运用新技术、新机制、新模式，创新教育服务供给方式，深化办学体制和教育管理体制改革，等等。

（六）以扎根中国大地为根本途径

扎根中国大地办教育，是中国特色社会主义对教育的必然要求，是中国式教育现代化的根本途径。首先，扎根中国大地办教育，必须立足中国特色社会主义制度。坚持以马克思主义为指导，坚持党对教育工作的全面领导，“发挥党对学校意识形态工作的领导权、主动权，牢牢掌握意识形态工作的话语

---

① 习近平. 坚持中国特色社会主义教育发展道路培养德智体美劳全面发展的社会主义建设者和接班人[N]. 人民日报，2018-09-11.

② 何东昌. 中华人民共和国重要教育文献（1949—1997）[M]. 北京：海南出版社，1998：3467.

③ 中共中央关于党的百年奋斗重大成就和历史经验的决议[N]. 人民日报，2021-11-17.

权”①。其次，扎根中国大地办教育，必须立足中国国情。中国最大的教育国情就是，我国仍然处于社会主义初级阶段，经济社会发展不平衡，教育改革发展始终要从各地实际出发，不能搞“一刀切”；始终要从满足人民群众最基本的教育需求出发，优化教育资源配置，健全教育保障体系，加大教育投入，维护教育公平。再次，扎根中国大地办教育，必须立足中华优秀传统文化。中华民族历史悠久，千百年传承下来的博大精深的传统文化，既是中华民族的精神标识，也是中国式教育现代化的精神内核。走好中国式教育现代化这条道路，一方面，要用中华优秀传统文化培养具有“中国精神”的人，另一方面，必须对中华优秀传统文化进行传承和创新。

（七）以共建共治共享为根本方式

教育治理现代化是教育现代化的重要组成部分。党的十九届四中全会提出，“坚持和完善共建共治共享的社会治理制度，保持社会稳定、维护国家安全”②。这一概念的提出，旨在建立一个共同参与建设、治理和分享的国家、人民以及社会组织的共同体，其目的在于共同治理、共享利益以及共生发展。③ 共建共治共享这一中国特色的社会治理制度，为推进中国教育治理现代化明确了方向。首先，教育治理要坚持党的领导、依法治国和人民当家作主的统一。教育治理体系的现代化要充分发挥党的领导作用和政府的主导作用，充分发挥好市场的调节作用，引导社会力量参与治理。同时，避免市场的逐利性干扰正常的教育秩序，破坏教育公平。其次，健全现代化学校制度，正确处理党的领导、政府、学校与社会之间的关系。坚持党对学校教育工作的全面领导，坚持全过程人民民主，充分发挥校长办公会、校务委员会、学术委员会、教职工代表大会、学生代表大会在学校治理中的作用。再次，健全家校社协同育人机制，厘清家庭、社会和学校之间的权责边界和关系，共同保障孩子的健康成长。尤其要依法加强家庭教育指导服务，充分发挥社区教育的作用，提高家校社协同育人水平。

（八）以高质量教师队伍为根本依靠

中华民族历来具有尊师重教的优良传统，党和国家也历来重视教师工作。有高质量的教师，才会有高质量的教育。高质量教师队伍是中国式教育现代化的根本依靠。习近平总书记指出，教师是教育发展的第一资源，要大力培养造就一支师德高尚、业务精湛、结构合理、充满活力的高素质专业化教师队伍。④ 首先，必须坚持把教师队伍建设作为最重要的基础工作。习近平总书记强调，

---

① 檀慧玲，等. 坚持扎根中国大地办教育[J]. 中国高等教育，2019(6)：10—12.

② 中共中央关于坚持和完善中国特色社会主义制度推进国家治理体系和治理能力现代化若干重大问题的决定[EB/OL]. (2019-10-31)[2022-03-09]. http://www.gov.cn/zhengce/2019-11/05/content_5449023.htm?trs=1.

③ 孙杰. 共建共治共享：构筑“中国之治”的社会基础[J]. 科学社会主义，2021(2)：139—144.

④ 习近平. 做党和人民满意的好老师[N]. 人民日报，2014-09-10.

要从战略高度来认识教师工作的极端重要性，把加强教师队伍建设作为基础工作来抓。其次，要把师德师风作为教师队伍建设的第一要务。教师工作是塑造灵魂、塑造生命、塑造人的工作。做老师，就要执着于教书育人，有热爱教育的定力、淡泊名利的坚守，就要做"四有好教师"。再次，要让教师成为全社会令人羡慕的职业。教育投入要更多向教师倾斜，不断提高教师待遇，保障广大教师的工资待遇不低于或高于公务员的待遇，让广大教师安心从教、热心从教。

四、中国式教育现代化道路：人类教育现代化的"中国方案"

中国式教育现代化道路是中国人民在中国共产党领导下，经过革命、建设和改革开放的百年实践走出来的，开辟了后发内生自主式教育现代化的"中国道路"。

(一) 中国式教育现代化道路选择具有"主体自觉"

从14、15世纪开始，历经启蒙运动、宗教改革、第一次工业革命，西方教育现代化开始发源；而第二次工业革命之后，伴随着科技水平的发展，以及教育革新运动，教育现代化不断深化；20世纪50年代之后，伴随着第二次世界大战的结束和美苏争霸，西方教育现代化更加成熟和完善，教育的重心向科学教育转移，不仅与人文教育结合，教学方法与手段也更加现代化。①

纵观世界各国的教育现代化进程，不同国家的起点并不相同，进行现代化的方式也不同，发展的速度和程度也有差别。大致上，可以分为如美国等靠内部经济发展推动现代化的早发内生型和以日本、俄罗斯为代表的受其他国家影响的后发外生型两种不同的模式。② 中国教育现代化之路，从清末民初睁眼看世界"学西方"，到中华人民共和国成立后缘于外交一边倒的"学苏联"，再到改革开放后"再学苏联和西方"，直到提出"中国式教育现代化道路"，在中国共产党的领导下，彻底摆脱了教育现代化对外来教育的依附性，实现了中国教育的"主体自觉"，体现了中国特色社会主义教育现代化的道路自信、制度自信、理论自信和文化自信，开辟了后发内生自主式教育现代化的中国道路，为人类教育现代化提供了"中国方案"。

(二) 为解决世界教育现代化难题提供"中国经验"

2021年11月，《决议》指出，中国共产党领导人民成功走出中国式现代化道路，创造了人类文明新形态，拓展了发展中国家走向现代化的途径，给世界上那些既希望加快发展又希望保持自身独立性的国家和民族提供

① 刘朝晖，扈中平. 对西方教育现代化历程的回顾与思考[J]. 比较教育研究，1998(5)：8—12.

② 朱旭东，王春华. 西方教育现代化研究述评——兼论教育现代化研究的几个问题[J]. 清华大学教育研究，2001，(1)：22—29.

了全新选择。[1]

同样，中国式教育现代化道路的积极探索，也为世界欠发达国家寻求教育现代化之路提供了"中国经验"。首先，国家现代化是教育现代化的内在动力。无论哪一种发展模式，教育现代化都受到经济、文化和社会等多个方面的影响，且最重要的一点就是教育现代化的启动必须有一个强大的国家。[2] 只有在国家实现独立自主、经济社会稳定发展的基础上，教育现代化才能得以推进。中国式教育现代化的根本经验，就是通过优先发展教育促进人的全面发展，作为解放和发展生产力的基础。其次，教育现代化必须符合本国国情，坚持走独立自主的发展道路。我国在推进教育现代化进程中始终强调教育的意识形态属性，强调社会主义核心价值观；在教育对外开放、引进别国先进理论的过程中，始终坚持与本国教育改革发展实际相结合。再次，推进教育现代化必须将教育公平放在公共教育政策的首位。改革开放以来，党和政府始终把促进教育公平作为教育改革发展的出发点和落脚点，把教育扶贫作为实现阶层流动和阻断贫困代际传递的有效手段，在全面建成小康社会、解决贫困问题中"教育扶贫"发挥了重大作用。截至 2020 年，全国义务教育阶段学生辍学人数从 60 万人下降至 680 人，全国范围内，有 1 亿左右人口实现脱贫。[3] 中国提前近 10 年完成了联合国提出的减贫目标，为其他发展中国家提供了先进经验。

(三) 为探索人类教育现代化的"中国道路"指明方向

面对百年未有之大变局，面对中华民族伟大复兴的战略全局，中国式教育现代化之路任重道远。习近平总书记指出，中国式现代化既有各国现代化的共同特征，更有基于国情的中国特色。中国要实现的现代化，是人口规模巨大的现代化，是全体人民共同富裕的现代化，是物质文明和精神文明相协调的现代化，是人与自然和谐共生的现代化，是走和平发展道路的现代化。[4] 习近平总书记关于中国式现代化的精辟论述，不仅深刻揭示中国式现代化的本质特征，更为探索人类教育现代化的"中国道路"指明方向。

中国式教育现代化道路是促进人的全面发展的教育现代化之路。社会主义制度的确立、社会生产力的快速发展，为中国人民的全面发展提供了根本的政治制度保障和物质基础。从制度层面看，个体的发展与国家的发展相辅相成，只有社会成员实现了自身的全面发展，国家和社会才能进步。中国共产党

---

① 中共中央关于党的百年奋斗重大成就和历史经验的决议[N]. 人民日报，2021 - 11 - 17.

② 朱旭东. 西方早期教育现代化的比较研究[J]. 清华大学教育研究，1999(2)：99—104.

③ 王学男，吴霓. 教育是阻断贫困代际传递的治本之策——习近平总书记关于教育的重要论述学习研究之二[J]. 教育研究，2022(2)：4—12.

④ 习近平. 把握新发展阶段，贯彻新发展理念，构建新发展格局[N]. 求是，2021 - 05 - 01.

在追求国家现代化进程中，牢记为人民服务的根本宗旨和使命初心，始终坚持马克思主义人的全面发展的教育思想。从物质基础看，改革开放以来，社会和经济的发展为教育的发展创造了稳定而有利的环境。社会制度和物质基础的双重保障，推动着人的全面发展，进而促进了中国的教育现代化进程。

中国式教育现代化道路是促进人民共同富裕的教育现代化之路。中国共产党的初心使命就是为中国人民谋幸福，为中华民族谋复兴。习近平总书记在会议上强调指出，“共同富裕本身就是社会主义现代化的一个重要目标”①。中国式教育现代化担负的使命，就是造就具有共同富裕能力的主体。“努力让十三亿人民享有更好更公平的教育，获得发展自身、奉献社会、造福人民的能力。”②中国式教育现代化始终坚持教育的公益属性、坚持促进教育公平，为每个人提供公平而有质量的教育。

中国式教育现代化道路是促进人与自然和谐发展的教育现代化之路。习近平总书记指出，“我们要建设的现代化是人与自然和谐共生的现代化，既要创造更多物质财富和精神财富以满足人民日益增长的美好生活需要，也要提供更多优质生态产品以满足人民日益增长的优美生态环境需要”。③ 中国式教育现代化既要造就物质现代化之主体，也要造就自然生态文明的主人。

中国式教育现代化道路是促进人类命运与共的教育现代化之路。自古以来，中国人秉持“四海之内皆兄弟”的人类文明观。这种独特的人类情怀和人类文明自信，在中华民族走向复兴的过程中，孕育了伟大的“人类命运共同体思想”。④ 在中国式教育现代化道路上，我们不但要重视和平发展教育，培养青年人具有全球意识，尊重世界多元文化；具有民族精神，培养民族认同感、自豪感和使命感；有国际视野，传播中国爱好和平共同发展的信念，⑤而且要更加重视人类命运共同体教育，始终秉持和衷共济、共同发展的美好愿望，培育年轻一代树立起人类命运与共的意识，共同推动人类文明进步。

（原文发表于《教育研究》2022 年第 10 期，经作者授权，全文转载。）

---

① 习近平. 在中共中央政治局第二十七次集体学习时的讲话[EB/OL].（2021－01－29）[2022－03－09]. http://www.gov.cn/xinwen/2021-01/29/content_5583559.htm.

② 习近平. 在联合国“教育第一”全球倡议行动一周年纪念活动上发表视频贺词[N]. 人民日报，2013－09－27.

③ 习近平谈治国理政[M]. 北京：外文出版社，2014：191.

④ 习近平. 顺应时代前进潮流　促进世界和平发展[N]. 人民日报，2013－03－24. 习近平谈治国理政[M]. 北京：外文出版社，2014. 191.

⑤ 王本陆，霍巍. 论和平发展道路与教育发展战略[J]. 北京师范大学学报（社会科学版），2008(1)：23—32.

2. 中国式教育现代化的财政保障机制创新

胡耀宗　蒋　帆

提　要: 教育财政现代化是中国式教育现代化的重要组成部分，是提高中国式教育现代化发展程度的重要支撑。创新面向中国式教育现代化的财政保障机制，应从以下四方面着力。第一，持续扩大教育财政投入总量、优化财政支撑结构以推进教育人口规模巨大的现代化，包括：以学龄人口减少为契机缩小班级规模、提升义务教育质量；统筹谋划延长义务教育年限，一体化设计十五年基础教育；谋划高等教育毛入学率至 80%的目标，大力发展职业本科，推进高等教育本科化。第二，面向教育高质量发展优化全学段学生资助体系，包括：建立幼儿资助制度，资助投入重点向经济不发达地区倾斜；强化省级统筹，建立义务教育财政资助经费充足性标准；实施农村高中贫困学生特殊资助计划，一体化设计至研究生阶段；强化中职资助政策目标性，提高中职毕业生的就业技能；重视中央政府的资助责任，制定合理的学费定价政策。第三，加强省级政府对教师工资的统筹以保障优质教师队伍的供给，包括：建立住房补贴、交通补贴、年度考核等的分项目按比例分担机制；大力推动政府层级间基础教育事权和支出责任划分；以高位领导的管理体制保障农村教师工资增长。第四，面向教育现代化完善现代教育财政制度，包括：建立财权与支出责任对等的政府间教育财政关系；预算制度要规范透明，强化绩效管理；巩固教育的基础性战略性支撑地位，继续坚持教育财政投入的指标挂钩制度。

作　者: 胡耀宗，华东师范大学教育管理学系主任，教授
蒋　帆，华东师范大学教育管理学系博士研究生

教育财政是国家教育治理的基础和重要支柱，也是推进教育改革不断突破和发展的重要保障。党的二十大报告对中国式现代化进行了全面深入系统的阐释，提出“以中国式现代化全面推进中华民族伟大复兴”。在中国式现代化的历史进程中，教育现代化至关重要，而教育财政的现代化程度是体现教育现代化发展程度以及成熟度的关键表征。我们要站在新的历史起点上，从中国特色社会主义进入新时代不断推进教育改革发展，大

力提高国民素质的战略高度谋划中国财政保障的现代化建设。未来一段时间，如何应对中国式教育现代化的基本要求，助力实现中华民族伟大复兴，是教育财政必须要回答好的问题。加快推进教育现代化，建设教育强国，并以高质量财政保障支撑中国式教育现代化是教育财政的时代责任。新时代教育财政要积极回应各级各类教育发展的现代化，使其更好地促进经济社会发展，要优化财政支撑结构以回应人口规模巨大的现代化，面向教育高质量发展优化全学段学生资助体系，加强省级政府对教师工资的统筹以优化保障优质教师队伍的供给，面向教育现代化完善现代教育财政制度。

一、扩大教育财政投入总量，优化支出结构，推进教育人口规模巨大的现代化

中国式现代化的重要特征之一是世界前所未有的人口规模巨大的现代化。正如习近平总书记在党的二十大报告所言：我国十四亿多人口整体迈进现代化社会，规模超过现有发达国家人口的总和，艰巨性和复杂性前所未有。我国已经建成世界上规模最大的教育体系，教育普及水平实现历史性跨越，未来需要优化财政支撑结构。第七次全国人口普查数据显示，全国人口共 14.1178 亿人，与 2010 年六普的 13.3972 亿人相比，增加了 7206 万人，增长 5.38%，年平均增长率为 0.53%，比 2000 年到 2010 年的年平均增长率 0.57%下降 0.04 个百分点。国家统计局数据显示：2001—2010 年我国人口自然增长率呈现略微下降趋势，但总体保持稳定。2011—2020 年间，我国人口出生率一路下降，由此导致人口自然增长率持续降低，由 2011 年的 6.13‰一直下降到 2020 年的 1.45‰，直到 2022 年首次出现负增长，出生人口仅 956 万人。总体人口的减少势必会对学龄人口产生冲击，基于七普数据的学龄人口预测结果表明，2021—2035 年我国学龄人口总规模将从 3.28 亿持续减少至 2.50 亿左右，其中义务教育阶段在校生总量将下降约 3000 万。学前教育人口在 2020 年已达到峰值，小学和初中教育将分别在 5 年和 10 年内达到峰值，之后呈现快速下降的趋势。

总体来看，在经济持续发展与教育总体需求减小的情况下，人口下降将为我国教育体系调整与优化带来新契机，优化结构可从下列各方面着手。

（一）以学龄人口减少为契机，缩小班级规模，着力提升义务教育质量

义务教育学龄人口减少为提升义务教育质量提供了契机。随着生育率和出生人口下降，我国义务教育阶段学生人数呈现出持续下降趋势。有研究表明，2020—2035 年期间义务教育阶段学生数量总体在减少，在校生体量在 1.10 亿—1.46 亿之间，其中峰值为 2024 年，在校生总量为 1.46 亿，到 2035 年，

在校生较 2020 年预测值将下降 3 000 万。[①] 总体而言，2020—2035 年期间义务教育阶段学龄人口减少是预期可以观测的事实，按现行生师比标准，我国义务教育阶段专任教师的需求量必定会下降。但这并不意味着义务教育阶段需要裁减教师或大规模缩招新教师，学龄人口下降后，义务教育阶段的校舍和教师存在富余，可以适当提高办学条件标准，通过缩小班级规模、降低生师比、提高生均校舍面积这些举措，来促进义务教育质量提升。

班级规模的缩小会提高生均办学成本，在学校学生人数不变的情况下，班级规模的缩小会增加班级数量，进而增加教师、教室等人力物力资源的需求，学校的整体办学成本和生均办学成本均会提高，因此，平均班级规模是体现教育资源配置水平的重要指标。如表 1 和表 2 所示，中国 2021 年小学阶段的平均班级规模为 37 人，初中阶段的平均班级规模为 45 人。与 OECD 国家相比较，OECD 国家 2020 年小学阶段的平均班级规模为 20 人，初中阶段的平均班级规模为 19 人，我国义务教育阶段班级规模远高于 OECD 国家。对标 OECD 国家，我国班级规模还有很大缩减空间，以学龄人口的结构性变动为契机，师资的相对增多创造了缩小班级规模的可能性，更为教育质量的提升提供了师资保障。同时，由于中国的城镇化进程，大量学生从农村和镇区向城区转移，中国很多中西部农村地区学校“被动”成为小班化教学，但这种由于学龄人口流失导致的小班化，并不意味着高质量办学，这类地区的师资质量水平也相对有限。因此，这类地区应着力提升教师质量和优化教师队伍结构。

从表 1 和表 2 中得知，中国班级规模远大于 OECD 国家，但生师比并没有远高于 OECD 国家，这里的解释是，第一，OECD 国家班级是动态的灵活走班制，中国义务教育是固定班级，在教学组织形式上与中国存在较大差异；第二，中国教师队伍空间分化严重，OECD 国家小班化学校通常意味着该校办学质量较高，但中国很多小班学校，特别是乡村学校，是由于学龄人口流失所致的“被动小班化”；第三，中国专任教师较多，但教辅人员远低于 OECD 国家。因此，在对标高质量发展新阶段，我国可探索性进行教师队伍结构和空间分布的优化，各省市县可将学校的“自然小班”作为发展契机，正确认识地区学校的现实状况，变被动为主动，挖掘优势资源，让“自然小班”的薄弱短板走向高质量的小班化教学。

---

① 乔锦忠，沈敬轩，李汉东，钟秉林. 2020—2035 年我国义务教育阶段资源配置研究[J]. 华东师范大学学报(教育科学版)，2021，39(12)：59—80.

表1　中国与OECD国家小学生师比和班级规模比较

地区	小　学					
	在校生数	学校数	专任教师	班级数	平均生师比（专任教师）	平均班级规模
中国(2021)	10780万	15.43万	660万	287万	16.33	37
OECD均值(2020)	—	—	—	—	14	20
欧盟22国(2020)	—	—	—	—	13	19

注:中国数据来源于2021年全国教育事业发展统计公报,OECD和欧盟数据来源于OECD统计网站,表2同。

表2　中国与OECD国家初中生师比和班级规模比较

地区	初　中					
	在校生数	学校数	专任教师	班级数	平均生师比（专任教师）	平均班级规模
中国(2019)	5018万	5.29万	397万	110万	12.63	45
OECD均值(2018)	—	—	—	—	13	23
欧盟22国(2020)	—	—	—	—	11	21

(二)统筹谋划延长义务教育年限,一体化设计十五年基础教育

在产业结构的转型和升级背景下,我国对人力资本的需求也逐步提高,仅仅实行九年义务教育远远不够。随着财力的增加和学龄人口的减少,要开始考虑延长义务教育年限的战略目标。人口减少趋势下,学前教育将首先受到影响,学前教育适龄人口将呈持续下降态势,从2020年的5279万下降至2035年的2461万—3164万人,小学阶段适龄人口从2020年的10874万将减少至2035年的5620万—6314万,规模上减少4560万—5254万,初中阶段适龄人口从2020年的5021万将减少至2035年的3173万,高中阶段适龄人口将呈现先增长后降低的现象,从2020年的4427万逐步增加至2025年的5236万,进而到2035年的4146万。① 另一方面,我国学前教育阶段面临着公办园和普惠性民办园供给不足的问题,高中阶段则面临区域间办学条件和办学质量的巨大差距,这些问题的解决关键在于能否将学前和高中纳入中央与地方共同财政事权,通过提高层级政府的财政支出责任来解决供给不足和地区差异的问题。

① 张立龙,史毅,胡咏梅.2021—2035年城乡学龄人口变化趋势与特征——基于第七次全国人口普查数据的预测[J].教育研究,2022,43(12):101—112.

表 3　新冠疫情前全球义务教育年限变动情况

义务教育年限	2013 年国家和地区数量	2018 年国家和地区数量	变动
8—10 年	97	90	减少 7.8%
9 年	47	41	减少 12.8%
12—15 年	48	56	增加 16.7%

联合国教科文组织统计，全球有 200 多个国家和地区实施义务教育。2013—2018 年间，实施 12—15 年义务教育的国家和地区数量从 48 个增至 56 个，增加了 16.7%，这表明至少在新冠疫情前，相当一部分国家延长了义务教育年限，①12 年及以上义务教育的国家/地区约占全球 1/4，且这些国家多为发达国家。如表 4 所示，欧美国家义务教育年限大都在 12 年及以上，法国更是达到了 15 年，覆盖 3—18 岁从学前教育到高中教育整个阶段。近年来，我国部分省区市围绕延长义务教育年限和扩大免费教育范围进行了积极探索，例如 2010 年陕西省吴起县即开始实行学前三年免费教育，2007 年广东省珠海市开始实行本市户籍学生高中教育免学费政策。据不完全统计，当前实施免费学前教育政策的地区有陕西省吴起县、西藏自治区、山东省济宁市、新疆乌鲁木齐市等。实施高中阶段免费教育的有广东省珠海市、河北省唐山市、西藏自治区、江西德兴市、河南新郑市、湖南吉首市、内蒙古自治区、福建晋江市等。②

表 4　部分欧美发达国家的义务教育年限及年龄规定

	义务教育年限	最低年龄	最高年龄	备注
美国	9—13	5—8	16—19	各州规定在 9—13 年之间，大部分为 12 年
英国	11—12	4—5	16	北爱尔兰为 12 年，其他地方为 11 年
德国	12—13	6	18—19	11 个州为 12 年，另外 5 个州为 13 年
法国	15	3	18	
比利时	13	5	18	
芬兰	12	6	18	

注：数据来源为美国国家教育统计中心、欧盟。

结合一些地区学前教育和高中教育免费政策的实践以及国际经验，建议逐步延长义务教育年限至 12 年，谋划远景至 15 年，将高中和学前纳入义务教育一体化规划。这需要将学前和高中阶段纳入共同财政事权的一体化基础教育财政责任，共同财政事权应坚持保障标准合理适度和坚持差别化分担的两大原则，坚持保障标准合理适度即尽力而为，加快推进基本公共服务均等化，适时调整国家基础标准，逐步提高保障水平，针对学前、普通高中不同学段定位，需要考虑到中央和地

① 张力. 延长义务教育年限与扩展免费教育范围的多维度分析[J]. 中国教育学刊，2021(5)：37—44.
② 王美艳，屈小博，贾朋. 中国延长义务教育年限的财政可行性分析[J]. 宏观经济研究，2022(5)：111—120.

方政府的财力水平，并根据学前、普通高中不同的外部性水平，合理地分担政府承担教育成本的比例以及府际间承担的财政成本比例。同时，也要考虑差别化分担原则，即充分审视我国各地经济社会发展不平衡、基本公共服务成本和财力差异较大的国情，中央承担的支出责任要有所区别，体现向困难地区倾斜，并逐步规范、适当简化基本公共服务领域共同财政事权支出责任的分担方式。

（三）谋划高等教育毛入学率至80%的目标，发展职业本科，推进高等教育本科化

学龄人口的结构性变化具有阶段性和传导性，预期义务教育阶段学龄人口的减少或波动也会传导至高等教育阶段。我国目前已进入高等教育普及化初期，面向2035年，迈向全民普及化新阶段，需尽快启动谋划高等教育毛入学率至80%的目标，推进普及化向中高水平迈进。《中国教育现代化2035》确定了到2035年我国高等教育毛入学率实现65%的目标，2021年我国高等教育毛入学率已达到57.8%，目前看高等教育确定的2035年发展目标过于保守。一方面，从《国家中长期教育改革和发展规划纲要（2010—2020年）》确定目标40%与实现值54.4%，超额14.4%的历史现实值得反思。另一方面，世界主要国家的高等教育毛入学率均已超过80%。这反映了经济社会发展对高等教育普及的强烈需求，是世界高等教育发展的普遍规律。坚持扩大本专科招生规模，拓宽本专科向研究生层次上升的渠道，着力提升创新型、复合型、应用型专业学位研究生规模。

以美国和日本作为对比，如表5至表7所示，中国毕业生结构中，高中阶段普通高中占比为67.5%，中职占比为32.5%，日本相比较普通高中毕业生占比为78%。高等教育阶段，中国的高等职业教育对标国际高等教育ISCED 5阶段（短周期），国际教育标准分类中提及，短周期高等教育通常以实践为基础，针对特定职业，为进入劳动力市场作准备，从概念上与中国高等职业阶段相匹配。短周期高等教育ISCED 5阶段，对比日本比例为30%，美国比例为25%，而中国毕业生高职学生占比为44%，这里还未包含成人教育阶段，如果纳入比例则会更高。研究生阶段，日本和美国研究生毕业生占高等教育阶段所有毕业生比例分别为13%和25%，美国有1/4的高等教育毕业生是研究生，对比我国则是9%的水平，研究生规模还有很大的增长空间。美国和日本这类经济相对发达国家，正在大力推进高等教育本科化和研究生化。因此，需要大力推进中等职业升格为高职高专，高职高专转型为职业本科，整体高等教育向本科化和研究生化转型。

把职业教育大规模推进至本科层次，向上贯通专业学位硕士培养，是20世纪后期以来世界职业教育的发展趋势。发展职业本科教育，引导我国职业本科教育发展成为培养高端技术技能人才的重要途径，让我国职业教育体系建设及时跟上世界步伐，并在世界技能竞争中处于先进水平，可为国家经济社会全面的高质量发展提供稳健的人才支撑。

2018年底，教育部发文在全国开展本科层次职业教育试点工作，现阶段还处于试点建设期，招生规模还待进一步扩张，需要逐步提升高职高专院校质量，高职高专渐进转型为职业本科。另外，职业本科教育的扩张需要向上贯通，对接职业技能型、专门型和应用型专业学位硕士培养。根据国家确定的2025年政策目标，在维持学术学位硕士招生稳定的条件下，预计2025年专业学位硕士招生规模将达到80万人以上。研究生阶段的规模扩张能够带来额外增值效益，促进创新、经济和教育人力资本提升，推动贸易扩张、技术进步和消费升级，特别是在当今数字经济赋能下，研究生作为高阶创新性人力资本，其与现代技能岗位的适配性更高，更能够促进我国科技创新和产业结构升级。我国专业学位硕士规模在实现占招生规模三分之二的目标后，仍存在进一步扩张的空间。

表5 中国高中阶段至高等教育阶段的毕业生结构(2021年)

中国	高中教育阶段(ISCED-3)			高等教育阶段(ISCED5-8)			
	高中阶段总计	普通高中	中等职业教育	高职(专科)不含成人	本科毕业生	硕士毕业生	博士毕业生
毕业生规模	1155.6万	780.23万	375.37万	398.41万	428.10万	70.07万	7.20万
内部结构占比	——	67.5%	32.5%	44%	47%	8%	1%

注：数据来源于2021年全国教育事业发展统计公报。

表6 日本高中阶段至高等教育阶段的毕业生结构(2020年)

日本	高中教育阶段(ISCED-3)			高等教育(ISCED5-8)			
	高中阶段总计	普通高中	高中职业教育	短周期高等教育ISCED5	学士或同等水平ISCED6	硕士或同等水平ISCED7	博士或同等水平ISCED8
毕业生规模	1149007	895035	253972	298045	568909	104541	15545
内部结构占比	——	78%	22%	30%	58%	11%	2%

注：数据来源于OECD统计网站。

表7 美国高中阶段至高等教育阶段的毕业生结构(2020年)

美国	高中教育阶段(ISCED-3)			专上非高等教育(职业教育)ISCED4	高等教育阶段(ISCED5-8)			
	高中阶段总计	普通高中	高中职业教育		短周期高等教育ISCED5	学士或同等水平ISCED6	硕士或同等水平ISCED7	博士或同等水平ISCED8
毕业生规模	3635614	3635614	——	963330	1018233	2038431	960122	73505
内部结构占比	——	——	——	——	25%	50%	23%	2%

注：数据来源于OECD统计网站。

(四)提高流动人口普通高中入学机会需要优化经费配置方式

高中阶段在流动子女一生中有着承前启后的重要作用,既是义务教育阶段的继续拓展,又是高等教育阶段的前站。如何能够满足高中阶段流动人口子女的入学机会需要,并帮助其获得高质量的教育是需要未来的政策研究者和制定者研究的重要议题。我国15—17岁适龄人口流动子女可以分为跨省流动和省内流动两种情况。这两种情况不仅有着不同的流动原因,亦呈现出不同的变化趋势和情况。对于跨省流动人口子女,应提升入学、升学和经费的供给。根据预测计算,在2022—2025年间,针对跨省流动的流动人口子女需要提供1 309.103 12亿元人民币的经费支持。从入学机会来看,在未来需要提供77万个跨省流动子女高中入学的机会。

对教育资源配置需要把握以下几点:首先,以常住人口为统计口径,将随迁子女纳入当地的教育规划中,根据当地经济社会发展的态势,科学预测当地适龄高中阶段人口的发展趋势,以现有办学条件和教育教学水平所能够提供的学位数量为依据,对高中阶段教育的供给与需求变动状况作出科学判断,并进行资源的合理配置,满足随迁子女在流入地参加升学考试的需求。其次,落实生均公用教育经费,让受教育者在各地都能享有平等的求学机会。应该加大省级财政对基础教育的统筹力度,同时加大中央财政转移支付,建立学费随学籍走的机制,减少流入地地方财政的教育投入压力,减轻城市负担。最后,加大招生计划的宏观调控力度。对接纳随迁子女参加高考数量较大的省份,根据报考人数和招生比例,适当增加招生计划指标。

各地还需要构建起人口流动的动态监测机制。各地资源的提供需要“对随迁子女在流入地的基本情况进行系统了解,全面掌握其分布、规模、流动的稳定性、受教育过程的变动等信息,了解他们对普通高中和职业学校的需求倾向,及时准确地把握他们对高等教育的需求信息”。对随迁子女的规模变动趋势和教育需求,完全可以进行前瞻性预测。

二、面向教育高质量发展,优化全学段学生资助体系

我国已经建立起覆盖学前教育、义务教育、普通高中教育、中等职业教育、本专科教育以及研究生教育阶段的,涵盖所有公办和民办学校的世界范围内管理机构最系统、资助类型最全面、资助人数最多、资助功能多样化的国家资助政策体系,体现出对农村地区、贫困地区、民族地区、特困群体和特殊专业的倾斜。其中,学前教育按照“地方先行、中央补助”原则,各地因地制宜确定学前教育资助政策。义务教育实施“两免一补”和营养改善计划,普通高中以国家助学金、原建档立卡等家庭经济困难学生免学杂费为主,地方政府

资助和学校、社会资助为补充，中等职业教育以国家奖学金、国家助学金和免学费为主，地方政府资助、学校和社会资助等为补充。高等教育在本专科阶段建立起国家奖学金、国家励志奖学金、国家助学金、国家助学贷款等多种形式有机结合的高校学生资助政策体系。但是，我国资助教育体系也存在发展不公平、不充分问题，表现在学前教育资助投入水平较低，适龄儿童入学机会不足；义务教育财政资助投入不稳定，生均资助水平与资助范围成反比；普通高中资助总量不足，制度建设与政策执行问题突出；中职资助政策亟须优化，资金投入效率有待提高；高等教育政府投入压力大，资助过程不公平。着力完善全学段资助体系促进教育现代化需要注意以下几个方面。

(一) 建立幼儿资助制度，资助投入重点向经济不发达地区倾斜

首先，建立贫困幼儿入园资助制度。可参照普通高中助学体系建立以财政补助为主、学前教育机构减免和社会资助为辅的幼儿入园资助体系。中央政府按在园幼儿20%的比例建立国家幼儿入园补助金，每个幼儿的资助额度大体相当于全国平均的保育教育费水平。应借鉴其他各级教育学生资助的经验，在向各个省、自治区和直辖市分配资助名额和资金时，考虑其贫困人口的比例。对于保育教育费高出全国平均水平的地区由省级政府提供补充资助。建立国家幼儿入园补助金制度可以利用现有学生资助管理系统，节省管理成本。其次，扩大学前教育政府投入对象，各类公办园和合格民办园均衡拨款，或对于就读于所有公办园和合格民办园的幼儿按照幼儿数拨款，使每个幼儿都能从中受益。最后，因地制宜适当增加省级政府对各县的学前教育经费转移支付。综合考虑各地区的经济发展水平和适龄幼儿数来平衡各地学前教育投入，增加对经济不发达地区、少数民族聚集区或者适龄幼儿数较多地区的学前教育经费转移支付，以缓和各地区因经济发展水平和人口结构因素所引起的学前教育机会的不平等。

(二) 强化省级统筹，建立义务教育财政资助经费充足性标准

其一，建立由县级政府承担主要事业责任和管理责任、省级政府承担经费统筹和终极经费供给责任的基础教育体制，强化省级政府的统筹职能。省级政府在整合中央转移支付资金、根据县级教育需求和政府财力确定其负担责任后，通过转移支付承担县级政府无力负担的基础教育经费缺口，承担基础教育经费支出的终极责任。其二，建立义务教育财政资助经费充足性标准。将常规性因素和突发性因素综合纳入政策制定和实施范畴，规定义务教育财政资助的最低比例标准；对各学制阶段资助经费配置结构进行新一轮调整，保证义务教育财政资助经费的环比递增态势，以及在教育资助经费中的稳定性占比，科学规划义务教育财政资助经费的总量水平、结构和比例。

(三) 实施农村高中贫困学生特殊资助计划，一体化设计至研究生阶段

一是增加高水平中学在贫困地区的招生指标。打破示范性高中城乡区别招生限制，让优秀贫困生有更多的机会进入高中继续学习。二是设立农村高中贫困学生特殊资助计划。国家高中助学金投入数量和覆盖比例应根据相对贫困学生实际情况动态调整，鼓励设立高中省级助学金，加大对家庭经济困难农村高中学生的资助比例和力度；通过学费减免、勤工助学、校内奖学金和特殊困难补助等方式强化学校资助；鼓励社会团体、企事业单位以及个人资助家庭经济困难学生。三是从与高等教育衔接的角度出发，考虑根据家庭经济状况和学生成绩设置准入条件，满足条件的低收入家庭优秀学生在进入高中阶段后就可以向政府提出申请财政资助，通过财政出资补助贫困农村普通高中学生的住宿费、书本费和一定的生活费等，逐步将本专科学生国家助学贷款政策和绿色通道政策下移至高中阶段，后续阶段这些学生只要家庭状况没有明显改善并能正常升学，财政资金则自动持续资助到研究生阶段。

(四) 强化中职资助政策目标性，提高中职毕业生的就业技能

首先，考虑在不增加财政负担的前提下，强化中职教育政策的目标性和正向舆论宣传，收紧资金的使用范围，提高对贫困家庭孩子的补助力度，为他们的入学提供全方位的资助。其次，提高中职毕业生就业竞争力的根本在于提高中职教育质量。在资金投入上，未来应该开展中等职业院校适度规模的研究性生均培养经费的核算，适时调整预算内生均拨款标准，鼓励省域或者地市范围内的资源(教师、课程和设施)共享，尤其是在建立了高教园和职教园的地区。再次，通过加强对院校的绩效考核来提高资金的使用效率，对中职学校进行职业技能抽查，并将抽查的结果与学校的政府拨款挂钩。最后，实施相应的减税计划，对积极投入职业教育和培训的企业以及其他社会团体进行税收减免，提高各主体的主动性，统筹政府资金和资源积极搭建平台，促进投资主体走上“投资—回报—再投资”的良性循环发展道路。

(五) 强化中央政府在高等教育资助中的责任，制定合理的学费定价政策

第一，政府的财政资金应逐步减少用于“奖优”类学生资助的金额，将更多的财政资金用于“助困”类学生资助项目；学生资助中“奖优”类项目的资金来源主要由高校事业收入和其他社会资金来承担，将有助于缩小高等教育学生资助的地区差异。第二，高等教育学生资助中的财政资金来源由中央与地方财政分担改为主要由中央财政负担，并按某种家庭收入指标的全国平均水平或中位数水平为准入条件制定统一的资助标准。这种方案虽然看似没有考虑高校所在地的经济发展水平，但是学生资助政策本身就是一种财政转移支付政策，具有调节收入分配的功能，这样的制度设计实际上更有利于缩小地区差

异。这个改革过程，如条件允许，可以一步到位，将用于高等教育学生资助的财政资金全部改由中央财政负担。如暂时不具备这样的条件，可考虑采用过渡性方案：根据地方财政收入状况将各省区市分为高、中、低三类地区，分别制定三种不同的中央和地方财政在高等教育学生资助中的分担比例。第三，依据培养成本制定合理的高校学费政策，建立面向学生个人的财政直接资助制度。分析国内居民可支配收入和助学贷款数据发现，学费存在一定上涨的空间。当前学费价格仅占生均教育支出不到 20%，对比国外高等学校存在结构性差异。采用成本比例法、通货膨胀法、收入比例法估算发现，调整后学费定价虽高于现阶段收取的学费，但通过现有的学生资助手段仍具有负担这一价格水平的可能性。[①]

三、加强省级政府对教师工资的统筹以保障优质教师队伍的供给

2009 年绩效工资的实行，体现了党中央、国务院对广大义务教育学校教师的关心，政策以激励为导向，着力保障和改善义务教育教师特别是中西部地区农村教师的工资待遇，吸引和鼓励优秀人才终身从教。绩效工资政策的突出成绩，一是解决了 1993 年津贴制度建立以后，各地区、各层级部门自建津贴所形成的教师工资与同县域公务员津贴补贴的差距，二是将数量庞大的农村教师队伍工资制度纳入公共财政，三是在基础教育学校初步形成了一套绩效考核制度。2015 年国务院办公厅颁布的《乡村教师支持计划》，较大地缓解了部分地区农村教师工资偏低问题。然而，绩效工资在实施过程中的主要问题是经济发达地区教师工资与公务员工资形成新的差距，农村地区教师工资总量中绩效工资占比过低。背后原因在于没有明确政府间的财政责任，发达地区地方政府缺乏投入动力，而薄弱地区县级政府则存在财政保障的压力。

1 完善由省级统筹为主的基础教育学校教师工资保障。

对比美国各层级政府基础教育经费分担比例发现，在 1960—2018 年期间，美国地方政府对基础教育阶段支出占比从 56.5%下降至 45.4%，州政府支出占比从 39.1%上升至 46.7%，州政府支出占比已超过地方政府，教师工资是由州和地方政府共同负担的。我国当前基础教育阶段的财政投资主体还是以县级政府为主，省级政府财政支出占比提升有助于缩小省内基础教育师资质量和办学质量差距，促进优质均衡目标实现。可逐步建立由省级统筹为主的基础教育学校教师工资保障机制。

---

① 王培石. 我国高等学校学费定价合理性分析[J]. 教育研究，2020，41(3)：128—142.

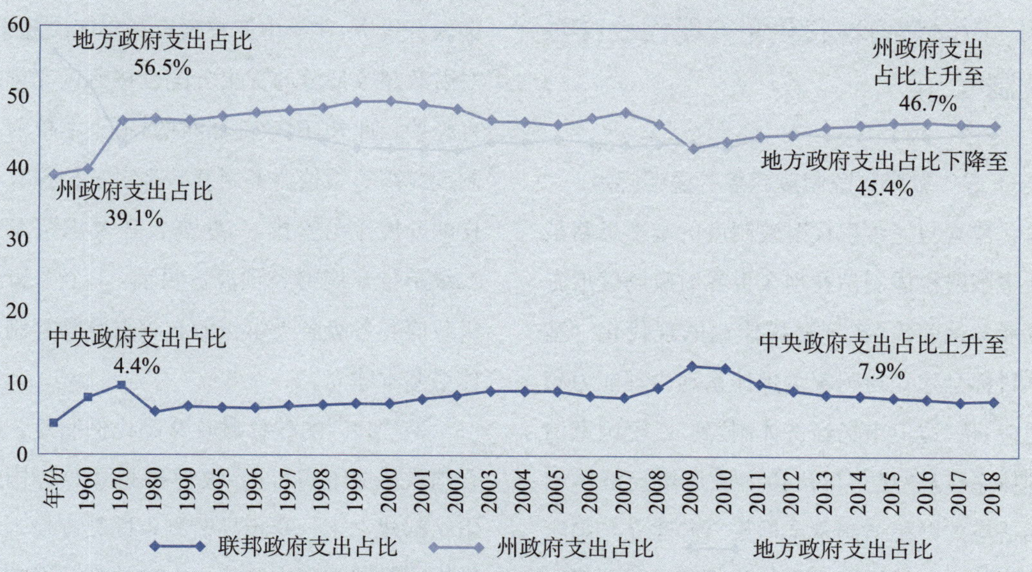

图 1　美国各层级政府基础教育经费分担比例（1960—2018 年）
注：数据来源于美国联邦教育统计中心（NECS）。

2 建立住房补贴、交通补贴、年度考核等的分项目按比例分担机制。

对于教师与公务员四个津贴补贴项目新形成的工资差距，应结合地方经济发展水平和财力差异，计算各地差距缺口，建立中央、省以及县级政府分项目、按比例的政府间经费分担机制。具体而言，可根据绩效工资经费四个项目缺口规模，划分不同类型地区，分别确定层级政府分担的原则和比例。对于发达地区和城市地区教师工资，主要要加强对县区政府的引导和监督，强调省级政府的监管。

3 大力推动政府层级间基础教育事权和支出责任划分，以高位领导的管理体制保障农村教师工资增长。

在深化绩效工资改革的过程中，须明确各级政府和部门在绩效工资改革中的权责，建立绩效工资改革的“权力清单”。对于农村教师工资偏低问题，在中央政府财力平衡性资金和转移支付资金加大投入的基础上，强化省级政府的统筹责任，缩小省域内教师工资差距。为切实强化各级政府绩效意识，建议责成省、市、县三级政府成立教师绩效工资领导小组，由各级党委、政府领导及人事、财政、教育等部门负责人作为小组成员。领导小组成员所在部门应具有绩效工资改革的政策方案制定、工资水平核定、绩效考核方案确定等实权，具有落实的能力。

四、面向教育现代化完善现代教育财政制度

(一) 现代教育财政制度完善的逻辑起点

建立与完善现代财政制度的基本思路是让中国财税体制站在当今世界财政制度形态发展的最前沿，实现财税体制的现代化。基本目标是建立与国家治理体系和治理能力相适应，从"适应市场经济体制"到"匹配国家治理体系"，从"建立与社会主义市场经济体制相适应的财税体制基本框架"到"建立与国家治理体系和治理能力现代化相匹配的现代财政制度"。

现代教育财政制度是现代财政制度的重要组成部分，建设的基础是公共教育财政制度。1998 年以来，在"投资于人"的科学理念指引下，各级党委、政府、社会各界倾力支持教育事业，不断调整财政支出结构，加大教育投入，形成了财政为主、多渠道并举的公共教育财政制度。主要包括以下几个方面。

1 教育财政预算制度。1995 年颁布的《中华人民共和国预算法》、1996 年的《中华人民共和国预算法实施条例》奠定了中国的基本预算制度，经过 20 多年努力，预算制度运行的基本框架已经成型。教育预算是财政预算的重要组成部分，在现行的国家预算中，预算等级分为类、款、项、目四级，教育事业费属于教科文卫事业费类中的款级，教育基本建设费属于基本建设类中的社会文教费款级。各级政府不仅在每年年初预算中优先保证教育投资，在年中调整预算和年底决算中，对财政超收部分的支出分配也按比例安排教育经费。此外，财政部颁布的《中小学校财务制度》《高等学校财务制度》，都对学校预算工作的开展作出安排，一些高校还要求院系等二级单位开展财务预算。目前，一个覆盖各级政府和各级各类学校的教育财政预算制度体系基本建立。

2 "4%"的教育财政外部比例制度。联合国教科文组织、世界银行和 OECD 等国际组织都建立了一套指导监测各国教育投入的指标。我国政府主要使用财政性教育经费占国内生产总值的比例和财政性教育经费占财政支出的比例两个指标。前者反映国民财富中有多少用于教育，后者反映政府在教育投资方面的水平与努力程度。其中，教育投入外部比例达到 4%的目标，是过去很长一段时期我们党和政府凝聚全社会共识，保障财政性教育经费的根本指标。2012 年至 2021 年，国家财政性教育经费由 2.3 万亿元增长到 4.6 万亿元，年均增长 10%。国家财政性教育经费占 GDP 的比重连续十年保持在 4%以上。

3 "三个增长"和两个"只增不减"的一般公共预算增长制度。在教育优先发展理念指导下，中央政府在各个时期出台的重大教育决策都对财政性教育经费的增长提出要求。1993 年中共中央、国务院颁布的《中国教育改革和发展纲要》和 1995 年全国人大通

过的《中华人民共和国教育法》都提出，各级人民政府教育财政拨款的增长应当高于财政经常性收入的增长，并使按在校学生人数平均的教育费用逐步增长，保证教师工资和学生人均公用经费逐步增长，在实践中被通俗地称为教育经费的“三个增长”。2017 年 9 月，中共中央办公厅、国务院办公厅印发《关于深化教育体制机制改革的意见》，提出“确保一般公共预算教育支出逐年只增不减，确保按在校学生人数平均的一般公共预算教育支出逐年只增不减”。这个规定更加细致，更具操作性和指导性，因为财政性教育经费的口径大于一般公共预算。

4 基于生均经费的教育财政资源配置制度。资源配置指各级政府采取何种方式将教育经费分配到各级各类学校。中国的教育财政资源配置方式内化于教育管理体制，基础教育实行“地方负责、以县为主、省级统筹”的管理体制，高等教育实行“中央和省两级管理、以省为主”的管理体制。我国已经建立起了义务教育阶段、高等教育阶段的生均经费统计发布和生均公用经费拨款制度。未来国家要推动地方建立公办幼儿园和高中阶段生均经费和生均公用经费制度，这显示我国教育投入治理机制的阶段性、层级性和整体性特点。

5 教育财政转移支付制度。财政转移支付制度是国际上通行的平衡地区财政能力和维持大体相当的公共服务水平规范的制度。中国政府建立起了包含多种形式的混合模式公共教育转移支付制度。一是一般性转移支付，即不规定具体的适用范围和方向，由地方政府确定使用的去向，包括均衡补助和收入分享两种形式，地方政府都会安排一定比例用于发展教育；二是教育财政专项转移支付制度，要求按照支付方政府规定的项目和用途使用资金，可区分为非配套补助和配套补助两种形式；三是省级政府之间的教育财政横向转移支付制度，中国目前没有正式标准的横向省际间转移支付体系，中央政府一直以来都是采取政治号召的方式，鼓励省级政府之间互助，如鼓励东部发达地区教师去西部支教、东西部教育管理干部交流等。

（二）现代教育财政制度建设的主要任务

如果说对逻辑起点的认知，是思考现代教育财政制度的基础，那么，随起点而联动的基本定位，则是指明中国教育财政治理未来航向的关键。在经典教育财政理论看来，所有国家对教育财政的判断都应该坚持三条主要标准：教育经费是否充足、教育资源的分配是否有效、教育资源的配置是否公平。首先，教育财政投入必须坚持教育经费充足。教育经费充足是指假设存在一个维持教育系统正常运行和健康发展的合理的经费需求水平，经费的供给达到这个水平时就称为充足。当前以教育结果为导向的财政充足标准体系被认可，它包括小学阶段的入学率、中学阶段的规模和性别比例、全体国民终身学习的教学质量以及对教师数量和质量水平的要求。其次，坚持教育资源的配置效率。教育财政效率是财政效率的重要组成部分，财政学对效率的理解分三个层次，宏观上是根据“需要”和“可能”的原则提供适度规模的公共产品满足社会的需求，中观上是指财政结构的合理确定，微观上是在具体环节上追求单位产出成本最小化。国际主流的教育财政学研究专门在微观层次上理解教育财政效率，以成本—收益和成本—效率两种方法作为标准判断教育财政效率。第三，坚持教育资源的配置公平。教育财政公平是指教育资源在不同群体间分配及不同群体教育成本的分担，包含横向公平、纵向公平和财政中立原则。

1 建立事权与支出责任对等的政府间教育财政关系。教育属于各级政府财政共同投入的领域。根据基本公共服务均等化的原则，按照权责清晰、财力协调、区域均衡的中央和地方财政关系思路，明确教育基本公共服务中央与地方共同财政事权范围，制定教育服务国家基础标准，规范共同责任支出方式，调整转移支付制度，尤其要调整省以下支出责任划分。首先将对于义务教育的公用经费保障、免费提供教科书、家庭经济困难学生生活补助、贫困地区学生营养膳食补助四项；其次将对于资助学生的中等职业教育国家助学金、中等职业教育免学费补助、普通高中教育国家助学金、普通高中教育免学杂费补助四项划入基本教育公共服务标准范围。对不同经济发展水平的地区的学生实行差异化分担制度。

2 教育财政预算制度要规范透明，强化绩效管理。教育预算制度要纳入全口径预算管理，不仅在一般公共预算支出中保障教育，更要在政府性基金预算中划拨比例给教育投入。要把已经实施的土地出让收益计提教育经费纳入教育经费统计口径，向社会公开发布。实施中期教育财政规划管理，增强对年度教育预算编制的指导，完善跨年度预算平衡机制。尤其要解决教育预算的自然年和教育事业的学年制需求矛盾，制定更加符合教育事业特点的预算编报制度。扩大绩效管理的范围，将目前教育内部的绩效管理理念和方法深度融入预算编制、执行和监督的全过程。

3 继续坚持教育财政投入的指标挂钩制度。2013 年，党的十八届三中全会颁布的《中共中央关于全面深化改革若干重大问题的决定》，在改进预算管理制度部分提出“清理规范重点支出同财政收支增幅或生产总值挂钩事项，一般不采取挂钩方式”的战略部署，教育财政领域对财政投入指标是否运用比例挂钩制度存在较大争议。从十八届三中全会以来中央关于教育政策的重大部署、国家统计局发布的教育经费执行情况公告等来看，考虑到教育事业发展的阶段性特征，以及当前整个财政收支供需矛盾凸显，教育改革任务艰巨等现实，在没有找到新的合理的教育投入保障的替代性政策工具以前，继续坚持财政教育投入的指标挂钩制度是非常必要的。

五、结语

中国式现代化是一条没有人走过的路，将为人类实现现代化提供新的选择，对于推进人类社会现代化进程具有重要的理论价值和实践意义。中国式教育现代化也对教育财政提出了新挑战和新要求，教育财政如何为全面建设社会主义现代化国家、全面推进中华民族伟大复兴作出新的贡献，是摆在教育财政工作者面前的使命。财政作为国家通过政治权力对公共资源进行汲取、支出和管理的制度安排，既有提高资源配置效率和调整经济利益关系的经济属性，也有体现国家发展目标和决策行为的政治属性。教育财政是国家财政开支占比较高的重点领域，合理划分教育领域财政事权和支出责任，建立全口径预算制度、完善财政转移支付制度，降低专项转移支付比例等，是近年来国家财税体制改革的重点内容。教育领域的政策制定者、资金管理者和改革参与者，理应在教育投入的每一个环节上、每一项教育工作中，用好每一笔资金，理应在国家现代财政制度建设中发挥表率作用。未来有理由相信，完善教育财政保障，一定能够为实现教育强国的主要目标，建设具有中国特色、世界水平的教育现代化提供强大的资源支撑。

3. 实现中国式教育现代化的战略路径

郅庭瑾

提　要：党的二十大报告将教育置于国家现代化的基础性、战略性支撑地位，这对教育事业具有重大的历史意义，也为教育发展提出了新的时代挑战。以建设教育强国支撑中国式现代化，成为当前中国教育改革发展的战略逻辑，用好党的领导的宝贵政治资源、坚持教育优先发展国家战略、持续探寻破解深水区顽瘴痼疾的体系化制度方案，是实现中国式教育现代化的三个重要战略路径选择。

作　者：郅庭瑾，华东师范大学教育学部教授

党的二十大报告提出“教育、科技、人才是全面建设社会主义现代化国家的基础性、战略性支撑”，一改过去将教育作为民生组成部分的战略定位，将教育置于国家现代化的基础性、战略性支撑地位。从民生之首到强国之基的战略转向，对教育事业具有重大的历史意义，也给教育改革发展提出了新的时代挑战。以建设教育强国支撑中国式现代化，成为当前中国教育改革发展的战略逻辑。如何科学谋划中国式教育现代化建设的理论和实践路径，成为必须回答好的时代之问。在实现中国式教育现代化的发展道路上，以下三个战略路径的选择至关重要。

一、用好党领导实现中国式教育现代化的宝贵政治资源①

习近平总书记在党的二十大报告中强调，“中国式现代化，是中国共产党领导的社会主义现代化”，加强党对教育工作的全面领导，是办好教育的根本保证。在波澜壮阔的百年征程中，党开辟了中国特色社会主义教育发展道路，保障了亿万人民群众受教育的权利，为迈向教育强国奠定了坚实基础，也为中国经济社会持续健康发展提供了坚实的人才资源的支撑。党对教育工作全面领导的内

---

① 郅庭瑾. 实现中国式教育现代化的根本保证是党的领导[J]. 上海教育，2022(36)：58—59.

涵可以从三个维度进行理解。

第一个维度是围绕教育培养什么样的人。习近平总书记在报告中强调指出:“培养什么人、怎样培养人、为谁培养人是教育的根本问题。育人的根本在于立德。”要教育引导学生热爱和拥护中国共产党,立志听党话、跟党走,立志扎根人民、奉献国家。教育必须把培养社会主义建设者和接班人作为根本任务,培养一代又一代拥护中国共产党领导和我国社会主义制度、立志为中国特色社会主义奋斗终身的有用人才。要在坚定理想信念上下功夫,教育引导学生树立共产主义远大理想和中国特色社会主义共同理想。这是教育工作的根本任务,也是中国式教育现代化的方向目标。唯有坚持党对教育工作的全面领导,才能坚持教育为人民服务;唯有加强党对教育工作的全面领导,才能更好地为巩固和发展中国特色社会主义制度服务,为改革开放和社会主义现代化建设服务;才能解决好全面贯彻党的教育方针,落实立德树人根本任务的问题,才能培养出德智体美劳全面发展的社会主义建设者和接班人。

第二个维度是围绕以党的权威调动整合资源深化教育改革。习近平总书记指出,各级党委要把教育改革发展纳入议事日程,党政主要负责同志要熟悉教育、关心教育、研究教育;把优先发展教育作为推动党和国家各项事业发展的先手棋,不断使教育同党和国家事业发展要求相适应、同人民群众期待相契合、同我国综合国力和国际地位相匹配。在我国教育改革发展进入深水区、跨部门合作日益成为常态的背景下,这一点是推动和深化教育改革的关键。党委和政府应担负起坚持教育优先发展、促进教育公平的主责,在实现基本公共教育服务均衡化、均等化方面尽到应有之义。同时,深化教育领域“放管服”改革,破除制约教育事业发展的体制机制障碍,注重教育发展的系统性、整体性、协同性。在遵循教育发展规律的基础上简政放权,充分发挥学校主体作用,明确学校权责,提升学校办学自主性。再者,顺应人民对美好生活新期待,聚焦办好人民满意的教育,激发社会各方积极性,尽快形成共建共治共享的有效机制,拓宽终身学习通道,更好满足人民群众多层次多样化需求。

第三个维度是围绕教育领域党的自身建设。习近平总书记强调:“党的领导是全面的、系统的、整体的,必须全面、系统、整体加以落实。”教育部门和各级各类学校的党组织要增强“四个意识”、坚定“四个自信”,坚定不移维护党中央权威和集中统一领导,自觉在政治立场、政治方向、政治原则、政治道路上同党中央保持高度一致。各级各类学校党组织要把抓好学校党建工作作为办学治校的基本功,把党的教育方针全面贯彻到学校工作各方面。思想政治工作是学校各项工作的生命线,各级党委、各级教育主管部门、学校党组织都必须紧紧抓在手上。这是保证教育发展正确方向的根本保证。要不断加强和健全党委统一领导、党政齐抓共管、部门各负其责的教育领导体制，配齐建强思想政治工作队伍，不断提高教育系统党的建设科学化水平，落实学校各级党组织全面从严治党的主体责任。

党的十八大以来，我国教育事业取得的各项成就与党对教育事业的坚强领导密不可分，党对教育工作的安排部署也是教育事业未来发展的正确方向和道路。中国式教育现代化是普及、质量、公平、结构、活力等方面整体水平的提升，在实现中国式教育现代化的关键时期，迫切需要进一步加强并彰显党领导教育事业的政治优势。

（一）党的领导是对传统教育治理模式效能的超越

中国式教育现代化发展的目标和战略对治理体系与治理能力都提出了全新要求，传统常规的治理模式需要通过制度变革创新激发并释放治理动能。常规管理大多是日常性或程序性事务，目的在于维护政策运转及制度合规。党领导下的党政统筹和协同治理，得以突破并超越行政科层式治理的运作过程，以项目式治理或以某一特定治理事项为中心，运行政治权力，越过层层叠加、环环相扣的科层等级和链条，将治理任务及相应的资源配置精准指向特定的治理主体，甚至直接调集相关的机构、职位和人员，极大地避免了目标置换和信息遗失导致的效率或效能损失。以“双减”政策为代表，党的高位统筹以前所未有的政治势能超越了传统制度惯性常常导致的传导迟滞和治理失灵，彰显运动式治理的特事特情、即事即时等特征，在应对中小学生学业负担越减越重的顽瘴痼疾方面，支撑起运动式治理与科层治理有机结合的优势。

（二）党的领导是教育改革深水区难题破解的密码

当前，我国教育改革发展进入深水区，涉及多领域、多部门的复杂改革不断涌现，政府部门之间的跨部门合作日益成为常态。但由于各个部门之间的部门规章有各自的逻辑和规则，甚至有时存在冲突，跨部门合作并不顺畅。我们的调研发现，编制、职称和工资是广大校长和教师最为关注的三项政策，它们的改革均涉及复杂的政府跨部门合作。比如，编制制度是我国教师队伍建设的生命线，教师编制总量不足、存量调整困难一直是制约教师队伍建设的瓶颈，尤其在“财政供养人员只减不增”的政策约束下，编制成为极为稀缺的行政资源，也是政府部门之间、学校之间、教师之间博弈的焦点。教师编制问题需要编制管理部门、财政部门和教育行政部门的密切合作；职称制度也是关系教师切身利益，促进教师专业发展的基础性制度，中高级职称岗位稀缺一直是教师职称改革中最突出的矛盾，我们在全国 14 个省调研发现，89.5％的校长和教师认为中高级职称岗位“非常缺乏”或“比较缺乏”，而职称制度改革涉及教育、人社和财政等部门；教师工资制度改革同样涉及复杂的跨部门合作。此外，民办教育和校外培训机构治理、职业教育等改革涉及工商、人社、发改和住建等多个部门。跨部门合作已经成为教育改革发展的新常态。但是，教育行政机构在政府的跨部门合作中话语权相对不够强势。我们对全国288个城市政府治理统计分析发现，分管教育工作的市政府领导在政府领导中的排名平均处在50%—60%之间，仅14.4%是市委常委，排名相较其他部门靠后，市委常委的比例也显著偏低。这是制约我国深化教育体制机制改革的瓶颈，也是影响教育改革举措落地的重要因素。

党的领导高度的权威已经成为我国公共部门和全社会的共识。在教育改革发展任务复杂艰巨、传统跨部门合作面临困境的背景下，必须依靠党的领导。习近平总书记指出，“坚持把优先发展教育事业作为推动党和国家各项事业发展的重要先手棋”，“各级党委要把教育改革发展纳入议事日程，党政主要负责同志要熟悉教育、关心教育、研究教育”。这实际上是进一步明确教育优先发展的战略地位，以党的最高权威总揽全局、协调各方。只有党才能发挥这样的核心领导作用，促使各部门充分认识到教育作为民族振兴、社会进步的重要基石的战略地位，以大局为重，突破部门规章，有效开展跨部门合作，形成合力。

（三）党的领导是推动体制机制创新的根本保障

在我国社会主要矛盾转化的历史时期，人民对公平而有质量的教育的向往更加迫切。要不断加强党的领导，以党的权威推动体制机制创新，破解制约教育改革发展的因素，为教育高质量发展提供坚强保障。

改革创新是时代发展的不竭动力，更是教育发展的时代主题。坚持深化教育改革创新，首先，要从教育体制机制治理体系的完善入手。要按照总书记讲话精神，各级地方党委明确党委书记一把手在教育事业上的责任义务，形成省—市—县—乡—村五级书记抓教育的新格局。分管教育工作的地方政府领导对于辖区内教育事业发展具有重要作用，是教育工作的代言人和跨部门合作的重要协调者。改变当前地方政府领导分工的惯例，各级地方政府在领导班子成员中委任一位党委常委直接分管教育工作，形成五级书记抓教育、党委常委管教育的新局面。各级地方政府在党的领导下开展跨部门合作，真正解决困扰教育改革发展的深层次体制机制障碍。其次，要把因材施教的个性化人才培养和成长机制作为落脚点。积极营造宽松、包容、和谐的育人环境，注重把握各阶段人才成长规律，注重培养学生创新意识和创新能力，打破既有观念的束缚，把创新的可能和空间还给学生，激发学生把想象的内容变成现实的探究欲望。进一步加强基础学科拔尖学生培养，突出科技战略人才、科技领军人才和创新团队的优先发展地位。第三，要把推进落实评价导向机制作为抓手。评价机制改革需要整体性、系统性、协同性地推进，既需要完善教育内部各类考试升学评价，也要推动党委政府教育履职督导评价，同时兼顾社会和用人单位及收入分配等相关评价，切实构建起全方位的人才培养质量反馈体系。

二、经济下行时期更须坚持教育优先发展国家战略①

教育是民生也是国计，教育优先发展是长期持续的国家战略，全面提高教育质量，建设高质量教育体系已成为中国教育的战略性任务。改革开放的40年间，中国经济持续增长，人均GDP从世界第171位跃升到第70位，GDP总量从第9跃升到第2，堪称世界历史上的一个奇迹。而教育被认为既是这个奇迹的组成部分，也是创造这个奇迹的重要动力。华东师范大学的袁振国教授更是将“国家优先发展教育，教育优先满足国家发展需要”概括为中国特色教育现代化的“双优先模式”。

（一）“三优先”“三增长”确保优先战略地位有其重要意义

国家优先发展教育，就是把教育放在就业、社会保障、医疗、卫生、体育、文化等各项民生事业之首，优先发展。回望漫漫的中国发展历史，不管是在社会繁荣发展时期，还是国家危机时期，都始终重视培养人才和兴办教育。改革开放以后，中国更是创造了“三个优先”和“三个增长”的教育发展模式，确保教育优先发展的国家战略得以贯彻实施。

“三个优先”，即“经济社会发展规划优先安排教育发展”“财政资金优先保障教育投入”“公共资源优先满足教育和人力资源开发需要”，来切实保障教育的优先发展。其中，最为学者和大众关注的“4%的公共财政教育投入”，可谓政府努力做到财政资金优先保障教育投入的最强硬约束。因为在改革开放之初，中国经济社会发展水平很低，教育投入严重缺乏，教育经费不增反降。在1980到1993的10多年间，教育总经费占GDP的比例持续下滑，甚至包括财政教育经费占GDP的比例也不断下滑。为了保障教育事业的优先发展，中国政府在1993年提出了“国家财政性教育经费占国内生产总值的比例到2000年末达到4%”的目标。2012年，这一比例首次突破了4%，并至今连续11年保持在4%以上。其间，虽有经济危机和疫情冲击，但中国政府一直为实现这个目标而持续努力。

“三个增长”，则是更加有力地保障教育经费稳定持续增长的具体举措，包括：1985年《中共中央关于教育体制改革的决定》提出“中央和地方政府的教育拨款的增长要高于财政经常性收入的增长，并使按在校学生人数平均的教育费用逐步增长”，1993年《中国教育改革和发展纲要》进一步要求“切实保证教师工资和生均公用经费逐年有所增长”。这两份里程碑式的文件构筑了中国公共财政

① 郅庭瑾. 高质量时代如何兼顾教育公共服务支出效率[J]. 中国经济评论，2021(3)：58—62.

教育投入的“三个增长”模式。

正是得益于坚强有力的“三个优先”战略和“三个增长”模式，确保了稳定的教育财政投入，保障了国家教育事业为中国现代化提供丰富的人力资源，把巨大的人口负担转化为了宝贵的社会财富。

(二) 效率用于教育公共服务标准时需要保持额外的警惕

尽管如此，如果前瞻地预见第二个百年之际的中国，同时开放地瞭望竞争加剧的国际社会，教育财政投入占 GDP“4%”的标准毕竟还只是阶段目标。不要说与世界教育强国相比，即便是满足国内人民群众日益增长的对美好教育的需求，恐怕还有相当大的差距。

在考察与研究政府提供教育基本公共服务的作用和效率时，各级各类学校入学率和毕业率、生师比等往往是通用指标。学校培养更多的学生，教室里放置更多的书桌，导师指导更多的研究生，教授发表更多的论文，是不是就代表教育支出效率的提高？显然不是这样。当下正在深入开展的教育评价制度改革，破“五唯”的关键，正是要改变多年来盛行的以数量取代质量的顽瘴痼疾。更多绝对不意味着更好，更大显然不一定带来更优，高指标的背后有可能恰恰是糟糕的低标准和低质量，教育公共服务领域的这类问题无疑正是今后需要全力避免和扭转的。

而且，由于政府提供公共物品的利益是向社会发散的，主要是第三人受益，财政支出效率也具有外部性的特点，对财政支出效率的评价本身就具有一定难度。尤其是，当用效率作为衡量教育基本公共服务的质量标准时，除了面临与其他基本公共服务的相同难题，还会遇到数量不等于质量，指标不符合目标，个体不代表全部，眼前不保证长远等特殊的悖论与尴尬。

再看看美国等世界主要发达国家走过的历程可知，教育财政投入遵循从效率走向公平，进而朝着充足标准迈进的路径与轨迹。从财政视角看，充足是完全不同的标准，它不仅超越了效率的急功近利，也超越了公平的底线水准，它包含着对“更加均衡、更加优质”的卓越教育品质的追求与达成。

当一个国家的教育越来越关注受教育者的高水平学业成就时，它必然从仅注重起点、底线，走向更加关注过程结果和高标准；从仅注重整体、平均，走向更加关注每个个体的独特性和个别化。相关的政策理念与议题也就不再纠结于成本控制、效率最大、标准最低，而有可能关注个体、重视体验、追求精细，才真正有可能实现每个受教育者得到最适合的成长与发展，每个教育者都符合或接近符合“最优秀的人”在培养“更优秀的人”。

因为教育是培养人的活动，十年树木，百年树人。这便是与其他基本公共服务相比，教育作为基本公共服务的根本不同所在。培养效果的长期性和人本身的复杂性，同时决定了教育作为培养人的活动，实在难以用任何确定、精准的数量指标，来评价与断定其此时此刻的准确效率。而教育除了备受瞩目的民生属性和意义，同时还具有作为“国之大计、党之大计”的国计属性和价值。建设现代化强国，需要的是全体国民素质的不断提高，是通过教育将人口数量转变成为强大的人力资本优势。从这个意义上说，除了办好人民满意的教育，更须办好“为国育才、为党育人”的教育。因而，当将效率应用于教育基本公共服务领域时，必然需要保持一份特殊的理性与额外的警惕。

（三）以高质量发展为导向提升教育公共服务支出效率的路径

第一，优化教育财政投入的方向，从重外延转向重内涵。缩减教育基本公共服务投入，与2035年前受教育人口持续增长的现实和教育现代化水平不断提升的期望不相匹配，有可能给公众带来损失，而难以被各方接受。可行而理性的做法是优化教育投入的方向，将投入重点从以往的重外延转向重内涵建设与发展，“见物更见人”，从硬件改善到软件更新，在脱贫攻坚最底部的三区三州地区都基本实现了“最新最美的建筑是学校”之后，让新增资源投入能够用于教师的能力和素质提升、待遇和收入改善等方面。

第二，改善教育财政投入的领域结构，构建完整完善的教育公共服务体系。在义务教育、职业教育与高等教育等领域，中央财政政策具有公平、效率、质量等不同的主导性政策目标。但就一个国家完整完善的教育公共服务体系而言，首先需要回答和思考的问题是，我们究竟要建成一个什么样的教育基本公共服务国家体系？各级各类教育在这个体系中处在何种位置？各级各类教育需要破解的最核心问题是什么？政府的教育财政支出比重和优先顺序怎样设置？

以基础教育为例。我国的基础教育涵盖学前教育、义务教育和高中阶段教育全过程。基础教育是整个国家教育体系中的奠基工程，是教育体系中的重中之重。2023年5月29日下午，习近平总书记在主持中共中央政治局第三次集体学习时强调，建设教育强国基点在基础教育，基础教育搞得越扎实，教育强国就越稳，后劲就越足。基础教育着眼于国民基本文化素质的培养，是受教育者的教育启蒙和原始积累时期，不仅学制最长，影响也最为深远持久。相较于其他阶段教育，基础教育体系更为稳定、成熟，体量和规模也较为庞大。2022年，我国基础教育阶段学校数达51.30万所，基础教育阶段在校生总计2.45亿人。作为公共服务的基础教育，必须面向全体公民，保障每一个适龄儿童都可以接受到有质量保障的基础教育。但就基础教育的三个阶段而言，也存在着不平衡不充分发展的巨大矛盾，在实践中存在着实现基础教育全覆盖目标的薄弱环节和现实难题。一是学前教育对适龄儿童的全覆盖，当前无论城市和农村都还存在着入园难入园贵，甚至无园入的难题；二是基础教育对流动人口的全覆盖，尤其是大城市随迁子女义务教育后的升学问题，依然存在着不同户籍的身份歧视问题。

第三，调整教育财政投入的区域结构，实现均等公平的教育公共服务供给。由于我国各地经济发展水平差距较大，不可避免地影响到公共服务的水平，在教育方面则表现为地区、城乡及校际间教育发展能力与水平存在明显差距。实际上我国教育基本公共服务的地区水平差距由来已久、广为诟病。在民生财政的视角下，提高基本公共服务的供给水平，实现基本服务均等化，也是财政支出效率提高的题中应有之义。各级各地政府在改善财政支出结构、优化资源配置时，要落实区域发展战略，推动东中西部教育协调发展，着力解决基础教育"中部塌陷"问题和农村薄弱学校建设，加大中央转移支付和省级统筹力度，改善基本公共服务财政投入的区域结构，促进教育区域均衡发展，实现教育资源优化配置。

第四，创新教育治理方式，让体制机制和制度产出效率。完善教育经费投入保障制度。财政性教育支出是我国教育经费的主要来源，各地区经济发展水平的不同造成财政性教育支出存在地区间差异。在经济发展较为发达的地区，地方政府用于发展教育的财政预算就比较充足，在经济发展薄弱的地区，政府用于教育的财政预算相对较少，从而导致地区间教育发展不平衡。为此，需要进一步完善教育经费投入制度，为实现教育公共服务均等化提供保障。提高财政资金的配置效率。地方财政实力受制于地方经济发展水平，欠发达的中西部地区更是如此。在无法增加财政投入或投入效率较低的情况下，提高财政资金的配置效率，探索更科学的公共服务提供方式，对于提高基本公共服务水平更有实践意义。合理安排财政资金的流向，以更有效的方式利用财政资金。促进教育公共服务主体的多元化和供给方式的多样化，提高财政支出效率。根据欧美国家教育公共服务发展经验，在教育公共服务发展过程中适当引入市场机制，可以更有效地促进教育公共服务的发展，进而提升其服务效率与质量。应该依据不同种类教育服务项目的特点，采用不同的提供方式，多元化的教育公共服务提供主体。建立地方政府财政支出绩效评价体系和监督机制。及时对教育基本公共服务财政资金投入和使用的效率与效果进行评价反馈，让教育领域财政资金的投入与使用信息公开化、透明化，接受来自公众和社会组织等多元主体的监督，提升基本公共服务的供给水平。

三、持续探寻破解深水区顽瘴痼疾的体系化制度方案①

在迈向现代化的进程中，除了构建四梁八柱制度框架，新时代以来教育治理实践最

① 部分观点曾发表于郅庭瑾. 新时代基础教育治理的中国经验[J]. 中国教育学刊，2022(9)：58—63.

明显的一个特征，就是破解困扰教育高质量发展的“深水区”难题，既要治标又要治本。“新时代的改革是攻坚期和深水期的改革。攻坚期和深水期的改革，将进一步触及深层次利益格局的调整。在此背景下，敢于啃硬骨头，敢于涉险滩，敢于冲破思想观念的束缚，突破利益固化的藩篱，才能使改革走向全面和深入。”①针对人民群众长期反应强烈的关键难题，寻求真招和实招，既要牵一发动全身，又要重塑生态和重建体系。最具典型意义的莫过于教育评价改革、“双减”政策和“强师优师”系列政策。

(一) 评价“指挥棒”牵引教育关键理念落地

教育评价是提高现代教育治理能力的关键点，但评价改革又是教育改革中“最硬的一仗”。不克服唯分数、唯升学、唯文凭、唯论文、唯帽子的顽瘴痼疾，不扭转极端功利的导向，不破除“片面追求升学率”的迷思，“党之大计、国之大计”的重大战略地位和先进的教育理念难以真正落实。如果说教育评价是制约立德树人教育工作的主要矛盾，那党委和政府对教育的评价理念和方法就是这个矛盾的主要方面。过去的评价改革大多把着力点重点放在了考试评价和对学校、教师的评价等方面，收效并不明显。《深化新时代教育评价改革总体方案》直指主要矛盾的主要方面，把改革党委和政府对教育工作的评价和完善政府履行教育职责评价作为首要任务，提出“破立并举，推进教育评价关键领域改革取得实质性突破”。② 尤其强调各级党委和政府坚持正确的政绩观，克服教育领导工作中的短视行为、功利化倾向，将重点考核落实在如何实现教育优先发展战略地位、保障教育公平、保障学生全面而有个性地发展，而不是以升学指标或以中高考升学率考核下一级党委和政府、教育部门、学校和教师，更不得将升学率与学校工程项目、经费分配、评优评先等挂钩。同时，新评价方案彰显了对评价主体多元化的倡导，超越“政府本位”“权力至上”的传统评价，注重多元主体参与并协同治理的评价体系。

(二) “双减”大改革意在重塑教育格局与生态

“双减”政策，从减轻“学生作业负担”和“校外培训负担”入手，通过提高学校的“作业管理”“课后服务”“课堂教学”三个水平，遵循教育应有的规律，优化教育的整体生态，构建高质量的教育体系。从这个意义上说，“双减”政策通过打开“小切口”，意在实现“大改革”，不仅是对我国教育格局的重大调整，更是教育观念的根本重塑。③ “双减”政策不是单一的教育政策实施，而是系列“组合拳”配套落地，直击教育减负难点。首先，全力保障学校课后服务条件。为缓解“三点半”放学难题，不断健全完善课后服务有关管理制度与

---

① 朱孔军. 新时代全面深化改革的多维思考[J]. 华南师范大学学报(社会科学版)，2020(3)：19—27.

② 中共中央、国务院. 深化新时代教育评价改革总体方案[Z]. 2020 - 10 - 13.

③ 郅庭瑾. “双减”政策后教育行业发展的四个转向[J]. 中国经济评论，2021(Z1)：118—121.

保障机制，"一校一案"制订课后服务方案，着力推进课后服务"5+2"全覆盖。① 同时，为满足学生多样化需求，强化师资保障，制定学校课后服务经费保障办法，将课后服务经费主要用于参与课后服务教师和相关人员的补助，加强对参与课后服务教师和人员的激励。其次，针对校外培训机构收费"监管难"问题，敦促各地因地制宜，出台学科类培训预备收费办法，加强对非学科类培训机构管理。第三，通过健全"双减"动态监测和推进机制，建立学校落实"双减"工作信息直报系统，②完善上下联动机制，通过学校直报、动态监测、社会监督等方式，持续推进"双减"工作。"双减"政策运用旗帜鲜明的教育评价指挥棒，克服教育功利化、短视化倾向，统筹推进育人方式、办学模式、管理体制和保障机制的改革，着眼于高质量教育体系的建设。③ 这一政策标志着减负治理走向学校教育、校外教育协同治理的格局，是教育综合改革的重大政策创新。④

（三）"大国良师"培养更为优秀的各类人才

教育大计，教师为本。"坚持把教师队伍建设作为基础工作"作为教育改革发展的"九个坚持"之一，体现了党中央高度重视教师队伍建设。目前，我国各级各类学校共有专任教师 1 844 万人，其中基础教育教师占 86%，⑤支撑着世界最大规模的教育体系。2018 年 1 月出台的《关于全面深化新时代教师队伍建设改革的意见》是新中国成立以来党中央层面第一个关于加强教师队伍建设的专门性文件，将教师队伍建设工作提高到前所未有的政治高度。随着各项政策的落实，教师培养、准入、专业发展、地位和待遇保障的制度、机制全面建立，教师队伍建设进入快车道。进入新的发展时期，为进一步提升教师教书育人能力素质，理顺管理体制机制，国家先后出台了《中西部欠发达地区优秀教师定向培养计划》（即"优师计划"）、《师范教育协同提质计划》（即"提质计划"）、《新时代基础教育强师计划》（即"强师计划"），多管齐下为教师队伍赋权增能。基于我国社会发展主要矛盾的转换，以及教育高质量发展的未来需求，教师队伍建设亟须补齐差距补足短板，以优质均衡、共同发展为目标，综合扎实推进"强师计划"，深入落实"优师计划"，创新开展"提质计划"，⑥从源头上提升中小学教师队伍质量，整体提高师范教育办学水平，为欠发

① 教育部办公厅. 关于进一步做好义务教育课后服务工作的通知[Z]. 2021-06-24.
② 余慧娟. 全面落实"双减"政策　强化学校教育主阵地作用——访教育部基础教育司司长吕玉刚[J]. 人民教育，2021(22)：12—15.
③ 周洪宇，齐彦磊. "双减"政策落地：焦点、难点与建议[J]. 新疆师范大学学报（哲学社会科学版），2022(1)：69—78.
④ 薛二勇. "双减"政策执行的内涵、理念与路径[J]. 人民论坛，2022(6)：74—78.
⑤ 教育部. 我国基础教育教师 1586 万，能力素质基本满足需要[EB/OL]. (2022-04-14)[2022-07-31]. http://www.moe.gov.cn/fbh/live/2022/54369/.
⑥ 李广. 构建新时代中国特色高质量教师教育体系[J]. 教育发展研究，2022(2)：3.

达地区培养高质量基础教育教师。从根本方向上看，师德师风是评价教师队伍素质的第一标准；从制度保障上看，国家针对教师供给、职称、待遇等问题持续发力，久久为功，[①]重点破解教师队伍建设瓶颈难题，为教师潜心教书、静心育人提供了制度保障。

综上，经过几十年的改革发展，尤其是十八大以来完善和深化教育体制机制改革的不断推进，教育制度层面的改革成效显著，“四梁八柱”的制度框架已经构建起来；为了破解难题和长期顽疾，国家层面出台了一些前所未有的“硬招实招”，各地也积极探索找到了不少解决问题的有效举措。但“四梁八柱”制度框架，和“硬招实招”强势实施，并不意味着治理体系的完成和终结。尤其到了攻坚期和深水期的改革，面临的都是深层次的难题和久治不愈的顽疾，更加需要从单一制度到一系列制度，从教育领域的制度到与之关联的相关制度，甚至教育体系之外的制度，完善共同指向教育生态重塑和体系重构的一揽子制度体系。因此在总结治理成就和制度优势的同时，也必须看到教育问题点多、面广、线长的特殊规律，必须看到教育问题与经济、社会、人口、就业等问题相互交织的复杂特征，必须看到不平衡不充分的发展在教育领域由来已久尤为突出的严峻现实。在追求更高质量发展的新征程上，必须更加关注人的成长规律和教育自身的规律，必须更加注重教育制度设计的系统性、整体性、协同性、长效性，在制度体系化方面持续优化，构建中国式教育现代化的制度体系和完整方案。教育改革进入新时代表现出最突出的一个新特点就是，高质量发展和进一步深化改革更多要解决的并非数量增加和规模扩张的问题，而是结构调整和体系优化的问题，所涉及的都是深层次的体制机制问题。

正如习近平在党的十九届四中全会上指出，“我们已经啃下了不少硬骨头但还有许多硬骨头要啃，我们攻克了不少难关但还有许多难关要攻克，我们绝不能停下脚步，绝不能有松口气、歇歇脚的想法”。这是新时代全面深化改革的重要背景。由此带来的问题就是，改革所需要的建章立制、构建体系的任务更重，在各级各类教育制度框架基本建立的背景下，对教育改革顶层设计和统筹规划的要求更高，对改革的系统性、整体性、协同性要求更强，这就意味着四梁八柱的制度框架搭建起来之后，制度的体系建设也就是结构化、体系化的制度建设成为当务之急。而这一点，也是国家教育治理能力提升和治理体系完善的关键之举。[②]

---

① 怀进鹏. 国务院关于教师队伍建设和教师法实施情况的报告[Z]. 2021－10－21.

② 郅庭瑾. 基础教育治理的政治秩序与逻辑理路//教育家观察：教育治理的秩序与逻辑[M]. 上海：华东师范大学出版社，2023：29—30.

观察与观点

1. 国家战略区域推进中国式教育现代化的实践方略
——以长三角教育一体化为例

王依杉　张　珏

提　要: 为中国式现代化提供基础性、战略性支撑是教育的时代责任与使命，如何积极应对中国式现代化对教育的战略需求，需理解中国式教育现代化的时代意蕴。区域教育现代化是国家教育现代化的基础，也是推动我国整体实现教育现代化的必然选择，区域教育地域性、整合性、多元性等特征筑牢了中国式教育现代化的根基，并以协同发展、评价驱动与治理现代化探寻出区域教育现代化的“中国路径”。促进区域协调发展是推动中国式现代化的战略性举措，“一体化”作为长三角发展的核心内涵，一市三省教育现代化历程既有共性，在实践探索进程中又形成了各自的区域经验与特色。迈入高质量发展新阶段，在更高起点推进长三角率先实现教育现代化，还需从优化治理机制、突破协作壁垒、提升数字治理水平、完善公共教育服务体系、完善监测评估体系等方面开展更多理论思考与探索实践。

作　者: 王依杉，华东师范大学教育管理学系博士研究生
张　珏，上海市教育科学研究院原副院长、研究员

一、中国式教育现代化的时代意蕴

现代化是复杂而多元的社会变革过程，也是世界各国社会转型与文明进步的必然选择与不懈追求。改革开放以来，我国现代化总体经历了三个阶段：改革开放现代化开创时期、社会主义现代化推进时期、新时代现代化拓展时期，凝结了中国共产党领导、社会主义性质、中国国情要求和世界先进水平目标“四个要素”。[①] 党的二十大更加明确系统地提出“中国式现代化”这一重大命题，形成了包括“五大特征”“九条本质要求”等在内的完整论述，继而引发社会各领域对“中国式”的理论探讨与实践追寻。

实现教育现代化是中国式现代化的重要内容之一。从历史进程来看，教育现代化与

① 中国式现代化研究课题组，高培勇，黄群慧．中国式现代化的理论认识、经济前景与战略任务[J]．经济研究，2022(8)：26—39.

中国现代化始终同向而行，并呈现出阶段性时代发展特征。改革开放以来，“三个面向”指明了社会主义教育事业发展方向，其后“教育优先发展”战略进入党政国策，教育在社会主义现代化建设中具有“全局性、基础性和先导性地位”成为全党全社会共识。新世纪以来，教育现代化以中长期发展规划为指引，其目标指向与新时代中国社会主义现代化发展更具一致性，提升教育现代化水平、基本实现教育现代化成为教育发展的核心目标。① 进入新时代，“两步走”战略将建设“教育强国”确定为中华民族伟大复兴的基础工程，并要求“必须把教育事业放在优先位置，深化教育改革，加快教育现代化，办好人民满意的教育”。②

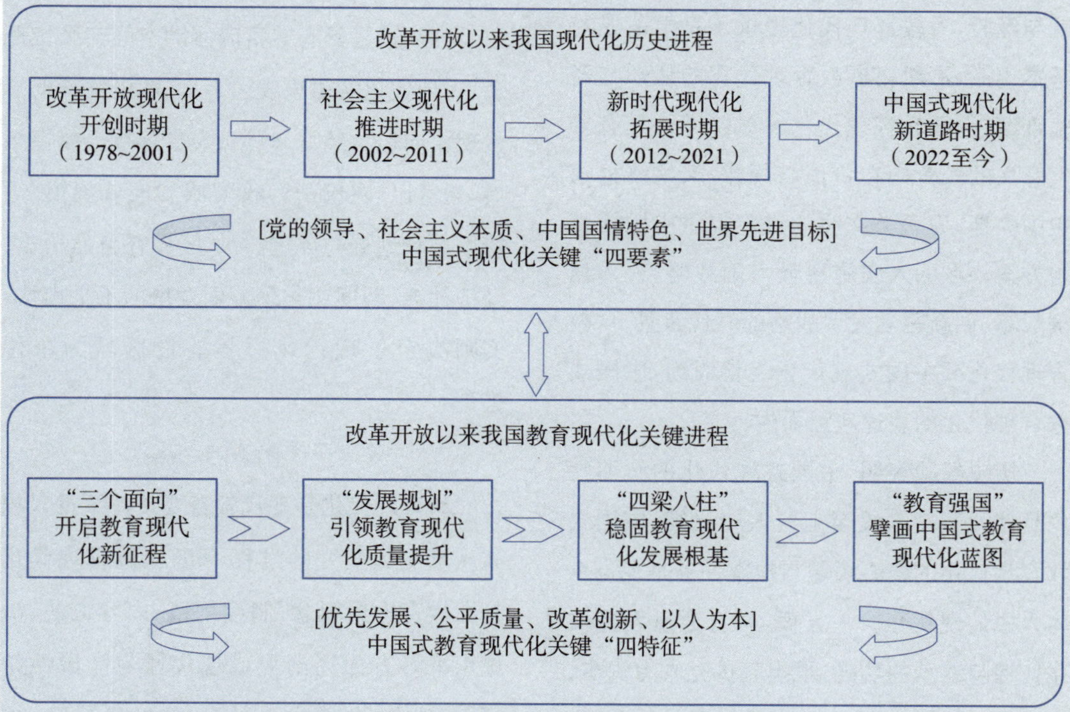

图 1　中国式现代化与教育现代化的进程与特征

① 喻聪舟，温恒福. 七十年来我国教育政策中教育现代化定位变迁的趋势及启示[J]. 教育科学研究，2020(6)：35—41.

② 习近平. 决胜全面建成小康社会　夺取新时代中国特色社会主义伟大胜利[N]. 人民日报，2017－10－27.

从“科教兴国”“人才强国”再到“教育强国”，从“基石”“基础工程”再到“基础性、战略性支撑”，坚持教育事业优先发展，确保教育在社会主义现代化全局中的重要地位，[①]深刻体现了教育作为“党之大计、国之大计”在全面建设社会主义现代化国家的基础性、战略性支撑作用。从二者辩证关系观之，中国式现代化既有各国现代化共同特征，更基于对自己国情的特色探索，迄今取得的重要成就与经验，为教育现代化提供了科学范式与基本遵循，不断拓展教育现代化的认知与经验维度；中国教育现代化发展既遵从具有普世意义的教育内在价值与规律，又始终根植中国大地，为人类文明的进步提供中国智慧与方案。在深入实施科教兴国战略、人才强国战略、创新驱动发展战略的时代背景下，教育现代化顺中国式现代化之势而为，中国式教育现代化的表述应运而生。

历史经验表明，中国式现代化的鲜明特色是始终坚持人民至上与人本立场，中国式教育现代化的核心议题与根本任务是促进全体人民的现代化。一方面，教育通过发挥文化传递与继承的功能，承担起扩充人力资源、优化人才结构、提升国民素养的时代使命，为现代化经济社会发展提供人才所需，提升社会整体发展水平与竞争力。另一方面，现代化进程中的生产工具与科学技术的革新，也会不断带来新的教育需求，从而进一步带动教育自身的创新变革，朝向个性化、多元化、全面发展的育人目标方向。

二、中国式教育现代化的区域表达

“区域”是具有丰富内涵的空间与区位概念，在现代化的语境表达下，区域由纯粹的自然现象向包含经济、政治、人文等社会属性拓展，通常以“主权”“行政区域”“地域规模”等特征进行划分与界定。[②③] 区域在自然历史、经济社会、制度文化等方面发展的不平衡性，实则决定了现代化过程要以区域为单位推进。

(一) 区域教育现代化的内涵与特征

教育现代化是现代教育要素持续投入积累从量变到质变的过程，[④]区域教育现代化是在教育思想观念、制度规范、内容方法、治理水平等方面逐渐形成现代性与区域性特征，体现为一种空间式的存在，并渗透于一切

---

① 怀进鹏. 加快建设教育强国　为全面建设社会主义现代化国家提供基础性、战略性支撑[EB/OL]. (2023－01－05)[2023－05－16]. http://www.moe.gov.cn/jyb_xwfb/moe_176/202301/t20230105_1038295.html.

② 崔大树. 关于区域现代化基本涵义的理论探讨[J]. 经济学动态，2002(12)：30—34.

③ 刘旺洪. 区域现代化界说：从全球实践到中国方案[J]. 现代经济探讨，2018(9)：31—35.

④ 胡鞍钢，王洪川. 中国式教育现代化与教育强国之路[J]. 新疆师范大学学报(哲学社会科学版)，2023(1)：56—72＋2.

教育活动领域。[①②] 教育现代化有其区域发展的特殊性，我国区域教育现代化从经济发达省份和城市发轫，教育是为服务于区域经济快速发展的迫切需求，并以改革为主线嵌入区域现代化的全进程。社会分化与整合是社会实现现代化发展的基本内容与现实路径，也即“不平衡—动态调整—平衡”的内在规律，决定了区域教育现代化的实践路径需要以教育利益分化与整合为价值目标，在教育资源配置与体制机制之间实现平衡，[③]朝向更高水平的现代化发展目标。

区域教育现代化的首要特征体现为地域性。区域教育系统相对独立，内部同质性与差异性兼容，区域教育改革的逻辑要义，在于紧密结合各地、各区、各校的实际。[④] 区域教育的发展程度与该地区社会整体发展程度密切相关，能够反映出一段时期区域教育现代化发展定位与方向，不同地域社会、经济、文化等方面的差异，决定了当地人民对教育的不同需求和期望，反之也要求教育现代化发展目标不断进行阶段性的动态调整。区域教育现代化的另一特征体现为整合性，将一定地域范围内的教育资源、教育机构、教育服务等进行整合，促进区域教育资源的统一规划与配置，强化区域内有限教育资源的互补，更好解决过往教育资源分散、信息不对称、教育发展水平差距过大的问题。创新性是保障区域教育现代化的重要动力机制，以人民为中心并充分发挥人民的首创精神，是区域教育现代化因地制宜、扎根本土的生动体现，其中尤以区域教育综合改革为范，既为区域教育改革开辟新的实践路径，在教育与社会各领域互动共生的意义上，也带动了区域教育自身现代化的发展。

（二）协调推进：区域教育现代化的战略选择

促进区域协调发展是推动中国式现代化的战略性举措。我国幅员辽阔、人口规模巨大，不同地区拥有不同的资源禀赋与发展的先后时序，区域发展不平衡、不协调是客观现实。自国民经济“九五”计划首次提出“区域协调发展”这一概念后，区域战略不断丰富、日渐成熟，成为解决新时代社会不平衡不充分矛盾的关键途径。党的二十大报告对区域协调发展作出重要部署，“着力推进城乡融合和区域协调发展”“深入实施区域协调发展战略、区域重大战略、主体功能区战略、新型城镇化战略”为区域现代化实现道路指明了方向。[⑤] 国家战略表明，区域改革模式不断升级，逐步跨越了单一的经济领域，实质性地向教育等领域拓展，“综合性”特征更为明显，极

---

① 顾明远. 试论教育现代化的基本特征[J]. 教育研究，2012(9)：4—10 + 26.
② 杨小微. 迈向 2035：中国教育现代化的目标定位[J]. 华中师范大学学报(人文社会科学版)，2019(5)：38—44.
③ 阮成武. 我国基本实现教育现代化的路径选择[J]. 教育发展研究，2012(17)：1—7.
④ 王小飞. 迈向 2035 的区域教育现代化新路向[J]. 吉首大学学报(社会科学版)，2020(3)：14—17.
⑤ 国务院. 中华人民共和国国民经济和社会发展第十四个五年规划和 2035 年远景目标纲[Z]. 2021 - 3 - 12.

大地推进了教育现代化进程。[①] 在新时代发展需求牵引下，协调发展成为区域教育现代化的核心要义，有关区域协调发展的新任务、新部署，也为区域教育创新发展带来了新挑战、提出了新命题。

从中国式现代化的特征来看，“全体人民共同富裕是中国式现代化的本质特征，区域协调发展是实现共同富裕的必然要求”，[②]其核心是让全体人民共享经济社会发展成果。公益性与高质量作为教育发展的核心价值，体现了教育促进社会公平正义的时代追求。促进新时代区域教育协调发展，不是简单要求各地区在教育发展水平上达到同一水平，而是从全局上把握教育发展的特有属性、功能与规律，发挥各地区在教育结构、教育发展潜力等方面的优势，贯彻创新、协调、绿色、开放、共享等新发展理念的教育观念，在发展中促进相对平衡，借助教育现代化的推进，缩小发展不合理造成的过大差距。

以《国家中长期教育改革和发展规划纲要(2010—2020 年)》出台为标志，区域性的教育现代化推进在政策层面得到重要性的凸显，针对教育结构和布局的不合理，城乡、区域教育发展不平衡等现实问题的存在，因而提出“逐步实现基本公共教育服务均等化，努力缩小区域差距”的发展目标。《中国教育现代化 2035》提出了“一地一案”“分区推进”的要求，《加快推进教育现代化实施方案(2018—2022 年)》围绕贯彻落实国家区域协调发展战略，确立了新时代我国推进教育现代化的四大战略支点，这一决策部署进一步优化了区域教育政策支持体系，积极探索区域教育改革新模式，为区域教育改革开辟了新的实践路径。

(三) 区域教育现代化的实现路径

以中国式现代化推动区域协调发展要求积极探索“中国路径”。区域教育现代化有其发展的特殊性，既突出了特定时期教育改革发展的重大问题，同时聚焦国家与区域教育改革发展的趋势性问题。[③] 教育现代化推进路径研究，实质是教育发展的机制和策略研究，[④]我国的教育管理体制属于分权型管理体制，基础教育实行由地方负责、分级管理的原则，省、市、区(县)实现教育现代化的目标动力不尽相同，但在各个类型和层次的教育发展的方向和目标是一致的，尤其是宏观运行机制与中微观改革在要素配置与实践行动上相互结合，逐步建立起区域内生的长效发展机制。[⑤]

对区域教育现代化的实践路径进行类型分析，大致归类为区域协同发展、以教育评价

---

① 王小飞. 迈向 2035 的区域教育现代化新路向[J]. 吉首大学学报(社会科学版)，2020(3)：14—17.

② 吕捷，毕明阳. 促进区域协调发展　推动实现全体人民共同富裕[N]. 光明日报，2023 - 04 - 27.

③ 王秀军. 推进区域教育现代化的战略选择[J]. 人民教育，2015(16)：22—25.

④ 杨小微. 新时代区域教育现代化发展研究[M]. 上海：华东师范大学出版社：9.

⑤ 李伟胜. 怎样推进区域教育现代化[N]. 中国教育报，2017 - 07 - 23.

改革驱动和多元主体参与治理。我国已经建立起世界最大规模的教育体系，其系统性、复杂性、多元性非同一般，必须根据各地的不同特征实行分类指导。如有序疏解北京非首都功能是京津冀协同发展的关键环节和重中之重，京津冀教育协同发展主要在于实现疏解性任务和发展性任务，优化区域教育空间布局，提升社会服务能力；长三角教育一体化的发展，是根据新时代我国区域和整体教育需求调整，构建具有时代特点和中国特色的区域教育现代化指标体系及监测方法，为区域教育现代化提供制度性支持与保障，集中体现了国家区域教育治理现代化实践探索中的数字化、集约化、便利化特点和趋势，凝练着中国特色的区域教育治理的经验。① 教育评价事关教育发展方向，教育评价改革是提升现代教育治理能力的关键点，教育评价改革推动了学校治理现代化、助推国家教育治理现代化，尤其是在理念层面厘清教育现代化的价值，破除教育领域短视行为和功利化倾向。教育治理现代化已成为新时代实现我国教育现代化的关键，也是衡量国家治理现代化成效的重要尺度，②教育治理就是多元主体共同管理教育公共事务的过程，广泛的社会参与使治理主体提高认知能力，以多元共治、多元协商有效促进教育现代化进程的理性化。

三、长三角区域教育现代化的实践方略

长江三角洲地区（简称“长三角”）我国经济发展最活跃、开放程度最高、创新能力最强的区域。2022 年长三角城市约占全国 GDP 总量的 23.99%，在中国 19 个城市群中唯一成为进入世界前六大城市群的超大型城市群。③ “一极三区一高地”是党中央在国家现代化建设大局和全方位开放格局中，对长三角在新时代实现更高质量一体化发展的要求与战略定位，④“全国高质量发展样板区、率先基本实现现代化引领区、区域一体化发展示范区”明确了长三角一体化与新时期教育发展方向。

（一）长三角区域教育现代化的发展坐标

当前我国学前教育毛入园率为 89.7%，九年义务教育巩固率 95.5%，高中阶段毛入学率 91.6%，⑤长三角各省份在这些指标上均达到或超过全国水平，且长三角区域 2025

① 张珏. 推动构建中国特色教育治理体系——长三角教育现代化监测评估[N]. 中国教育报，2022-07-28.
② 孙杰远. 教育治理现代化的本质、逻辑与基本问题[J]. 复旦教育论坛，2020(1)：5—11.
③ 任泽平，等. 中国城市发展潜力排名(2022)[R]. 2022-10-09.
④ 中共中央、国务院. 长江三角洲区域一体化发展规划纲要[Z]. 2019-12-01.
⑤ 教育部. 2022 年全国教育事业发展统计公报[Z]. 2023-03-23.

年上述三项监测目标值分别大于90%、99%、95%，与经济合作与发展组织（OECD）国家学前毛入园率、小学五年续读率以及高中教育毛入学率（83.2%、97.5%、108.5%）大体接近或赶超，达到全国区域最高发展水平，体现了与发达国家或发达的国际经济体相接近的目标。① 作为我国基础教育的先行区、示范区，长三角地区教育质量在世界各国基础教育中也处于标杆地位，为区域发展提供重要人才支持与智力支撑。

表1 长三角地区教育发展指标（2022）

单位：%

教育综合指标	上海	江苏	浙江	安徽	全国平均
学前毛入园率	99.0	99.6	100	95.5	89.7
九年义务教育巩固率	99.9	100	100	96.4	95.5
高中阶段毛入学率	99.0	100	99.0	93.8	91.6
高等教育毛入学率	78.0	65.0	66.3	47.7	59.6

数据来源：一市三省国民经济和社会发展统计公报（2021）、一市三省"十四五"发展规划。

对比《中国教育现代化2035》确定的教育事业发展与人力资源开发主要指标，江浙沪地区总体实现教育现代化目标已经初步达成，安徽在"十四五"时期教育普及率、公共教育服务均等程度追赶达到或超过全国平均水平。高等教育方面，长三角地区拥有全国16.7%的普通高等学校，其中36所为"双一流"建设大学，占据全国近四分之一的比重。从高校人才培养层次、师资队伍结构和教育资源配置等方面来看，长三角地区高等教育资源集聚优势明显。②

表2 长三角地区各级各类学校数（2022）

单位：所

	普通高校	普通高中	普通初中	小学	人口(万)
上海	64	257	631	671	2487
江苏	168	609	2286	4116	8515
浙江	109	641	1782	3204	6577
安徽	121	679	2780	6509	6127
合计	462	2186	7479	14500	23706

数据来源：一市三省国民经济和社会发展统计公报（2021）、中国统计年鉴（2022）。

① 汪开寿. 长三角教育公共服务供给新需求[N]. 中国教育报，2022-03-24.

② 中国发展规划研究院课题组. 长三角人类发展进程报告（2010—2020）[R]. 2022-07-11.

表 3　长三角地区各级各类在校生数(2022)

单位:万人

	高等教育	每十万人口平均在校生数	高中阶段	每十万人口平均在校生数	初中阶段	每十万人口平均在校生数	小学阶段	每十万人口平均在校生数
上海	55.48	3691	19.3	1139	52.4	2107	91.7	3687
江苏	221.9	3531	135.1	2233	270.3	3174	585.7	6878
浙江	125.3	2632	86.4	2162	169.3	2574	393.1	5977
安徽	155.4	3089	120.1	3138	228.8	3734	468.3	7643

数据来源:一市三省国民经济和社会发展统计公报(2021)、中国统计年鉴(2022)。

(二) 长三角教育现代化的多样诠释

区域教育发展的历史轨迹各异,资源禀赋不同,决定了区域教育各自发展定位与任务,一市三省教育现代化历程既有共性,在实践探索进程中又形成了各自的区域经验与特色。

1　上海:多元共治,综合改革释放活力。

上海是我国推进教育现代化最早、发展水平最高的先行地区之一,且内部呈现出底部高、差异小、拔尖人才众多等特征。上海教育现代化的实践探索,主要以综合改革为牵引,在推进教育均衡、内涵建设、机制创新等主要领域开展改革与创新探索。

机制创新,实现基础教育均衡发展。为解决城乡优质教育资源差距,提升郊区学校发展质量,上海浦东率先试点"委托管理",该机制对教育三大主体——政府、学校和社会的基本职责界限进行划分,重建三者职权关系,构建出多中心的教育治理体系①。围绕缩小校际办学差距,上海连续出台紧密型学区和集团建设实施方案,多措并举推动学区和集团内师资力量、课程教学、学校管理等共建共享,实现优质教育资源跨校流动,全面提升区域教育现代化水平。

评价引领,提升基础教育发展内涵。长期以来,学业成绩和升学率成了衡量学校教育质量的最主要标准,简化了学校的教育功能,削弱了学校育人的内涵与品质。上海于2011年率先推出地方版中小学生学业质量综合评价的"绿色指标",先行先试,引导全社会形成科学的教育质量观,并通过市、区县、学校三个层面同步推进评价改革改进教学,②有效提升学业质量,探索出了一条具有国际标准、中国特色的学业质量评价改革之路。

科学决策,全力改革攻坚破解难题。为提升教育决策科学性,2010年上海市专门成立教育决策咨询委员会,与教育部建立"部—

① 李彦荣. 学校委托管理的实施策略与发展思考——以上海市义务教育学校委托管理为例[J]. 中国教育学刊,2010,(11):22—25.

② 刘昌亚. 以"绿色指标"推进上海基础教育改革[J]. 现代教学,2014(7):1.

市”联动机制，对上海教育改革与发展提供战略咨询服务；另一方面，上海市内部成立上海市教育综合改革领导小组，议事范围由原来的教育体制机制拓展至整个教育综合改革重大事项，通过扩大各方主体参与度，落实“开门办教育”理念，通过各种渠道听取市民和社会各方意见，广集群众智慧、群策群力。[①]

2 江苏：试点先行，深度推进协同发展。

江苏是在全国较早提出并率先探索教育现代化的省份，当前已建成完整的国民教育体系，教育综合实力与整体水平居于全国前列。在教育现代化的探索与实践上，江苏注重由点及面、先行试点，在强化顶层设计，创新评建机制等方面进行了全方位的改革尝试，贡献了实现区域教育现代化的先进经验。

县区先行试点，省域全面推进。江苏教育现代化的探索始于20世纪90年代，苏南地区率先完成普九任务后开展教育现代化尝试，从以学校乡镇为单位推进转向以县域为单位的整体推进。[②] 在县域基本教育现代化实现的基础上，提出“科教兴省”“科教与人才强省”战略，[③]全省教育现代化建设呈现出由苏南到苏中、再向苏北整体推进的格局，由基本教育现代化向全面教育现代化跨越。

以高标准引领，创新评估监测。创新和完善评价体系是构建教育现代化高质量发展“江苏模式”的有效手段，也是江苏推进教育现代化的基础环节。[④] 江苏是第一个在全省范围内开展教育现代化建设监测评估的省份，目前已建立起“三位一体”(政府及教育行政部门—各级各类学校—教育督导评估机构)的评建机制，[⑤]在精准监测、深度监测和分类监测三方面的探索改进为调适政策提供清晰度高、可操作性强的信息支持，进而引领促进区域教育现代化快速发展。

坚持全纳融合，构建多元治理网络。融合教育是一项社会系统工程，需要确立以公平为导向、政府负主责、多部门协同配合的融合教育现代治理机制，江苏在全国先行开展残疾儿童就近入学随班就读试点，目前已基本形成省、市、县(市、区)特殊教育指导中心和乡镇(街道)融合教育资源中心全覆盖的融合教育行政管理体制。[⑥⑦] 为破解特教专业教师缺乏的瓶颈，江苏建立起以高等特殊教育院校牵头，密切政府、高校、普校、特校间合作的教师培训新机制，构建多元参与管理网络。

---

① 李政涛. 基础教育改革的“上海经验”与“上海贡献”[EB/OL]. (2018-10-24)[2023-05-16]. https://www.sohu.com/a/271041175_391459.

② 陆岳新. 江苏县域教育现代化建设与评估的实践[J]. 上海教育评估研究，2012(1)：64—69+56.

③ 陈琳. 省域教育现代化的探索与实践——以江苏省为例[J]. 中国教育学刊，2013(11)：11—14.

④ 江苏：构建教育现代化发展新模式[N]. 中国教育报. 2020-01-17.

⑤ 冯大生. 区域教育现代化的发展特征及建设路径——以江苏省为例[J]. 教育研究，2018(4)：150—154+158.

⑥ 丁勇. 融合教育的江苏实践和经验[J]. 现代特殊教育，2022(11)：4—10.

⑦ 顾月华. 全纳融合，加快推进江苏特殊教育现代化[J]. 现代特殊教育，2021(17)：4—6.

3 浙江：分类探索，质量发展提升内涵。

浙江全省各级各类教育从“基本均衡”迈入了“优质均衡”的发展新赛道，已具备总体实现教育现代化的现实基础，新时代“重要窗口”、社会主义现代化先行省、共同富裕示范区的战略定位，必然赋予浙江教育现代化发展更多使命、责任与挑战。

城乡教共体探索均衡新模式。浙江参照医共体模式，推行“城乡义务教育共同体”模式，以融合型、共建型、协作型的方式，将城镇优质教育资源下沉到乡村学校，以县域为主，并在省域全面推行。浙江成为全国首个全省域开展城乡教育共同体建设的省份，该模式也连续两年被写入中央一号文件。城乡学校由以往独立办学到联合办学，是一种组织模式上的创新，为破解城乡间、区域间教育发展差距进行因地制宜的路径探索。

质量引领教育综合评价改革。浙江采用省级统筹与区域试点相结合、区域推进与学校培育相结合，从制度与技术层面推进义务教育阶段教育质量综合评价改革，[①]构建了具有创新意义的“结构型”教育生态指数，反映区域教育发展均衡程度与公平程度，突破了教育评价“唯结果论”的局限。教育评价从单一性评价转向“三维评价”，在“结构型质量”基础上，同时构建了过程型与结果型质量评价，从“重结果”转向“重过程”“重发展”，形成了有效的评价闭环。[②]

课程变革推进个性多样发展。为破解高中教育发展同质化难题，浙江以“小切口”撬动学校特色发展改革，增加选修课程范围，丰富课程供给的多样化，为学生提供了个性选择与发展的基础保障。高考改革通过考试选拔方式的转变，其实质是助推课程教学和人才培养模式的变革，实现从“育分”到“育人”的转变。[③] 浙江同时注重探索普通高中分类办学模式，在顶层设计上为高中分类发展、特色发展提供明确的标准。以科技高中为例，在建设特色学科之后，打造与高校招生对接的培养项目，如在数学、物理、化学等理科学科开展特色自主招生，开设初高中衔接课程。

4 安徽：战略先导，创新驱动教育服务社会。

安徽教育事业主要指标已经达到或超过全国平均水平，总体进入全国中上、中部前列，[④]在长三角一体化发展、“一带一路”、推动长江经济带发展和中部地区高质量发展等重大战略机遇下，为安徽教育现代化和创新能力的发展叠加政策红利，在高等教育和职业教育发展实践中，探索出独具地区特色的教育模式。

依托高校科技创新支撑高质量发展。安

---

① 张丰，沈启正. 教育质量综合评价改革的浙江实践[J]. 基础教育课程，2020(14)：5—13.

② 浙江“三维评价”培育教育好生态[N]. 中国教育报，2021-03-22.

③ 李润洲. 普通高中转型性变革的实践探索与理论思考——基于浙江的“选择性教育”[J]. 当代教育科学，2018(6)：14—20.

④ 李和平. 深化教育改革创新，安徽教育水平迈上新台阶[EB/OL]. (2020-11-26)[2023-05-16]. http://www.ah.xinhuanet.com/zhuanti/ahssw/lhp.htm.

徽率先提出建设地方应用型高等教育体系设想，分类建设一批地方特色、地方应用型和地方技能型高水平大学，并在全国率先成立了“应用型本科高校联盟”，高校区域协同创新格局基本形成。同时，高校作为推动国家科技创新进步的重要力量，通过深化学科专业结构改革，出台多项政策措施服务于地方产业创新发展，对构建符合社会经济发展的高等教育体系和学科专业体系，促进省域产业转型和升级、推动高等教育高质量发展进行了一揽子的制度设计。①

优化职教办学格局服务社会发展。安徽职业教育办学体量处全国第一方阵，同时也是全国首个部省共建技能社会、整省推进职业教育一体化高质量发展试验区。② 在推进普职教育协调发展基础上，职教逐步实现由规模扩张向提质培优转变，不同层次职业教育纵向贯通，校企合作办学机制创新、协同推进产教深度融合，加速推进现代职业教育体系基本建成，③成为职业教育一体化高质量发展的示范区、技能型社会的标杆区，具有地方职教特色和优势进一步彰显，服务区域经济发展能力也在持续增强。

（三）长三角区域教育一体化的实践探索

“一体化”是长三角发展战略的核心内涵。长三角地区具有深厚的文化渊源，在历史早期就已形成了较大规模的城市群，在教育思想和教育理念上也展现出极大的共融性，铸就了长三角教育一体化的文化基础。④ 长三角教育现代化协同发展是历史延续和时代选择，近十年来，长三角地区一体化进程总体经历了规模扩张、均衡发展、内涵式建设等阶段，⑤当前已经进入高质量发展新阶段，走在了全国城市群的前列。

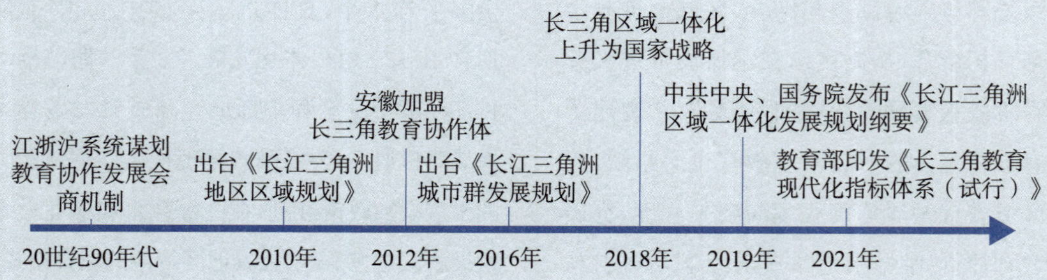

图 2　长三角地区教育一体化进程关键节点

① 安徽省人民政府. 深化高校学科专业结构改革服务产业创新发展实施方案(2022—2025 年)[Z]. 2022 - 06 - 23.
② 赵振华. 推进教育高质量发展增强人民群众获得感[N]. 2022 - 07 - 23.
③ 安徽省委教育工作领导小组. 关于推动现代职业教育高质量发展的实施意见[Z]. 2021 - 11 - 17.
④ 任强. 促进长三角基础教育高质量一体化[N]. 中国社会科学报，2021 - 03 - 08(5).
⑤ 朱铁军，桑青松. 长三角教育现代化发展协同机制研究[J]. 黑龙江高教研究，2023(2)：59—66.

推动实现长三角教育一体化发展，关键在于与中国式教育现代化进程的有机融合。人口规模巨大的现代化教育体系，不仅在数量上体现为充足与充分，提供与长三角区域经济社会一体化发展和城镇化建设要求相匹配的公共服务。在教育高质量发展的时代追求下，也必须以全面提升质量为发展内涵，[①]“人，本质上就是文化的人，而不是‘物化’的人；是能动的、全面的人，而不是僵化的、‘单向度’的人”，[②]在现代化进程中协调实现物的全面丰富和人的全面发展，尤其是坚持以人民为中心发展教育，回答好“培养什么人、怎样培养人、为谁培养人”这一根本问题。长三角城市群优质教育资源集中、对高质量教育具有较高的需求与期待，一市三省着力招生考试制度改革的创新，尤其在以建立满足不同培养目标和发展要求的分类考试、多样化、多选择，率先建立起与“轻负担、高质量”要求相适应的学生综合评价机制等方面，推动素质教育全面实施。积极探索建立区域基础教育公共服务体系，推进城乡、区域间义务教育均衡发展。长三角地区在基础教育领域渐次实现了学前教育公益普惠、义务教育优质均衡、高中教育特色多样的格局，“努力让每个孩子都能享有公平而有质量的教育”，让全体受教育者共享教育公平发展红利。

人与自然和谐共生，深刻揭示了自然生态与人类文明之间命运与共的规律。个体与国家关于自然生态的理念体现了社会文明的发展程度，新发展理念与高品质生活离不开人与自然和谐共生的现代化建设，更是作为培养面向未来生活的人的基础素养。一市三省聚焦绿色学校建设，以联盟式、项目化、社会实践等形式开展互动式教育教学交流，通过“大课堂意识”突破传统课堂的时空限制，将绿色教育的价值理念融入国家顶层设计与学校制度建设，建立健全纵向贯通、横向覆盖的绿色教育制度体系，[③]将生态文明教育融入育人全阶段全过程中，为未来培养具有生态文明价值观和实践能力的建设者和接班人。

教育对外开放是教育现代化的鲜明特征和重要推动力，也是推进国家教育治理体系和治理能力现代化的重要途径。[④] 一方面，长三角发挥区位优势与国际接轨，推动教育各领域合作交流，推动中国教育以更加开放自信主动的姿态走向世界舞台，参与解决世界重大问题。[⑤] 另一方面，通过打造教育对外开放新高地，率先开放、先行先试，打造国

---

① 朱旭东. 中国式现代化为新时代教育强国建设提供战略指引[N]. 光明日报，2022-11-08.

② 习近平. 之江新语[M]. 杭州：浙江人民出版社，2007：150.

③ 戴妍，黄佳攀. 中国式教育现代化的演进逻辑、实践样态与推进理路[J]. 教育学术月刊，2023(3)：20—28.

④ 刘利民. 教育对外开放助力实施教育强国战略[N]. 中国教育报，2022-12-14(04).

⑤ 教育部. 十八大以来教育国际合作交流的有关情况[EB/OL]. (2022-09-20)[2023-05-16]. http://www.moe.gov.cn/fbh/live/2022/54849/mtbd/202209/t20220920_663310.html.

际合作教育样板区和国际人文交流汇聚地，引进国外优质教育资源，为多边教育合作赢得发展新机遇，[①]为全球教育发展贡献中国力量。

此外，长三角省域、市域间的社会经济发展不平衡，地方政府教育投入存在区域与校际之间的差异，教育资源聚集度差异化明显，科学有效衡量长三角教育现代化发展水平需要更为成熟的监测评估。长三角教育现代化监测评估是我国推进区域教育现代化监测评估的首次尝试，也是长三角公共服务领域一项具有突破性的制度创新，不仅构建了多主体参与、集体性行动机制，更是为建设具有中国特色、体现区域特点的教育治理新体系等奠定了重要基础。[②] 现代化监测评估为区域教育协同发展、提升教育治理现代化水平提供了充分有效的信息，为科学判断和把握区域教育现代化发展提供了可靠支撑，对于实质性推进长三角教育一体化发展、引领带动全国教育高质量发展、进一步丰富和完善教育治理现代化理论与实践积极贡献中国方案。

四、长三角率先实现区域教育现代化的思考与展望

“率先实现区域教育现代化”是中共中央、国务院对长三角一体化发展提出的重要任务与要求，多项教育规划与行动计划的实施，为长三角教育现代化构筑了“点—线—面”联动发展格局与政策制度基础。据 2021 年长三角教育现代化监测评估结果显示，长三角教育现代化指数领先于全国其他区域，沪、苏、浙教育现代化指数总体处于前列，总体接近、并可大幅提前达成国家教育现代化 2035 年的预期发展目标。

相对于高质量教育体系建设的目标任务，发展的差异性、多样性与不平衡性，对长三角全域率先实现教育现代化提出了诸多挑战，进入新发展阶段，在更高起点推进长三角教育现代化还需开展更多理论思考与探索实践。

（一）长三角教育现代化进程存在的问题

1 多重壁垒制约区域间教育要素流动。

行政区划是国家以政治组织结构方式进行地域分割或要素配置，[③]由于属地管理与建立在行政区划之上的制度差异，出现不同程度的行政壁垒与制度壁垒。长三角一市三省分布着多层次的领导与决策机构，经济发展、目标取向、价值追求各不相同，在跨区域教育资源共享、人才培养、师生流动、合作办学等方面，长三角教育一体化合作发展机制有待深化，以理顺利益协调机制。其次，不同发展阶段的区域政府在职能履行的侧重点不

① 习近平. 论坚持推动构建人类命运共同体[M]. 北京：中央文献出版社，2018：255.

② 李伟涛. 教育治理现代化的制度创新[N]. 中国教育报，2022－03－17.

③ 王贤彬，聂海峰. 行政区划调整与经济增长[J]. 管理世界，2010(4)：42—53.

同，同类政策制度的供给水平存在较大差异，从而产生协同性壁垒，[①]各层级教育管理部门与教育系统外部行政部门之间尚未形成一体化的工作框架与协同制度，耗散了教育一体化要素的合理流动与有效配置。

2 教育资源配置尚不均衡带来发展分化。

"以县为主"是我国基础教育管理领域长期以来的制度安排，近年来政策导向要求加强省级政府教育统筹责任，作为实现省域内县际基础教育经费均衡配置的重要政策手段。长三角一市三省教育经费的投入与管理机制相较独立，各省市在公用经费基准定额、项目经费覆盖及分担方式等方面都存在差异。中央财政通过提高分担比例保障了生均公用经费基准定额的均衡，"一市三省"的教育资源与经费投入保障了生均一般公共预算教育支出，但长三角区域内部的办学水平在城乡、区县、学校之间存在差距，教育经费在投入和管理上的省际差异不容忽视，"分化型困境"反映出一市三省教育发展水平分化明显，[②]办学层次与布局结构难以满足经济社会一体化发展需求。

3 区域教育公共服务体系尚存薄弱环节。

进入新时代以来，人民对于美好生活的需要与发展不平衡、不充分之间的主要矛盾同样体现在教育领域。每一位受教育者的成长特质与兴趣特征存在差异，延伸出个体对于多样化、个性化的学习需求，在社会发展日趋多元的背景下，受教育者或其代理人倾向于选择更为"适合的教育"。从一市三省教育发展程度来看，区域之间办学条件和水平还不够均衡、布局和结构不够优化，基本公共教育资源供给不充分，不科学的教育评价导向和教育功利化倾向等问题依旧存在，教育质量管理与科学评价同样缺乏有效监督和保障，因材施教与个性化培养难以实施，成为教育高质量发展的共性问题与难题，还未能满足人民群众"上好学"的教育需求。

4 区域教育一体化治理水平仍需提升。

从长三角教育一体化进程来看，问题集中体现在宏观战略制定层面和各级各类教育的局部领域合作，缺乏组织和文化层面的深度嵌入，存在"零碎化""项目拼盘"推进，教育一体化发展层次不够深入，共建共享机制尚不健全等方面。此外，在长三角区域内部之间出现"同质化"的发展倾向，一体化的发展思路落实在部分地区，尤其是后发地区为实现"跨越式发展"，快速对标示范高地，反而造成主体性缺失，通过盲目简单的政策移植，导致政策或制度体系未能契合地区教育发展实际，弱化了区域因地制宜的发展特色，降低了地区间差异化发展的内生动力与可持续发展

① 顾丽敏. 打破行政壁垒需协同发力[J]. 群众，2020(22)：34—35.

② 季诚钧，朱亦翾，张墨涵. 长三角地区教育发展现状及规划比较研究——基于教育现代化视角[J]. 决策与信息，2019(2)：88—100.

活力，亦可能导致“低效应”的发展局面。[①]

(二) 长三角高质量教育现代化发展策略

围绕“教育强国”战略目标和时代任务，长三角应以更加开放主动的姿态融入国家发展大局，全面贯彻新发展理念，聚焦解决制约长三角教育高质量发展的突出问题与发展短板，深化教育领域综合改革，推进体制机制创新，探索创新实践发展新路径，推动各级各类教育实现高质量发展，为率先实现区域教育现代化作出示范引领。

1 健全优化长效治理机制，突破区域协作壁垒。

长三角教育一体化发展是项长期系统工程，推进跨区域教育深度协作、建立健全协同发展机制、畅通不同层级之间的协调机制尤为重要。首先，应加大中央政府的统筹力度，指导一市三省建立多元立体的共商共推机制，强化不同地方和主体在利益协调上的主动性和内驱力。合作层级由省级延伸至区县级，由高校延伸至中小学各个教育阶段，由政府层面延伸至教育教学各主体机构，建立各层次深化协作的“契约体系”。[②] 在治理主体视域下，鼓励各方利益主体参与到长三角教育一体化联动发展，建立权责边界明晰、职能有机统一的多元主体协同共治体系。

其次，我国治理现代化是“顶层设计”与“泥泞前行”相结合的过程，[③]在已有制度框架体系基础上，围绕解决共性发展问题，聚焦关键重点领域协同合作，区域各级政府进一步明晰教育一体化发展的功能定位和战略地位，强化激励与保障机制，消弭区域间事权范畴和治理能力的差异，破解行政及制度壁垒。同时，根据改革需要和试点条件，制定差别化的区域政策，构建分层次、多维度的目标体系，提升区域政策的精准性和有效性，减少或避免因政策带来教育群体的利益冲突。

2 一体化与地方优势互补，强化合作特色发展。

长三角区域教育现代化发展是整体与局部、共性与个性、一体化与特色化发展相互辩证统一的关系。首先需厘清观念，一体化协同发展并非要求同一化，而是各省市在兼顾特色化和差异化之上的一体化和协同化，从而实现长三角教育现代化的整体效应大于各个区域现代化效应的总和。从基础教育发展水平看，上海教育质量整体处于高位，应发挥龙头带动作用，引领长三角一体化教育协同发展；江苏、浙江教改经验丰富，体制多样灵活，作为长三角南北两翼，在原有发展优势基础上，打造教育对内联动、对外开放重要枢纽；安徽作为中部地区的人口大省、农业大省，发挥其创新活跃、内陆腹地广阔等优势，集聚科教，打造教育科创策源地、绿色发展样

---

① 朱铁军，桑青松. 长三角教育现代化发展协同机制研究[J]. 黑龙江高教研究，2023(2)：59—66.
② 郅庭瑾，谢童伟. 教育发展空间格局如何优化[N]. 光明日报，2020-11-03.
③ 薛澜. 顶层设计与泥泞前行：中国国家治理现代化之路[J]. 公共管理学报，2014(4)：1—6+139.

板区等。

此外，要把握和处理好“优质均衡”与“特色重点”的关系。优质均衡是教育一体化发展的目标追求，以教育公平为着力点，促进区域内部协调；非均衡发展是客观存在的，既作为现代化空间维度推进的基本尺度，又利于明确重点、集中特色资源朝向优势发展。如加强长三角中心区与苏北、浙西南、皖北等地区的深层教育交流与合作，推进优质教育资源的合理流动，辐射带动周边地区协同发展。

3 以数字化撬动教育变革，以数据治理提升教育质量。

在现代化的背景下，重大科技创新正在引领社会生产新变革，教育开始逐渐转向以知识为主要特点的“智能化”或“数字化”方向。按照“应用为王、服务至上、简洁高效、安全运行”的原则与思路，首先，长三角应着力加强教育资源数字化建设，推进省、市、区、校一体化资源的共建共享，打破不同学校、不同学段的限制，让优质资源得以流动、迭代和优化发展，实现数据资源的互联互通和自由流动，抬高教育质量发展的底部。其次，注重学校端数字基座的打造与铺设，将各级各类优质教育资源接入基座，根据学生的兴趣、能力和学习进度，为其提供个性化的学习体验，拓展学生学习成长的个性化空间。再者，搭建教育数字化管理平台，实现教育管理的数字化和自动化，以数据治理提升管理效率和精确度，通过数据分析、模型预测等技术手段，实现对学生学习情况的监测和分析，提高教学质量和效果。最后，可以充分发挥长三角区域科技企业集聚优势，将新技术与新装备与课堂教学、教育评价、教育管理深度融合，不断拓展教育数字化转型新成效、新成果，协同社会力量赋能教育。

4 创新监测评估实施体系，发挥监测评估导向功能。

在充满不确定性、复杂性和模糊性的时代中，通过适时地开展监测与评估，在动态中掌握教育实践过程中的变化情形，为更好地发挥支撑科学决策、服务精准施策提供现实参考依据。一是结合国家教育数字化战略行动，加快建成长三角教育现代化监测评估系统，提升监测评估基础能力，建立稳定的数据收集体系，发挥数据在分析应用方面的规模化、精准化优势，为教育监测评估提供科学支撑。二是建立持续改进机制，对监测评估导向进行动态调整和优化，以适应不同阶段发展需求，同时构建符合教育数字化评价的制度体系，教育数字化评价在确定内容标准、推动组织实施、促进结果应用等方面有序推进。三是注重培育跨区域、专业化的人才队伍，将长三角监测评估项目建成为落实教育数字化转型的鲜活案例，探索具有中国经验、长三角特色的教育治理新路径。

5 完善公共教育服务体系，加快培育创新型人才。

发展成果由人民共享是中国式现代化的价值遵循，中国式教育现代化也应承担促进社会公平正义的责任。教育的需求多元与多样，要求教育现代化优质均衡与特色多样，按照“提高公共服务水平，增强均衡性和可及性”的要求，应以促进基础教育公共服务均等化为抓手。首先，在公共教育资源的供给侧，合理分配布局教育资源，加快补齐长三角区域内普惠性资源短板，缩小区域、城乡、校际、群体教育差距，拓展教育公平的“广度”，深化教育公平的“深度”。其次，提高区域教育经费投入和管理效率，建立健全透明公开的公共教育财政投入决策、配置及考评机制，提高公共教育投入效益。教育经费投入一体化不是要将一市三省的经费拉平补齐，而是在统筹的基础上进行调适，提供更加完善的教育经费保障。同时，适当引入市场机制，提升教育服务效率与质量，更好满足人民群众多层次多样化需求。第三，为适应人口规模巨大化的教育现代化趋势，应提前建立适应不同年龄、不同需求的终身教育体系，扩大各年龄段接受教育的机会，借助网络、社区、企业等多种途径，提供灵活多样的学习机会，满足个人不同的学习需求，提供公平、优质、多元化的学习环境。

创新型人才是推动社会进步与文明发展的重要力量，也是提升教育现代化国际核心竞争力的重要资源。长三角具备发展教育的优越条件与基础，通过建立适应创新型人才培养的教育体系，包括课程设置、教学方法、评价方式等方面的改革，培育面向未来的卓越创新型人才。同时，立足于区位优势与合作基础，以更为自信开放的姿态加强国际交流合作，“引进来”与“走出去”相结合，为培养创新型人才提供更广阔的视野和更高水平的教育资源。

（原文《中国式教育现代化的区域表达——长三角教育一体化的探索与实践》发表于《教育发展研究》2023 年第 9 期）

2. 长三角教育治理现代化的制度优势与效能转化

李伟涛

提　要： 教育事业现代化需要教育治理现代化的有力支撑。长三角区域教育治理现代化，具有战略规划、改革试点、监测评价等多重优势。但对照中国式现代化要求和率先实现区域教育现代化的目标，教育治理实践中面临不少困境，突出表现在协同育人、教育服务科技创新和人力资源开发、教育数字化转型等方面。长三角区域未来的教育治理现代化进路在于战略牵引、深度融合和循证改进。

作　者： 李伟涛，上海市教育科学研究院研究员，教育经济宏观政策研究院长三角教育现代化监测评估中心副主任

伴随我国现代化进程加快和推进高质量发展，以中国式现代化的内涵来理解大国之“大”，不仅在于疆域层面、人口层面，更在于区域治理层面，尤其是在新发展阶段人民日益增长的美好生活需要与发展不平衡不充分问题依然突出的背景之下。我国人口基数大、地区之间经济社会发展不平衡，区域是推进现代化建设的战略支点。为贯彻新发展理念，推进高质量发展，构建新发展格局，实施供给侧结构性改革，我国制定了一系列具有全局性意义的区域重大战略。在区域重大战略中，长三角一体化发展同京津冀协同发展、长江经济带发展、粤港澳大湾区建设相互配合，形成了我国改革开放新的空间布局。国家推动治理体系与治理能力现代化，有赖于高效能的区域治理现代化。

长三角是我国经济发展最活跃、开放程度最高、创新能力最强的区域之一，在国家现代化建设大局和全方位开放格局中具有举足轻重的战略地位，全员劳动生产率位居全国前列，公共服务相对均衡，科教资源丰富，拥有全国约 1/4 的“双一流”高校、国家重点实验室、国家工程研究中心。自 2019 年长三角区域一体化发展上升为国家战略之后，长三角区域一体化发展呈现加速发展、走深走实态势。在教育领域，以教育治理现代化促进区域教育现代化，愈益成为长三角教育发展的一个鲜明特征，取得重要标志性阶段性制度成果，同时面临着教育系统内外部挑战与治理困境，亟待在变革创新中把制度优势转

化为区域教育治理效能。

一、长三角区域教育治理现代化的多重制度优势

教育事业现代化需要教育治理现代化。伴随我国教育现代化进入新征程，教育协同治理正在变得愈加重要。这是因为新时代的教育现代化更加注重融合发展、更加注重共建共享。更加注重融合发展，旨在追求教育与经济社会深度融合、协同发展，推动教育向社会开放、向产业开放，推进产教融合、科教融合、军民融合，推动学校教育、社会教育、家庭教育有机结合，促进人才培养链与产业链、创新链的有效衔接。而更加注重共建共享，则是坚持政府主导、全社会多元参与，多渠道扩大教育供给，构建全社会共同参与建设、共同分享成果的教育发展新格局。因此，实现教育协同治理是落实《中国教育现代化2035》基本理念、推进“十四五”时期教育高质量发展的重要保证。缺乏协同治理，无论是落实五育并举，还是推进学校现代化、教育体系现代化都将会失去重要保障。教育领域协同治理，也是充分发挥中国特色社会主义制度优势，促使国家教育制度更加成熟定型的必然选择。

（一）战略规划优势

战略规划编制和实施是中国共产党治国理政的重要方式，长三角教育发展纳入国家战略规划为长三角区域教育治理现代化提供了导向。为加快推进国家教育现代化、建设教育强国和办好人民满意的教育，《中国教育现代化2035》以及《加快推进教育现代化实施方案（2018—2022年）》提出：推进教育现代化区域创新试验，构建长三角教育协作发展新格局，进一步加大区域内教育资源相互开放的力度，搭建各级各类教育协作发展与创新平台，实现资源优势互补和有序流动。同时，为推进长三角区域一体化发展，中共中央、国务院发布《长江三角洲区域一体化发展规划纲要》，提出“推动教育合作发展。协同扩大优质教育供给，促进教育均衡发展，率先实现区域教育现代化”。在地方层面，长三角一市三省制定多项规划及政策推进长三角教育现代化发展。对标党中央、国务院以及中央部委的一系列引领性规划和指导性工作方案，长三角一市三省把握历史性战略机遇，分别从各自的实际出发，联合或分别出台了诸多关于加快推进长三角教育现代化发展的实施规划和具体行动计划，为长三角率先实现教育现代化形成了重要制度基础和政策保障。

（二）改革试点优势

教育改革试点，对于提升教育治理现代化和科学决策水平具有重要作用。我国的试点—推广模式作为一种政策试验[①]，显现出比西方国家更好的优势和成效。长三角一市

① 宁骚.政策试验的制度因素——中西比较的视角[J].新视野.2014(2):27—33.

表1　长三角教育现代化发展的指导性规划/方案

规划	印发时间	目标时间	目标要点
中国教育现代化2035	2019.2	2035	● 总体实现教育现代化，迈入教育强国行列
加快推进教育现代化实施方案(2018—2022年)	2019.2	2022	● 推进教育现代化区域创新试验
长三角生态绿色一体化发展示范区总体方案	2019.10	2035	● 增加多层次、高水平教育、医疗、文化等公共服务资源供给
长江三角洲区域一体化发展规划纲要	2019.12	2035	● 率先实现区域教育现代化
上海教育现代化2035	2019.3	2035	● 实现更高水平、更高质量的教育现代化
江苏教育现代化2035	2019.6	2035	● 教育现代化水平和总体实力继续走在全国前列 ● 加快推进沿海地区教育现代化
浙江教育现代化2035行动纲要	2020.5	2035	● 在全省各领域率先实现现代化 ● 在全国率先高水平实现教育现代化
安徽省教育现代化2035	2019.6	2035	● 国民素质和社会文明程度达到新高度，建成创新型文化强省和教育强省
长三角教育现代化指标体系(试行)	2021.4	2025	● 发挥《指标体系》导向作用，引领各级各类学校高质量发展
上海市教育发展“十四五”规划	2021.7	2025	● 教育现代化全面深入推进
江苏省“十四五”教育发展规划	2021.12	2025	● 教育现代化水平和总体实力继续走在全国前列
浙江省教育事业发展“十四五”规划	2021.6	2025	● 总体实现教育现代化 ● 教师数量和结构全面满足教育现代化需求 ● 推动所有县(市、区)教育现代化发展指数达到70以上
安徽省“十四五”教育事业发展规划	2022.1	2025	● 以加快推进教育现代化为主线

三省承担了国家教育改革诸多试点试验任务，通过实践探索和综合改革，既为一市三省教育创新发展带来动力、活力和新的变化，也为全国教育现代化发展作出示范，在新时代教育改革发展中发出长三角的声音。无论是基础教育综合改革实验区建设、“双新”示范区，还是产教融合试点、智慧教育示范区建设以及人工智能助推教师队伍建设试点，上海、江苏、浙江、安徽均承担试点改革任务。上海在长三角区域发展中发挥龙头带动作用，通过教育综合改革不断释放发展活力，相继承担教育综合改革、高考综合改革、“三全育人”综合改革等国家试点，探索形成0—3岁婴幼儿托育服务、“双减”工作试点、高考“两依据一参考”、高校课程思政、高校分类评价等重大制度成果在全国推广。

表2 国家教育改革试点试验:长三角分布

试点试验	上海	江苏	浙江	安徽
基础教育综合改革实验区	上海市	常州市	金华市	铜陵市
“双减”工作试点地区	上海市			
“双新”示范区	杨浦区	无锡市	杭州市	合肥市
产教融合试点城市	中国(上海)自由贸易区临港新片区	常州市	杭州市 宁波市	合肥市
智慧教育示范区	闵行区	苏州市	温州市	蚌埠市
人工智能助推教师队伍建设试点地区	宝山区	连云港市 南京市建邺区,南京市江北新区	杭州市富阳区	合肥市 蚌埠市

(三)监测评价优势

长三角教育现代化监测评价制度的构建,是提升教育治理体系与治理能力现代化的内在要求。其背景在于:国家实施长三角区域一体化发展战略,不仅带来人口与人才的便捷流动、加速流动,而且带来区域之间教育发展协作需求的增长。在此背景下,为了促进区域教育协作,有必要建立健全监测评估信息提供机制。而事实上,区域教育协同治理中往往存在着信息壁垒,行政区划内部教育发展的数据孤岛依然存在,区域教育协同中数据割裂的问题广泛存在,分头零碎采集的数据如何转换为良好教育治理的问题并未有效解决。这意味着,衡量长三角教育治理体系与治理能力现代化的水平,关键并非教育数据采集的大体量,而在于建立成熟的监测评价制度,改变传统数据的零散化、碎片化、静态化,为区域教育协同提供充分有效信息支撑。

长三角教育现代化监测评价制度的构建,正在成为长三角公共服务领域的一项具有突破性的制度创新,为长三角区域教育治理现代化提供重要支撑。其标志性成果在于:国家不仅研制了适合一市三省的《长三角教育现代化指标体系(试行)》,建立了一套统一的指标及其标准,而且建立了教育部长三角教育现代化监测评估领导小组及办公室,实施政府部门间会商机制,长三角一市三省教育行政部门、教育研究智库和专业评估机构多方协同开展教育现代化监测评价,构建了多主体参与、集体性行动机制,以协同监测体系建设为着力点,健全了区域教育现代化监测长效机制。这改变了过去各自监测、各自为政的局面,为结合新时代教育评价改革总体方案的落实、教育领域综合改革的深化,扭转不科学的教育评价导向,推动长三角一市三省协同扩大优质教育服务供给、引领各级各类学校教育高质量发展以及代表国家参与全球教育合作与竞争提供了数据支撑和制度保证。综上所述，在国家率先推动长三角一体化发展背景下，构建统一的长三角教育现代化监测指标体系和评估制度，能够为区域教育协作监测提供经验和范例。从此意义上讲，这是国家促进教育治理体系与治理能力现代化的一项重要制度安排。

二、长三角区域教育治理现代化进程中的困境分析

依托区域教育治理的多重优势的共同作用，长三角教育现代化发展取得显著成就，各级各类教育高质量发展涌现出一批标志性成果和全国有影响力的教改项目，较好满足了区域内广大人民群众接受更好教育的新需求，有力支撑了区域经济社会的整体发展，对引领我国区域教育现代化发展和开拓教育对外开放新局面作出了积极贡献。但现代化是一个动态发展的过程，中国式现代化要求在治国理政上及时回应和满足人民群众新需求，通过积极提高有效性来实现合法性的累积[①]。对照中国式现代化要求和率先实现区域教育现代化的指标目标，长三角教育现代化发展依然存在差距和短板，教育治理实践中面临不少困境亟待突破的挑战。

（一）发展短板：复合型指标

根据长三角教育现代化监测评估的目标达成度分析，监测点的达成水平按照监测值和历史数据变化趋势，分为四种判断：已达成目标、即将达成目标、努力可达成目标、达成目标困难。四种水平的判断，不仅能够直观判断长三角教育现代化发展水平，而且为分析发展短板提供了依据。

经综合分析，发展短板指标在指标类型上集中于复合型教育发展指标。所谓复合型教育发展指标，是包含两个或两个以上维度的指标类型。与单一类型的教育指标如学前教育毛入园率、高中阶段教育毛入学率、高等教育毛入学率、生师比、平均班额、专任教师本科及以上学历比例等相比，复合型教育指标不局限于教育系统中的人、财、物、信息等要素，而是教育要素与经济社会要素的横向交叉。

基于复合型教育发展指标表现，分析区域教育治理领域困境，核心在于科学把握教育与经济社会发展的互动关系，落实《中国教育现代化 2035》提出的“更加注重融合发展，更加注重共建共享”的基本理念，努力提升教育服务经济社会发展能力，努力构建全社会共同参与建设、共同参与治理、共同分享成果的教育发展新格局。区域教育治理现代化并非易事，面临着破解壁垒的挑战。打破壁垒是教育治理现代化的核心问题。治理壁垒具有多类型特征，包括观念壁垒、制度壁垒、资源壁垒、技术壁垒、数据壁垒等。

① 林尚立. 在有效性中累积合法性：中国政治发展的路径选择[J]. 复旦学报（社会科学版），2009(2)：46—54.

（二）治理困境：领域表现

在我国现代化进程中，区域教育治理的困境突出表现在协同育人、教育服务科技创新和人力资源开发、教育数字化转型等方面。

一是协同育人领域。学校家庭社会协同育人尽管逐渐受到关注，但现有指标主要为家庭参与指标尤其是建立家长委员会的学校比例以及婴幼儿早期教育指导服务次数等，而立足社区和区域角度的系统变革仍是有待深入。围绕协同育人，亟待高度关注社区和区域发展中各种潜在的教育资源、青少年健康成长和创新人才培养环境。受益于城乡一体化和基本公共服务均等化推进的影响，公共文化设施机构数量增加，公益性社会组织快速发展，正在成为协同育人的一支重要力量，能够为立德树人提供资源支撑。目前，协同育人还存在较大空间，体现在共同促进学生体质健康、提高城市社区教育服务设施步行 15 分钟可达覆盖率、推动全科医师和社会工作者进校园、建设儿童友好城市等方面。

二是教育服务科技创新和人力资源开发领域。我国实施区域协调发展战略，为区域教育协同提供了新空间，同时对区域教育治理提出了新需求。提高教育服务区域经济社会发展的能力，是衡量区域教育现代化发展水平的重要维度。教育服务区域经济社会发展能力，主要体现于教育服务科技创新和产业发展、为区域人力资源提供基础支撑。立足新发展格局，基于区域产业结构、科创主攻方向与人才需求，提高区域教育治理现代化水平迫切需要改变科教融汇、产教融合程度不深的状况，围绕区域经济社会发展主战场，高度关注教育在培养战略科学家、一流科技领军人才及创新团队数量，高校牵头或参与区域重大科技创新平台基地建设水平，研究与试验发展经费中高等学校占比等指标，以及高校专利申请数量和转化率等，不断提高教育服务区域科技创新发展能力、学科专业及人才培养层次结构适应性。同时，提高区域教育治理现代化水平，亟待高度关注从业人员继续教育参与率和学分银行覆盖率、经常性参与老年教育活动的老年人占比等指标，发挥教育在提高人力资源开发中的支撑作用，从调整存量上提升人口和从业人员的生活、生产技术技能与知识运用水平，增强全民对教育的获得感。

三是教育数字化转型领域。在治理逻辑下审视长三角教育数字化转型，亟待超越基于技术逻辑的教育数字化转型路径探索。教育数字化转型的活力来自多元主体的参与，并按照“政府定标准、搭平台，企业做产品、保运维，学校买服务、建资源”①的模式，让各类主体实现深度参与，从而不断提高教育数字化供给服务质量。受主体深度参与的动力、困境与机制制约，教育数字化转型在不同地

① 上海教育.本市多维发力推进教育数字化转型发展[EB/OL].(2022－11－29)[2023－02－10]. http://edu.sh.gov.cn/xxgk2_zdgz_jyxxh_01/20221129/43d94d4865994c14ac9eb846af3aa06e.html.

区进展不平衡。在加快推进信息技术深度融入教育教学和管理全过程中,仍然缺乏信息技术创新应用的制度化、标准化以及有效的培训、激励与保障制度。教师信息素养、师生对学校信息化建设满意度有待进一步提升。

三、积势化能:长三角区域教育治理现代化的进路分析

(一)战略牵引:发挥国家战略叠加效应

统筹推进教育、科技、人才一体化发展。按照中央实施科教兴国战略、人才强国战略、创新驱动发展战略的部署,发挥长三角产业优势、科技和人才优势、一体化发展优势、对外开放优势,遵循教育、科技和人才贯通协同运作规律,以建设国家实验室、高水平大学和新型研发机构为主导力量,创新科教融汇、产教融合重大平台,强化高校科技创新策源能力、服务区域发展能力,支撑和服务全球重要人才中心和创新高地建设,将教育作为人才蓄水池和源头活水,实现长三角教育服务贡献度的持续提升。

承担做好国家教育领域综合改革试验试点任务。依托"全国一盘棋"制度优越性,落实国家区域协调发展战略,破除各种思维定式和体制壁垒,率先在体制机制改革上先行先试、开放创新。深化新时代教育评价改革,推进基础教育综合改革实验区、双新示范区,建立健全"双减"工作长效落实机制,发挥产教融合试点城市、智慧教育示范区作用,加快构建充满活力、富有成效、更加开放的教育体制机制。探索发挥教育助力共同富裕的作用与机制,有效落实区域内建设共同富裕示范区对教育提出的系列要求,全面对接推进新型城镇化与乡村振兴,切实保障农民工随迁子女平等接受义务教育、逐步实现随迁子女入学待遇同城化,满足劳动力接受职业技能培训多样化需求,为居民提供有效乃至免费的就业再就业培训机会,全面提升人民群众教育获得感。充分利用三省一市的优势资源和独特条件,打造一批具有示范效应和辐射带动作用的教育品牌项目。

加快长三角教育数字化转型。以教育新模式、新理念为引领,分析理清新技术加速应用与实现教育发展模式创新变革之间的有机结合点,优化长三角教育数字化转型的路径。立足长三角功能定位与教育数字化转型目标,构建具有长三角智慧、世界水平的教育数字化转型模式,主要从解决教育数字化建设短板与薄弱环节、加强教育数字化转型统筹与活力激发、建立健全教育信息化标准规范制定、强化教育数字公共产品与典型应用场景创新、精准服务特殊群体、提升教师信息素养与师生员工及家长对学校信息化建设的满意度、推进未来学校发展、加强教育数字风险管理、开展长三角区域教育数字化协同监测评估等方面采取政策行动。同时着力深化开展教育数字化转型中的体制机制改革,强化教育数字公共产品创新与个性化定制、精准服务特殊群体、建立健全多元主体联合互动

机制。同时建立科学可行的教育数字化建设指标体系，将指标构建应用和提高教育数字化治理效能相结合，促使监测评估结果与政策改进、提高教育治理能力相关联，形成政府、教育研究机构、技术开发及运行维持专业机构、学校深度参与和联动合作机制。超越技术逻辑主导的信息化建设模式，正视数字化带来的人们行动与互动方式改变以及风险管理需求，让更多元的主体深度参与教育数字化转型并激发各类主体的活力，确保数据与数据流有效解决教育改革挑战、创造教育更好服务经济社会的价值，实现教育数字化的治理韧性提升与可持续发展。

(二) 深度融合：提升教育服务贡献度

立足中国式现代化要求和长三角教育优势，深度推动科教融汇、产教融合。充分利用长三角一市三省各自的教育优势与特色，发挥长三角高等教育资源富集的特点，结合实施一系列国家和地方高校创新发展战略及其专项政策，大力推动区域内大学大院大所的全面合作及协同创新，联手打造具有国际影响的一流大学和一流学科。

坚持系统思维，推动高等教育、职业教育、继续教育融会贯通。充分发挥高等教育的牵引作用特别是发挥高水平大学的龙头作用，优化职业教育类型定位，深入探索"中一高""中一本""高一本"协同创新，注重系统培养高校技能人才。从区域产业发展和人才培养实际需要出发，共同发展职业教育，分类搭建职业教育一体化协同发展平台，形成政府、企业、高校等方面的合力，形成职业技能人才的错位培养机制。打破劳动制度与教育制度、职业教育与普通教育的壁垒，推动职业资格证书与学历证书的成果认定、积累和转换，全面优化高技能人才发展生态，打造有利于高技能人才成长成才的制度体系和社会环境。

构建学校家庭社会协同育人新生态，为儿童青少年的全面发展提供良好的成长性支持环境。建立长三角一体化社会家庭教育服务体系，在城乡社区普遍建立家庭教育指导服务站点，依据本地人口和社会经济发展特点，多层次多角度宣传科学、整全的教育理念，推进文化、体育、科技等各类社会资源开放共享，保障社会育人资源利用充分，营造良好社会育人氛围。

(三) 循证改进：提升监测结果应用能级

指标的生命力在于应用，监测的价值在于服务科学决策和精准施策。健全长三角教育现代化监测评价制度，以系统性推动监测评估结果科学运用为鲜明特征。建立针对不同服务对象分类定期提供信息和社会发布机制，促进长三角教育现代化监测评估结果的动态、多样应用，为一市三省动态评估和科学制定教育事业发展规划提供支撑。

一是推动监测评估结果有效支持政府教育决策。支持教育决策是教育现代化监测的出发点和落脚点。重监测、轻运用，重数据分析、轻政策调适，不利于持续推进教育现代化。没有监测评估结果应用于政策调适"临门一脚"，监测评估数据转化为决策证据的过程就没有完成。监测评估结果运用于政府决策的机制建设，事关教育现代化大局全局。在长三角区域一体化和率先实现教育现代化目标背景下，科学运用的核心是什么？核心是建立教育现代化发展目标分解机制、监测评估结果的反馈机制、长三角区域教育发展重点问题难点问题协商机制，以及省域内建立相应的政府之间、政府与学校之间的协商推进机制，并通过落实相应的问责、整改、奖惩激励机制，推动政府和学校主动履行各自的分工与职责，从而形成一种从上到下、结合从下至上、充满生机活力的教育改革和发展新局面。立足国家战略，中央指导地方正确运用监测评价结果，切实发挥以评促建的作用，加强教育宏观管理，不断改进教育政策。

二是推动监测评估结果引导各级各类学校高质量发展。学校是教育现代化的细胞，各级各类学校高质量发展是长三角实现教育现代化的关键。关注每一位学习者，办好每一所学校，是区域推进教育现代化的基本理念。引导各级各类学校高质量发展，除了发挥指标体系的导向作用，基于监测评估结果的学校改进与激励机制是一条重要路径。具体制度设计包括：基于不同类型学校达标程度及其校际差异程度监测，建立必要的预警机制，促进学校建设与办学标准的完善，推动学校务实改进。逐步建立各级各类学校现代化案例的推荐机制、发布机制，交流总结典型经验，并纳入监测评估结果，激励学校特色发展、多样化发展和注重进步程度。

三是代表国家积极参与全球教育治理、贡献中国智慧和方案。当今世界面临百年未有之大变局，新一轮科技革命深刻影响生产方式和生活方式，国际社会对教育问题广泛关注与重视，教育成为全球治理的重要领域。设立国际指标和标准开展监测，并推动各国或地区广泛参与监测、提供创造性实践案例，是全球教育治理的一条重要路径。联合国教科文组织发布《教育 2030 行动框架》，并围绕“包容、公平的优质教育，促进全民享有终身学习机会”总目标提出了监测指标框架，包括 7 个方面目标、43 个监测指标。《中国教育现代化 2035》明确提出积极参与全球教育治理，深度参与国际教育规则、标准、评价体系的研究制定的新要求。我国长三角地区同国际联系紧密，协同开放水平较高，正在按照《长江三角洲区域一体化发展规划纲要》要求打造新时代改革开放新高地。长三角在经济社会飞速发展的同时，教育发展引起了国际社会广泛关注，各国越来越期待分享中国长三角教育发展的经验。基于长三角区域教育现代化监测评价结果，动态分析长三角在国际坐标系尤其是全球大城市圈中的相对位置，在国际参照系下密切跟踪关注区域在国际学生学业成就测试中的表现、联手打造具有国际影响的一流大学和一流学科、与国际知名高校合作办学、打造国际合作教育样板区等行动实践，并总结凝练解决全球教育问题的经验案例与话语体系。我国教育发展水平已进入世界中上行列，面向 2035 建设教育强国征程中需要区域教育发展增强全球视野，按照“十四五”规划设定的目标与行动加速提升国际影响力。

表3　一市三省“十四五”教育发展规划中的全球视野与目标任务

	目标任务及行动
上海	● 教育事业发展和人力资源开发主要指标接近全球城市先进水平；教育影响辐射能力稳步增强； ● 优化国际学生教育层次结构； ● 建成一批具有国际影响的交流合作平台和重大项目，引进和设立实体性、专业性国际组织与合作基地； ● 来沪留学生质量提升、结构优化，上海继续成为展现中国教育高质量发展的窗口
江苏	● 高等教育毛入学率高于世界中高收入国家的平均水平； ● 全省中外合作办学机构和项目总数位居全国前列； ● 实施“郑和计划”
浙江	● 全省各级各类教育主要发展指标达到高收入国家平均水平，教育国际影响力全面提升； ● 优化国际学生教育层次结构；引进国内外著名高校在浙办学数量（所）15 所；赴海外办学机构数（所）35 所； ● 实施“安吉游戏”国际及港澳推广计划
安徽	● 中德教育合作示范基地建设稳步推进； ● 安徽大学与美国纽约石溪大学合作举办安徽省首个中外合作办学机构

四是推动监测评估结果驱动全社会参与和支持教育发展。加快推进教育现代化，离不开良好的社会环境支持和教育生态营造。长三角的高校、智库、第三方专业机构数量广泛，参与教育现代化监测评估的需求也日趋增强。这要求教育现代化监测评估走向多元、伙伴式监测。为此，在制度设计上，长三角教育现代化监测评估建立了相关研究机构、高校、第三方机构等多元参与的监测评估机制，发挥理论优势、技术优势，围绕监测评估指标、数据和结果运用，针对教育现代化的重点、难点问题开展专题研究和深度监测。同时，充分利用各种新闻媒介，通过多种形式全面深入宣传长三角教育现代化监测评估的战略意义和主要内容，为监测评估营造良好的舆论氛围，并逐步探索教育现代化监测评估结果向社会发布信息的机制，大力宣传发展水平高、进步程度或努力程度高的地方及其改革经验，让社会了解、参与和支持教育，并通过社会舆论监督促进各级政府及教育行政部门履行职责、加快实现教育现代化步伐。

区域探索

1. 区域教育改革的文化自觉与现代化追求

陈宇卿

提　要：教育改革的文化自觉是区域教育现代化的核心特征。从“九五”以来，静安区坚持以重大科研项目驱动区域教育改革，以科研成果转化提升教育改革实践。静安教育改革对区域教育现代化带来如下形塑：教育个性化程度显著提高，教师专业发展空前提升，学校自主发展意识觉醒，教育治理多元化持续深入。展望未来，静安将继续关注各类人才特别是高素质创新型人才的培育，关注技术催生变革的力量和前沿科学发展的态势。

作　者：陈宇卿，上海市静安区教育局局长

静安区是上海市中心城区，历史悠久、经济发达、教育底蕴深厚、优质资源集聚。在静安教育发展的历史上，蔡元培、陈鹤琴、刘佛年等教育先贤在此辛勤耕耘，为静安教育留下了宝贵的思想财富。历经多年积淀，这里又相继诞生了“三自”教育、愉快教育、成功教育、游戏教育、创造教育等在全国享有较高知名度和影响力的教育品牌，学程改革、后茶馆式教学、生涯教育、思维广场、社会情绪能力、活力300分等新的教育品牌也不断生发。更为珍贵的是，无论新老品牌，都能在新时期教育改革的背景下锐意创新，焕发出新的活力。这些改革探索和教育品牌彰显了静安教育的厚重，也为区域教育现代化提供了注解。

一、教育改革的文化自觉是区域教育现代化的核心特征

静安教育人始终秉持“以人的发展为本”的理念，牢牢把握未来教育特征，形成了以重大项目驱动教育改革向纵深发展的区域教育发展路径。通过区域重大教育科研项目的设立与推进，促进各校确立前瞻性的攻关目标，形成教育改革的文化自觉，从而促进区域教育的高质量发展，而这种文化自觉正是区域教育现代化的核心特征。

1 “站高一层、领先一步”的教育改革设计。

作为一个教育发达的现代化城区，静安的教育改革始终坚持从现实出发，同时着眼

于未来，着眼于探索，准确把握时代背景和教育发展趋势，以教育科研为区域教育改革发展注入先发力量，形成“站高一层、领先一步”的先发优势。从“九五”至“十四五”，静安以时代发展的特点与趋势为参照，以发达地区和全球教改的经验为借鉴，进行教育改革的整体性、前瞻性谋划。素质教育行动、学校课程教学改革、学业效能提升、教育个性化实施等教改项目，都指向了区域教育发展的关键与核心问题，瞄准了未来教育发展趋势，引领着区域教育发展的未来走向。这些具有前瞻性的教改项目设计，推动着静安区教育始终走在上海乃至全国前列，并推动了外地参与地区和学校的发展。

2 “一代接一代”的教改行动赓续与深化。

教育变革的周期很长，内部同质性高的连续研究、教育实践重难点阶段性强的研究可以让研究由点至面、递进深化，实现教育发展的深度提质，最终逐渐接近教育规律。面对教育的复杂性和诸多的教育热点、难点问题，静安以发达城区为坐标，紧扣素质教育实施和走向教育个性化的发展趋势。对于这些教改热点难点的研究，静安坚持“十年磨一剑”的精神，持续深入，久久为功。“九五”开始的六个教改项目，主题从“素质教育实施”到“课程教学改革”，从致力“学业效能提升”到“走向个性化教育”，再到“深化个性化”“激活学生创造力”，项目之间渐次深化、结构关联，有着持续深入的生长逻辑，都把“成就每一个学生的精彩”作为重要的价值取向，体现出静安教育人的坚守与执着。

3 “谋划一片森林，让每棵树木自由生长”的教育生态营建。

教育模式不是统一、呆板的，而应该是丰富多样、充满活力的。通过教改行动，提升区域治理水平，创建良好的教育生态，这是静安区教改行动持续探索的重要内容。自 20 世纪 90 年代以来，静安区致力于区域治理水平的提升，特别是近 10 年来，更加注重“谋划一片森林，让每棵树木自由生长”的教育生态营建。基于现代化发达城区的特点与定位，静安通过发挥教育改革创新先发优势，充分发挥不同层面、不同类型主体的积极性和创造性，推进扁平化管理机制，探索区域治理新路径，激发学校自主发展的活力，增强教师的文化自觉，激发教师的教学主张，提升区域的学术品性。正是在这样的教育生态中，一批批优秀学校、校长、教师百舸争流，教育创新成果交相辉映，新的教育品牌不断生发，创新发展的良性循环日渐巩固。

二、以重大科研项目驱动区域教育改革

静安区从“九五”以来探索并不断完善以重大科研项目引领、凝聚区域教育发展的机制，以重大科研项目的研究全景规划整个区域教育的设计图，形成了有核心主题的整体推进系统工程，用成熟的运作机制保证了改

革实践与教育科研的同频共振，实现了课程与教学，德育、科研与培训的一体化联动，引发了机制与策略、情意与技术的整体变革，确保区域教育改革行稳致远。

1 坚持重大教育科研项目引领机制。

静安区于1996年首次独立承担了国家教育部重点课题“发达地区实施素质教育的行动研究”，开始了以重大科研项目带动区域教育发展的尝试，经过了“九五”到“十四五”的探索与发展，逐渐形成了以重大科研项目引领区域教育发展的机制，成为静安教育科研的重要特征和特色品牌。重大科研项目的研究将区域的各级教育机构“一体贯穿”，教育行政与教育业务“两轮驱动”，教育局、教育学院与学校“三方协作”，各自发挥与肩负起不同功能与责任，实现项目研究、行政决策、实践改进的有机融合，打开了区域教育资源的整合与创造之门。

静安在每个重大课题研究中，均确立了由学校承担的子课题，覆盖了区域绝大多数单位。自“九五”以来，全区立项的由校长和教师领衔的区级课题和青年课题达4 500余项，而其中又有许多成功立项为上海市和全国的课题。通过区域重大教育科研项目的引领，直接和间接促进了区内各个学校的科研意识和研究动力。得益于区域重大项目的引领和基层科研项目的确立，静安区形成了一大批科研成果。这些优秀成果是与静安的科研沃土分不开的，是与厚实的科研金字塔基座分不开的。

2 注重科研方法的迭代升级与运用。

如何在重大科研项目引领下，促进区域科研品质的提升，既是实施重大科研项目的需要，也是形成长效机制促进区域教育整体发展的需要。因此，静安区在每个重大改革项目的实施中，均注重研究方法的应用。“九五”时期重点采用行动研究法，“十五”时期以实践研究为主，“十一五”到“十二五”期间重点推进实证研究，“十三五”期间重点探索和运用实践性循证的方法。自“十一五”以来，形成了质性研究——实证研究——循证研究的进阶与提升。特别是在“十三五”期间，我们一方面在幼儿园、小学、中学分三个学段进行实证方法培训，作为实践性循证方法的铺垫（见表1）。另一方面，组织了实践性循证专题研修班，用一年多的时间持续探索实践性循证的实际操作和具体运用，并举办了实践性循证研修班的中期进展交流会和结业论坛。此外，我们在开展两年的教育反思专项行动中，注重实践性循证方法的引导与渗透，促进学校对这一方法的知晓与尝试。

基于对实践性循证方法的探索与推进，静安区“十三五”深化教育个性化这一重大教育改革项目的品质得到了提升。这一方面反映在整体层面上的循证思想运用，项目从全局的角度设计了问题——方案——行动——反思的循环改进框架，并强调基于证据的持续完善，对于证据的搜集在各个环节加以落实，并注重量化、质性等证据的多元化体现。另一方面，则体现于各个子项目及教师的教

表 1　实证研究方法培训班安排表

培训时间	培训模块	培训形式
2018.4.11	量化研究和质性研究的基本概念、常用的基本方法及在实践中如何运用。	讲授及案例分享
2018.4.18	实证研究的内涵，结合课题研究解析实证研究如何运用于教育教学实践中。	网络研修
2018.4.25	教师结合自己的教育教学实践经验，以小组研讨的形式，介绍自己对实证研究的认识和体验。	分组研讨
2018.5.9	实证研究方案的设计，以及实证研究报告的撰写。	讲授及案例分享
2018.5.16	“十三五”教育部重点课题“深化教育个性化：发达城区提升学生核心素养的实践性循证研究”的基本情况，结合课题设计中的“实践性循证研究”方法部分，做进一步研究和探讨。	网络研修
2018.5.23	选取优秀的实证研究案例进行全方位解读，研讨实证研究方法在新研究中的运用。	分组研讨或观摩研讨

育教学实践中，学校的子项目研究及教师的教育教学实践，都力求运用实践性循证的方法，强调不断优化的循环历程和基于证据的持续改进。

3 推进教育科研制度的创建与完善。

以教育改革面临的形势与任务为基础，我们通过一系列科研制度的创建与完善，激发区域教育工作者的主体意识和研究活力，增强区域学术氛围，促进静安区教育事业的高位优质发展，促进学生全面而有个性地发展。在推进区域重大项目实施的过程中，静安区不断对科研制度加以修订与完善。早在 2002 年，我们就制定颁布了静安区教育科研管理办法，并于 2004 年进行了补充修订。2008 年，我们又以教育局文件形式比较系统地修订颁发了《静安区教育科学研究指导手册》。2017 年，静安、闸北两区撤二建一后，又印发了《上海市静安区教育局关于加强教育科研工作的意见》，并全面细致地修订了《静安区教育科研工作指导手册》，涉及政策与文件、研究与管理、推广与奖励、组织与保障等内容，手册的颁发为区域教育科研科学规范的管理与发展提供了依据和保障。

在科研制度的建立和完善中，经费资助的设立与调整也是一个重要方面。为了进一步激发科研的生力军——青年教师积极投入教育科学研究，早在 2002 年，静安区教育局就开始设立两个 100 万基金用于鼓励青年教师的教学与科研，奖励资助的实施，极大地激发了青年教师的科研积极性，也成为当时在上海市有较大影响的科研举措。之后，静安多次调整经费资助的数额和办法，促使更多的教师参与教育科研。此外，我们还建立了静安区青年教师研究的过程指导及成果分享机制，重在鼓励引领青年教师的科研发展，探索出一系列促进青年教师科研能力发展的智慧经验。

4 强化彰显学术与专业的载体培育。

通过重大教育科研项目的引领与凝聚，不仅为区域整体发展明确了方向与路径，也形成了区域层面诸多的教育变革举措，譬如以“学术精进，专业卓越”为指导思想的“静安教育学术季”活动，就是静安区增进学术交流、浓郁学术氛围的重要举措。“静安教育学术季”自2016年开始，已连续举办七季，原则从每年的10月份开始，到12月底或次年1月初结束，历时3个月（见表2）。在七届学术季活动中，全区190多所中小学、幼儿园及其他教育单位，一万多名教师和专家学者共同参与，均以不同形式主办或参与了各级各类学术活动。

表2 静安教育学术季历届主题一览表

	时间	主题
第一季	2016年	融合　研究　提升
第二季	2017年	迎接教师的时代
第三季	2018年	拥抱每一位学生的发展
第四季	2019年	思・悟・行——在教育变革中成长
第五季	2020年	务实　突破　创新
第六季	2021年	聚焦真问题　营建新生态
第七季	2022年	激活创造力　开启新变革

通过七届学术季的积淀，教师的教育主张得到了培育和激发，学校的经验得以提炼和升华，区域营建的追求学术精进、追求专业卓越的精神气质濡染了教师的精气神。如今，“静安教育学术季”已经成为静安区一个常设的培育研究文化、实现智慧共享、促进优质发展的新平台。精彩纷呈的学术季活动充分彰显了静安教育人锐意进取、开拓创新的学术态度，丰富显著的学术季成果展现了静安教育以往探索的积淀和面向未来的奠基，这一活动已在上海全市范围形成较大的影响。

三、以科研成果转化提升教育改革实践

丰硕的科研成果来自教书育人实践沃土的孕育滋养，作为面向现代化的发达城区，静安积极探索成果推广应用的区域路径、关键环节和核心证据，致力于将优秀成果的星星火种点燃区域基础教育综合改革原野，促进区域教育教学改革不断深化，创新教育方法，全面提升教育质量。

1 确立成果转化推进改革深化的核心理念。

优秀教学成果推广应用工作是促进区域教育优质发展的一个重要契机，不仅有利于促进本区已有优秀成果的迭代升级、集成创新，更能孵化、催生新的优秀教学成果。基于这样的认识，静安在成果推广应用中明确了“促进成果赋能增值，激活优质教育资源，优

化区域教育生态”的总体目标，提出了“基于共性、尊重个性；注重优化、互动创生”的基本原则，谋划了“三个结合”“三个同步”“三个保障”的成果推广思路，形成了成果推广应用的区域顶层架构。

关于成果的培育推广与深化，静安区提出了三个重要的理念，一是在成果推广应用中促进成果自身的迭代升级。二是在推广应用中增强成果的二次转化与基层创新。三是通过优秀成果的推广应用，进一步孵化催化新的优秀成果。静安区多年来一直关注成果的推广应用，这使得新成果不断涌现。在新一届教学成果评选中，静安区有五项成果获得上海市特等奖，并被推荐参评全国教学成果奖。2020 年，静安区被批准成为全国基础教育教学成果推广示范区。

2 探索成果转化与改革联动的工作模型。

静安充分发挥成果推广应用各方主体作用，教育行政部门、专业研训机构、推广方和应用方共同参与，形成了“三维立体互动”的工作模型。这一模型不仅包括主导思路、运作机制、立体保障等互为支撑、相互影响的三个方面，而且反映了两两之间的多重组合及其功能发挥，还揭示了成果推广诸因素之间的复杂性和推广路径的多元化。各主体之间形成了“协同与互补”“统筹与自选”并存的工作方式（见图 1）。

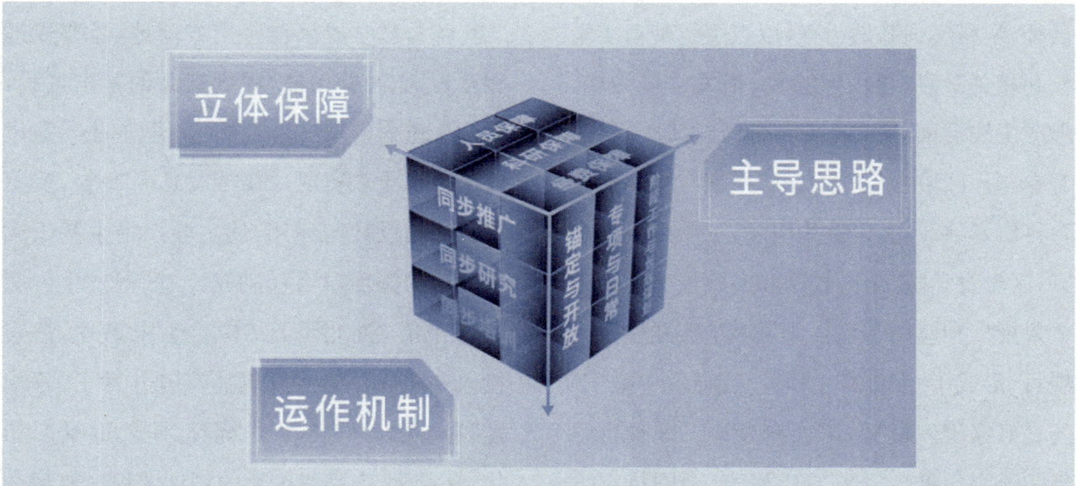

图 1 成果推广的三维立体互动模型

在成果推广应用过程中，静安加强教育行政（区教育局）、教育业务（区教育学院）、成果持有方及成果应用方之间的多方协同，形成了全区统筹、上下联动、各方协调的工作推进机制。教育行政部门不失时机找到各成果的闪光点、突破点，发挥领导、组织、协调功能；教育业务部门敏锐找到成果推广应用的堵点、断点、难点，发挥专业支持功能；成果持有方精准找到成果在应用方的链接点、操作点，发挥示范引领功能；成果应用方基于对成果的充分了解和本校实际，理性务实地找到生长点、发力点，形成了价值认同和行动共识，使教学成果更好服务于学生全面而有个性地成长。

3 形成融合“共性 + 个性”的推广应用路径。

静安构建了合作协同、专业互促的运作机制，从日常教研、科研、培训等方面着手，一体化常态推进成果推广应用工作。首先，教研有主题。以区校两级主题研修为时空，以课堂教学为主阵地，以成果持有方所在校的名师、学科实训基地为点，以点引线带动实验校和相关学科；再由实验校、相关学科为线，形成多线筑面的区域推广路径。其次，科研有专题。区域专门立项了成果推广应用的教育科研专项课题，以此为引领，三项成果持有方、区教育学院、全区教师和实验校教师结合成果推广和应用情境生成了多项实践性研究项目，形成了“在推广中研究、在研究中推广”的良好氛围。最后，培训有专班。区教育学院为成果的推广开辟专门通道，会同持有方将成果研发为区级共享培训课程，目前已开设“后‘茶馆式’教学”“走进研究型学习”“以幼儿自主学习为核心的幼儿园低结构活动探索”三门区级共享课程，全区教师踊跃参加。此外，静安也结合成果类型，支持鼓励不同成果明晰推广路径，为成果在实验校落地打下了扎实的基础。

静安通过多种途径推动优秀教育科研成果的应用推广和实践转化，不断促进成果赋能增值，形成了教育改革与教育科研的良性互动，并不断涌现新成果。在全国第一届、第二届基础教育课程改革教学成果奖评选中，静安区共有9个课题获得国家教学成果一等奖（见表3），占全国一等奖总数的9.18%，在全国及上海市教育科研成果评选中也多次获得成果奖，这正是优秀成果在推广的过程中，通过相互的激发与启示，不断孵化、催化的结果。

4 整合创新具有区域特色的推广应用载体和资源。

优秀教学成果在应用方落地，需要经过相互识别、经验关联、深度交互的基本过程，而这个过程的发生需要载体。我们主要通过成果可视化来实现，如产品、工具、平台、资源等载体的设计与运用，使实验校师生基于成果应用的深度学习活动真实、顺畅发生。例如，在推广“幼儿园低结构活动”过程中，静安投入专项资金促使成果持有方开发了“万物镜”和“视力 + ”等幼儿玩具，使其成果产品化、具象化，产品和配套的培训课程投放到全区所有公办幼儿园。

静安在持续深耕素质教育的过程中，也形成了一系列独具特色的区域学习共享载体，包括静安教育学术季、教育教学研究所、教育科研流动站、区级共享课程等。例如，

表3　国家级教学成果奖一等奖静安区获奖情况

顺序	学校	成果名称	届次
1	一师附小	为了学生的愉快学习，变革课堂教学——愉快教育实验的深化发展	第一届
2	静教院附校	后“茶馆式”教学——走向“轻负担、高质量”的实践研究	第一届
3	育才中学	普通高中学生个性化学程学习的设计与实践	第一届
4	芷江中路幼儿园	以幼儿自主学习为核心的幼儿园低结构活动探索	第一届
5	风华中学	中学物理教学的革新，数字化实验系统（DIS）的研发与应用	第一届
6	闸北八中	成功教育探索——薄弱初中成功路径	第一届
7	市西中学	思维“广场”撬动教学深度变革，实践优势学习的研究	第二届
8	静安区教育学院	区域课程“社会情绪能力养成”的开发与突破	第二届
9	安庆幼儿园	指向个性化教育支持的幼儿发展评价研究	第二届

在发挥本区现有市级教育研究所示范和辐射功能的同时，静安通过探索和试行教育科研流动站，促进区域内校际间的深度交流，自主形成新的学习和研究共同体，让已有成果在实践推广中不断深化，不断解决新问题。区内满足条件的优秀课题成果以学校为单位申请，经评估后成为教育局挂牌的科研流动站，可以获得资源和经费支持。静安充分利用多元载体在全区推广展示优质成果，使成果推广应用呈现多元开放的良好局面，使优质资源在全域流动、共享与创生。

四、教育改革对区域教育现代化的若干形塑

1　教育个性化的程度显著提高。

十年前，针对基础教育阶段学生面临的学习负担沉重、成长空间匮乏、创新能力缺乏等严峻现实问题，静安区开始了教育个性化的尝试。十年来，静安锁定个性化教育主线，持续探索如何在教育的共性要求与人的个性发展上找到平衡点，推进了课程教学、体制机制、管理治理等方面的变革，学生个性化学习的活力指标稳步上升，支持学生个性化学习的关键举措也日益完善。“十三五”期间，静安教育经历了一次全市规模的中小学生学业质量绿色指标综合评价、三次8年级教师区分性教学调查、两次静安区个性化教育评价以及活力评价，有关的数据及事例表明，教育个性化的程度显著提高。

2　教师专业发展的空前提升。

纵观多年来的发展，静安区十分关注教师自身的素养，特别是育人观念和能力的提升，不断提高教师自主发展意识，满足教师个性化发展需求。静安广大教师共同构建了生命成长、专业发展的共同体，教学主张不断涌

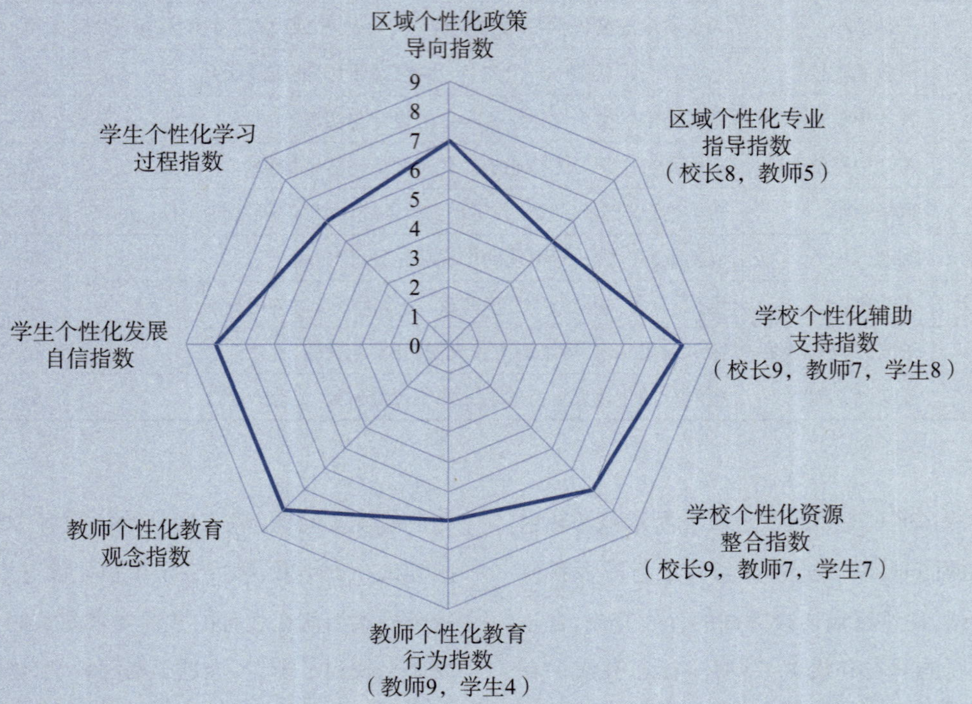

图 2　静安区个性化教育综合指数评价结果

现，教学活力不断迸发。调研数据显示，通过学术季活动，96.21%的教师认为教育教学主张得到了很好的激发，96.9%的教师认为区域、学校学术研究氛围得到了进一步提升，97.08%的教师认为教育教学经验得到了深入的交流分享。

3　学校自主发展意识的觉醒。

自主发展是教育的终极目标，回顾和审视区域教育改革历程，通过价值引领、专业支持和主体赋能，不仅激发了区域学校改革创新的内在活力与自觉，使静安教育的内涵不断丰厚，形成了接续探索、多元发展、共享共赢的改革环境，也大力支持了实践者为主体的教育创新。区域的个性化教育评价调查结果显示，区域在评价标准与方式的制定或改进方面能听取学校的意见，这也促进了学校的个性化办学和教师个性化教学。

4　教育治理的多元化持续深入。

教育治理体系和能力现代化是教育现代化的重点任务，是现代管理的重要理念和价值追求。静安区长期坚持区域教育改革两轮驱动和三方合作的治理模式，以项目为载体，探索实现了教育行政部门的管理转型。多年来，静安教育坚持以学校内涵建设为核心，以课程教学改革为关键环节，注重顶层设计和区域整体推动，推进学校自主办学、主动发展，实现了课程教学的品质提升，促进了各类教育的高位、优质、特色发展。

五、区域教育现代化的未来展望

面向未来，我们要关注各类人才特别是高素质创新型人才的培育，关注技术催生变革的力量和前沿科学发展的态势。激活每一位学生的创造力，是新时代静安教育工作者的使命担当和崇高目标。为此，我们要进一步依托教育科研做好“双减”的教育减法和科学教育的加法，深深扎根课堂教学变革的主阵地，注重学生的兴趣激发、专长培养和创造性想法、创造性产品的产生，为培养更多的创新人才作出应有贡献。此外，信息技术为教育的变革提供了更多动力与空间，关注现代信息技术发展对教育的影响，持续深化教育个性化，仍然是区域教育改革创新不容忽视的一个方面。鉴于脑科学、教育神经科学、学习科学领域研究的日益深入，我们还要进一步加强点上的实验深化，如基于教育神经科学的学校管理的优化，学习空间与环境的建设，教学设计与组织方式变革，学习方式的指导等。

在教育高质量发展的新阶段，在教育治理探索的新格局中，静安新一轮教育改革的号角已经吹响。在未来的区域教育发展中，静安还要进一步激发教师的教育主张，在日常教学中激发教育改革的文化自觉，培育良好的科研生态，使各类主体创造力的激活成为区域教育发展的敏感因子，为静安教育现代化的探索注入新的活力。

2. 数字化转型助推区域教育现代化发展

王亚男　熊秋菊

提　要： 随着新一代数字技术的发展与应用，教育领域中的数字化转型已成为当前教育改革与实践的核心议题。以区域为单位推进基础教育数字化转型是我国教育数字化转型的关键环节与战略重点。文章在厘清教育数字化转型的理论内涵与现实理路的基础上，以上海市首个“教育数字化转型实验区”长宁区为区域教育数字化转型探索案例总结经验，并从加强统筹治理、提升教师数字素养、深度挖掘数据和因区制宜制定发展策略四方面提出区域教育数字化转型的提升路径。

作　者： 王亚男，华东师范大学教育学部博士研究生
熊秋菊，上海市长宁区教育局局长

数字技术蕴含巨大的变革潜能，正深刻改变着人们的生产、生活、学习方式，推动着人类社会的数字化转型。因应这一发展趋势，《中华人民共和国国民经济和社会发展第十四个五年规划和2035年远景目标纲要》提出“加快建设数字经济、数字社会、数字政府，以数字化转型整体驱动生产方式、生活方式和治理方式变革”。2021年8月，教育部批复同意上海成为教育数字化转型试点区。2022年1月，国务院印发《“十四五”数字经济发展规划》，明确提出要加快推动文化教育等领域公共服务资源数字化供给和网络化服务。可见，数字化是经济发展和社会转型的新方向，教育作为实现可持续发展的重点领域，其数字化转型已成为未来教育改革和发展的重要趋势。

政策落实的质量往往取决于区域对于政策的执行水平。以区域为单位推进基础教育数字化转型是我国基础教育数字化转型的关键环节与战略重点。① 在数字中国和国家教育数字化战略行动的指引下，我国基础教育领域正在积极开展区域数字化转型实践探索，其战略意义与数字经济、数字社会、数字政府同等重要。基于此，本研究归纳分析了教育数字化转型的理论内涵与现实理路，并

① 袁振国. 数据赋能区域教育高质量发展[J]. 中小学数字化教学，2022(3)：1.

以上海市首个“教育数字化转型实验区”长宁区为教育数字化转型探索案例，提出区域教育数字化转型的提升路径。

一、教育数字化转型的理论探索

（一）教育数字化转型的内涵

“数字化转型”概念最早出现于1968年，但直到2015年前后才被广泛提及。① 但目前对于数字化转型的概念并未达成统一共识。一些学者将数字化转型视为一种策略、过程或者模式②，一是将数字化定义为“使用数字设备进行通信、记录、数据传输的数字方法”，基于此，数字化转型被看作一种策略或方法；二是认为数字化是人与社会之间的交流和互动范式的改变③，在这种认识下，数字化转型被视为一种过程或者模式，包括基础设施、管理、行为、文化特征的复杂解决方案。可以发现，不管是数字化处理策略和过程，还是范式改变，数字化转型的内核是技术推动。由此，“数字化”作为以技术为载体的一种手段，其意义随着数字技术的发展而不断嬗变，使之经历数字化转换（Digitization）、数字化升级（Digitalization）和数字化转型（Digital Transformation，有时简称DX）的概念发展。美国高等教育信息化协会（EDUCAUSE）将数字化转型定义为“通过文化、劳动力和技术深入而协调一致的转变，优化和转变机构运营、战略方向和价值主张的过程”。在宏观层面，数字化转型是指将数字技术融入所有活动领域，从根本上改变人们开展活动的方式。在微观层面，数字化转型指数字技术在人类生活的方方面面引起或影响的变化。④ 具体而言，宏观和微观层面的认识均凸显出数字技术在数字化转型中的核心地位，突出其对人类社会或相应领域带来的系统且全面的变革。

不同领域，数字化转型的目标和关注点必然不同。对教育而言，教育数字化转型指将数字技术整合到教育领域的各个层面，推动教育组织在教学范式、组织架构、教学过程、评价方式等方面创新与变革，从供给驱动变为需求驱动，实现教育优质公平与支持终身学习，形成具有开放性、适应性、柔韧性、永

① Reis J., Amorim M., NFR Melão, Matos P. (2018). Digital transformation: A literature review and guidelines for future research [A]. Rocha Á., Adeli H., Reis L.P., Costanzo S. World Conference on Information Systems and Technologies [C]. Naples: Springer, Cham, 411 - 421.

② CICHOSZ M, WALLENBURG C M, KNEMEYER A M. Digital transformation at logistics service providers: barriers, success factors and leading practices [J]. The international journal of logistics management, 2020, 31(2): 209 - 238.

③ MAREY, A. Digitalization as a paradigm shift [EB/OL]. [2023 - 3 - 10]. https://www.bcg.com/ru-ru/about/bcg-review/digitalization.aspx.

④ Stolterman, E., & Fors, A.C. (2004). Information technology and the good life [A]. Kaplan B., Truex D.P., Wastell D., Wood-Harper A.T., DeGross J.I. (Eds.)Information Systems Research. IFIP International Federation for Information Processing [C]. Boston: Springer, 687 - 692.

续性的良好教育生态。① 教育数字化的实质是数字技术与教育教学的有机融合和教育体系的系统性变革，必然要求着眼长远、立足现在、科学有效的战略规划进行系统谋划与持续推进。整个教育体系融入技术、技术革新教育系统、教育和技术交织。②

关于教育数字化与教育信息化的辨析。教育信息化是我国在 2000 年提出的一个概念。教育信息化是一个动态的发展过程，在这个过程中，数字化一直起着支撑作用。在教育信息化发展初期，数字化仅仅表现为对一些信息的基本存储和简单加工。随着数字化基础之上的技术不断创新，教育信息化发展到今天，数据的功能作用越来越明显，越来越表现出网络化、智能化的特征。总的来说，信息化是内涵发展脉络，数字化是技术发展脉络。数字化将数字作为信息载体，信息化以信息作为物质映射和精神载体，信息化的概念要大于数字化概念；信息技术和数字技术均属技术生态系统，但一般认为数字技术比信息技术更先进，所以数字化是社会信息化的高级阶段。③

关于教育数字化与教育现代化的论述。习近平总书记在党的二十大报告中就“实施科教兴国战略，强化现代化建设人才支撑”作出专章部署，首次把教育、科技、人才一同置于全面建设社会主义现代化国家的基础性、战略性支撑地位之上，并在此前提下，将“推进教育数字化”作为达成“办好人民满意的教育”目标的重要举措。④ 此举再次将教育数字化与中国式现代化紧密联系在一起，融入中国式现代化的精神，汲取中国式现代化的经验，已经成为探索教育数字化转型的中国道路时必须坚守的初心。教育数字化转型“既是当前教育信息化事业发展的主要任务，也是教育现代化的关键特征和核心指标，数字化转型的广度和深度直接影响现代教育体系构建的速度和质量。”⑤

(二) 教育数字化转型的价值逻辑

党的十九届五中全会提出的“建设高质量教育体系”开启了新时期国家教育高质量发展的新征程，随后发布的《中华人民共和国国民经济和社会发展第十四个五年规划和 2035 年远景目标纲要》，不但提出了国家数字化转型的新战略，还明确了建设高质量教育体系的战略目标和宏伟蓝图。⑥ 进入教育数字化转型新阶段新发展，需要始终秉持建

① 祝智庭，胡姣. 教育数字化转型的本质探析与研究展望[J]. 中国电化教育，2022(4)：1—8＋25.
② 史利平. 信息技术与教育深度融合的机制创新解析[J]. 教育研究，2018，39(10)：147—153.
③ 祝智庭，胡姣. 教育数字化转型的本质探析与研究展望[J]. 中国电化教育，2022(4)：1—8＋25.
④ 张东刚. 深入贯彻科教兴国战略　为全面建设社会主义现代化国家提供有力人才支撑[EB/OL]. (2022－10－31)[2023－03－10]. https://m.gmw.cn/baijia/2022-10/31/36124707.html，2022－10－31.
⑤ 刘三女牙，郝晓晗，李卿. 教育数字化转型的中国道路[J]. 中国电化教育，2023(1)：52—61.
⑥ 中华人民共和国中央人民政府. 中华人民共和国国民经济和社会发展第十四个五年规划和 2035 年远景目标纲要[EB/OL]. (2021－03－13)[2023－03－10]. http://www.gov.cn/xinwen/2021-03/13/content_5592681.htm.

立高质量教育体系为价值逻辑，坚持推动教育的高质量发展，促进学生德智体美劳全面发展、自主性发展和个性化发展。[①] 数据的智能化、科学化，实现了教育与学生学习、教师发展、学校管理等方面的融合，促进了学生的个性化学习，提升了教师的专业能力和学校精细化、科学化管理水平，从而有效地推动了教育的高质量发展。在学生学习方面，通过实时捕获和识别学习者的课堂行为、心理生理等多模态数据，以更加全面、准确地反映学生的认知水平、高阶思维发展等情况。[②] 在教师教研方面，以数据赋能，实现对教研“外显”的管理与评价[③]，促进精准教研的发生。在学校管理方面，人工智能技术将数据和算法相融合，助力教育管理的科学决策，实现了人与机器的高水平协作。人机协同成为未来学校发展的新形态。在教育治理方面，数据的精准化、智能化，推动多方主体协同参与，实现管理决策的科学化、透明化。同时，在政府、企业、学校所构建的新型社会关系中，创生出以数据服务为核心，从智能硬件、软件开发到定制化服务为一体的新教育产业链，推动教育的高质量发展。

不可否认，教育大数据、虚拟现实、人工智能在促进教育公平、提升教育质量、追赶教育现代化等方面发挥着越来越重要的作用，深刻改变和影响着今日教育的时空观、质量观。

二、我国教育数字化转型的现实理路

（一）教育数字化转型已成为国际共识

联合国教科文组织在《一起重新构想我们的未来：为教育打造新的社会契约》中指出，当前社会发生的数字化转型正在以前所未有的方式影响着我们的生活，教育不但要主动拥抱和适应这种转型，还必须反过来引领社会中的技术创新和数字化转型。随着全球范围内的数字化转型步伐不断加快，世界主要发达国家和国际组织陆续出台一系列教育数字化发展战略，将教育数字化作为国家数字化战略的重要组成部分。美国、英国、俄罗斯、日本、印度以及欧盟等国家和国际组织陆续出台了数字战略。例如 2020 年 9 月，联合国教科文组织、国际电信联盟和联合国儿童基金会联合发布了《教育数字化转型：学校联通，学生赋能》；同年，欧盟发布了《数字教育行动计划（2021—2027 年）》，将“促进高性能的数字教育生态系统的发展”和“提高数字技能和能力以实现数字化转型”两大战略事项作为未来推进的重点工作。美国发布多份人工智能战略文件，提出要提升全民数字素

① 袁振国. 数据赋能区域教育高质量发展[J]. 中小学数字化教学，2022(3)：1.
② 顾小清，王超. 打开技术创新课堂教学的新窗：刻画 AIoT 课堂应用场景[J]. 现代远程教育研究，2021(2)：3—12.
③ 贾积有. 人工智能赋能教育与学习[J]. 远程教育杂志，2018(1)：39—47.

养。2022 年 9 月，联合国教育变革峰会在美国纽约第 77 届联合国大会期间举行，峰会将“教育数字化转型”作为重要的焦点会议。纵览各国形势，数字技术正在推动教育系统发生全方位、多层次、立体化的变革，集中体现在数字技术重塑的教学、课程与评价不断迭代，突出强调个性化学习，教师教学的专业性不断增强，终身学习由理念到实践并不断深化。

（二）教育数字化转型符合我国国家战略

教育数字化转型是当前教育改革与实践的热点，也是未来教育创新变革的发展趋势。[①] 近年来，中共中央、国务院以及教育部等制定并颁布了系列教育数字化转型的相关意见和通知，这些政策性的文件对教育数字化转型的时代背景、转型目标、原则任务、转型流程、具体功能等进行了总领性陈述，引导我国高等教育、基础教育、职业教育等领域数字化发展和智能升级朝着良性、有序方向发展。例如《中国教育现代化 2035》《新一代人工智能发展规划》《高等学校人工智能创新行动计划》《教育信息化 2.0 行动计划》，强调教育信息化的重要性。这些国家政策对教育数字化转型起着主导推动作用。一是支持和鼓励教育数字化转型，通过建立教育数字化生态系统，包括互联网接入、数字平台、数字素养、数字领导力和数字化人才等的布局，直接或间接影响教育数字化转型的主导逻辑与意愿。二是为教育数字化转型提供了战略性方向，教育数字化转型的过程具有模糊、复杂和缺乏结构性等特征，这些特征会影响和约束教育数字化转型的选择和走向，国家政策体现出国家战略需要和教育发展需求，可转变为教育数字化转型的直接动力需求。同时，国家政策也给教育数字化相关产业带来了政策红利，促进教育数字化产业的发展，例如智能平台、智能学具、学习管理系统等企业的发展，而数字化产业与教育联动，又会继续拓展教育数字化转型的空间。[②]

（三）教育数字化转型适应教育内部规律

教育内部有更强的转型发展需求。教育模式的升级，学习范式的新生，教育“优质、公平、高效”难题的破解，都要求教育数字化转型，以便在数码化、数据化的基础上实现教育组织的整体转型。“促进人的发展”是教育的基本属性，教育所要培养的人是理论与实际结合、思想与行动结合、理智与情感结合、身体与精神结合的适应未来社会生活的个体，由此教育出现了个别化、差异化、个性化等理念。教育数字化转型需要推动人类学习范式从“以教为中心”向“以学为中心”、从“知识本位”向“适性发展”转型。其次，个体的发展需求，包括兴趣偏好、才能结构、终身学习、生涯幸福，也是教育需要实现的重要目标。因此，教育数字化转型需要推动教育实践从重视“教学结果”到重视“教学过程”、从“供给驱

① 祝智庭，胡姣. 教育数字化转型的实践逻辑与发展机遇[J]. 电化教育研究，2022(1)：5—15.
② 祝智庭，胡姣. 教育数字化转型的实践逻辑与发展机遇[J]. 电化教育研究，2022(1)：5—15.

动”到“需求驱动”转变。此外，促进以学为中心、适性发展、需求驱动、开放创新需要人机协同、数据赋能，对此，教育数字化转型需要推动教育支持服务从关注“标准化、灌输式”到“精准化、定制化、个性化”。[①]

(四) 新冠疫情倒逼教育数字化转型

2020年初，新冠疫情暴发，打乱了整个教育系统的运行节奏。大部分国家、地区和教育组织将教学活动转移至线上，实施大规模的在线教学与居家学习。原来的“面对面”教学变为“线连线”教学，在线教育成为了主要的教育方式。尽管在线教育为教育系统应对疫情冲击提供了解决方案，但大规模疫情也暴露了教育外部环境的不确定性和内部系统的脆弱性。教育系统缺乏转型战略预备、技术设施不配套、数字能力未就绪、教学创变起点低等问题，一定程度倒逼教育向数字化方向靠拢，催化教育系统数字化韧性建设。[②] 教育系统需通过数字技术调整教学结构和服务方式，将基于在线课程的数字化学习与线下实际课堂教学有机融合，实现更具包容性和韧性的教育数字化转型，有效抵御外部冲击、改善内部结构，实现教育可持续发展。

三、我国教育数字化转型的区域实践

(一) 区域是落实教育战略的实践主体和关键

良法美策，贵在能行。我国教育数字化转型的成功实践离不开国家对于教育发展方向和发展规律的重要判断，更离不开区域对于教育数字化转型的理解与落实。大量研究发现，政策落实的质量往往取决于区域对于政策的执行水平，而地方对于政策的有效执行与科学创新又能反哺完善现有政策体系，增强政策扩散影响，强化国家能力。[③] 对于区域政策执行的重要性可以概括为“区域政策执行是政策质量的生命。”[④]再加上我国基础教育领域人力、财力、资源的调配以及绩效考核都以区县为主，因此我国教育领域数字化转型实践的主体和关键在区域层面。[⑤] 区域教育数字化转型是在国家教育数字化战略行动的引领下，将数字技术整合到区域基础教育变革的各个层面，以数字技术促进区域教育系统的全要素、全业务、全领域和全流程转型，从而形成以立德树人为核心、促进学生

① 祝智庭，胡姣. 教育数字化转型：面向未来的教育“转基因”工程[J]. 开放教育研究，2022(5)：12—19.

② 刘宝存，岑宇. 世界教育数字化转型的动因、趋势及镜鉴[J]. 现代远程教育研究，2022(6)：12—23.

③ Balán, P., Bergeron, A., Tourek, G., & Weigel, J. (2022). Local Elites as State Capacity: How City Chiefs Use Local Information to Increase Tax Compliance in the Democratic Republic of the Congo. The American Economic Review, 112(3), 762-797.

④ 丁煌，定明捷. 国外政策执行理论前沿评述[J]. 公共行政评论，2010(1)：119—148+205—206.

⑤ 袁振国. 数据赋能区域教育高质量发展[J]. 中小学数字化教学，2022(3)：1.

德智体美劳全面发展的高质量基础教育体系。①

从我国近年来一系列政策可以看到，教育数字化转型已逐渐成为我国教育事业改革发展的关注重点。随着国家“智慧教育示范区”的创建、《教育部等六部门关于推进教育新型基础设施建设构建高质量教育支撑体系的指导意见》的出台、2022年全国教育工作会议中“教育数字化战略行动”的提出和国家中小学智慧教育平台的上线，以及《上海市教育数字化转型实施方案（2021—2023）》的发布，我国区域基础教育数字化转型的新样态和新体系已初露端倪。

（二）上海市长宁区的教育数字化转型探索

上海担当着教育改革先行者和试验田的重任。2021年8月，上海成为全国首个教育数字化转型试点区，并在11月出台《上海市教育数字化转型实施方案（2021—2023）》，擘画了“整体性推进教育数字化转型、全方位赋能教育综合改革、革命性重塑高质量教育体系、服务国家战略和上海城市发展”的教育数字化转型蓝图。上海作为全国教育数字化转型的实验地，身担为全国乃至世界教育数字化转型探索一条可行路径的使命与责任。

上海教育数字化转型使用市级统筹、区域推进模式，市、区两级政府分工协作、分步实施。市级政府层面统筹教育数字化转型的总体规划，注重从目标思路、主要任务、保障体系等方面进行战略引领。区级政府层面立足区域发展现状，制定区域方案，以学校为单位整体推进。②

长宁区是上海市首个“教育数字化转型实验区”，该区的教育数字化转型是一项开创性的工作，既是挑战也是区域高质量发展的机遇。从区域层面来对接国家和省市层面的工作要求，区域内部进行资源统筹调配和校际协作，为探索形成中国特色的区域基础教育数字化转型道路作出一定的贡献。本文以长宁区为代表的区域数字化转型为例，介绍转型思路，提炼经验，以期为区域教育数字化转型提供发展路径建议。

1 长宁区教育数字化转型的基本思路。

长宁区是“大虹桥”中上海唯一的中心城区，区域经济发展水平高、国际化程度高、居民素养高，对教育有着多元的价值追求。早在20年前长宁就提出了“数字长宁”的发展战略，有了“数字长宁教育先行”的先发优势。长宁区自获批成为上海市首个“教育数字化转型实验区”以来，积极对接教育部“应用为王、服务至上、示范引领、安全运行”的精神和《上海市教育数字化转型实施方案（2021—2023）》的要求，明确了区教育数字化转型发展方向，围绕“数据”“生态”“基座”，擘画了教

① 梁林梅，丁思杰. 区域基础教育数字化转型特征分析与实施建议[J]. 现代教育技术杂志，2022(12)：5—12.

② 李海伟，王龚，陆美晨. 教育数字化转型的路径探索与上海实践[J]. 华东师范大学学报（教育科学版），2023(3)：110—120.

育数字化转型的“1234N”蓝图。“1”即塑造一个基于数据、技术、应用协同的智慧教育生态圈;“2”为建设区校两级数字基座,核心是打造教育信息化操作系统;“3”是整合标准化数据、开放性接口数据、仓库数据三类数字资源;“4”是实现智慧空间、智慧学习、智慧评价、智慧治理四大功能转型;“N”是打造涵盖教育评价、教育管理、行政办公、教辅后勤、信息服务的N个应用场景。长宁区的教育数字化转型主要是通过整区推进的方式,形成了一条“标准化+个性化”的数字化转型的可行之路。“整区推进”是指长宁全区在区政府、科技公司、学校三方合力的状态下,进行数字化转型的建设,帮助学校回到资源的使用方这一定位,回归教育的本源,从而使得科技应用更加贴合教育实际需求。“标准化”即对接上海市教委数据标准的市、区、校三级基座建设。“个性化”是指在整区推进的前提下,学校根据各校育人目标、理念的不同,可以自主开发应用或引进第三方应用,从而实现学校的个性化发展。①

目前,长宁区已完成区校两级数字基座核心功能建设与生态应用建设,进入常态化运行阶段,区内106所教育单位、6 000多名教师和近6万名学生均已接入数字基座。

2 长宁区教育数字化转型的经验总结。

长宁区教育数字化转型先行先试,给长宁带来许多新变化和新成果,成效凸显,反响较大,获得了国内重要媒体和全球智慧教育大会等国际会议的深度关注,广泛树立了长宁区数字化赋能活力教育品牌形象。本文提炼和总结长宁区教育数字化转型试点的经验,为在更多区域教育数字化转型提供可复制可推广的经验做法。

区域统筹规划,“标准化+个性化”的整区推进模式。长宁区以上海市教委发布的《学校数字基座需求说明与建设标准(试行)》等文件为基础,根据区内实际情况细化打磨了适合本区教育数字化转型的数字基座建设标准,围绕“1234N”建设蓝图,已在全市率先实现区校两级数字基座全覆盖,现已上线48个应用和34个智能设备模板库,打造了“一座统管”下的长宁智慧教育生态。标准化管理的教育基座除了为学校提供教、学、管、评、研全场景应用,实现长宁区教育数字化统一管理外,长宁教育数字基座还让一些信息化建设薄弱的学校,也能跟上教育数字化转型的步伐,具有很好的“托底”作用。这在一定程度上促进了教育优质均衡发展。“个性化”主要体现在各学校有自主权去开发或者引进第三方应用以更好地凸显学校的办学特色和育人目标。

学校高度重视,组建教育数字化转型专项小组。教育数字化转型的落实除了需要区教委的宏观指导和相关支持,更重要的是学校这一层面的积极转型。据调研了解,基本

① 熊秋菊.基于数字基座的区域教育数字化转型探索[J].人民教育,2022(7):22—23.

上各学校内部都组建了教育数字化转型专项小组，小组成员由管理者、技术者和教师组成，并且更多是有热情、敢创新的年轻教师承担骨干力量。这一专项小组不仅承担着教育数字化转型政策分析与结合学校实际进行落实的任务，同时还承担着教研、数据收集与应用、师生需求调研与反馈等工作。该小组将教育数字化转型融入整个教育生态中，不断推进与反馈，在发展中监测和调整，是学校教育数字化转型的“智囊团”，发挥了重要的作用。

提升教师素养，激励教师深度参与教育数字化转型。教师的数字素养，是教育数字化转型战略得以真正落地的核心，是实现区域教育高质量发展的重要保障。区校两级对教师进行相关素养的培训，并鼓励教师深度参与，探索基于教育教学真实需求的应用开发、数字资源共享，营造技术与教育相互促进的生态。比如鼓励教师利用基座的低代码工具自行开发个性化应用，举办以“教师智慧共创，数字活力共享”为主题的长宁教育数字基座低代码研创应用大赛，不仅降低了教师使用技术的门槛，同时也能够发挥教师智慧与主观能动性，真正将数字技术赋能于教育和管理，从而也有助于减轻教师负担。目前已有40余位来自长宁各校的教师深度参与了教育应用的开发，共搭建了48个校级低代码应用，其中好的校级应用被选录进入全区的低代码场景库，供其他学校复用，大大丰富了应用生态。此外，学校还通过申请与教育数字化转型相关的科研课题来进行专项研究，让教师作为“研究者”来深度融入这场教育试验中，以研究的方式提升教师的数字化素养。

注重师生需求，秉持技术服务于教育的原则。在以往的教育信息化转型过程中，存在“重技术、轻教育”的问题，更多是关注已有的技术应用到教育场景中去，而不是以教育需求为导向，关注如何教书育人。在长宁区教育数字化转型过程中，“重技术、轻教育”的问题被有意识地避免发生。在“整区推进”的过程中，是由全区在区政府、科技公司、学校三方合力的状态下，进行数字化转型的建设，帮助学校回到资源的使用方这一定位，以教育的需求为转型点，政府支持，科技公司提供技术服务，回归教育的本源，从而使得科技应用更加贴合教育实际需求。由于不同学段、不同学科存在较大的差异性，这需要深入课堂、走进教室、聆听师生需求，才能开发出有价值、有效用的应用。在其他教育改革落实的过程中，需要抓住教育规律、把握转型要义，将数字化灵活运用到新的教育要求中，促进教育数字化的生态形成。例如长宁区天一小学在落实“双减”政策背景下学校开展课后服务这一工作就积极融入了数字化技术，从学校和师生课后服务开展的需求出发，利用基座平台将学校内部和课外资源打通，提供课后服务课程的白名单，为学校提供资源和选择空间，同时也将学生对于课后服务课程的满意程度作为课程的评价标准，及时进行数据监测和分析，有助于学校开展学生喜爱、符合学校要求和学生认知发展的课后服务。

推进因材施教，数据赋能促进个性化发展。数据驱动深刻地改变了传统的教育教学模式，为教师的因材施教和学生的个性化学习提供了科学支撑，让技术更加贴合师生真实需求，更加有效赋能教育教学。比如在作业场景的运用中，“智慧作业”利用纸笔系统收集学生在完成日常作业过程中的数据，根据作业时点阵笔停顿的时长、笔压的大小、书写的轨迹等了解学生的学习风格及认知水平，为教师的因材施教和学生的个性化学习提供了依据。“智慧作业”还可以根据学生的错题情况形成“错题集”，一人一册为学生精准推送作业练习题。教师还可查看历次作业数据报告，共性问题一目了然，学生作答可以思维再现，方便课上精准讲评。此外，长宁区将数据赋能教育评价，从重构评价机制和深化评价结果应用两方面入手，促进因材施教和个性化发展。一是基于数字技术开展全过程、全要素的综合评价和过程评价，比如“智慧体育”的运用将数据赋能于学生身心健康管理和预警。二是收集教育相关数据，科学建模，构建覆盖终身的师生数字档案。推动教、学、管、评、研一体化，强化评价结果的分析与应用。教育大数据可以从结构复杂的海量数据中挖掘出有价值有意义的规律，能够为教育决策和教学管理提供重要依据，为促进学生全面发展提供新的动力①。

长宁区教育数字化转型的试点已展露出数字赋能教育的诸多有益方面，也在逐步重塑教育教学模式，其在推进思路和模式、应用场景开发、教师数字素养提升等方面的经验做法，处在全国领先水平，并具有较强的示范引领作用。但是也要看到，在转型过程中，我们也面临着一些棘手的挑战和突出的问题，比如数据安全问题、数据挖掘和解读不够深入、师生综合评价指标构建的合理性和科学性问题、教师工作负担加重的风险等。要客观全面地看待先行试点项目的经验做法和问题，及时总结，以避免损失、少走弯路，发挥辐射和推广效应。

四、区域教育数字化转型推进路径探讨

随着信息技术的迅猛发展和社会经济的快速变革，教育数字化已成为教育发展的必然趋势。各区域要更好地落实教育数字化转型这一重要战略，就要积极学习和总结其他示范区域教育数字化转型的思路和经验做法，提高对政策的综合认知和对风险的预判能力，同时应结合自身区域的实际情况制定合适的教育数字化转型发展策略，找准发展路径，确保教育数字化转型的可持续发展。本文基于对上海市长宁区先行先试经验的总结和区域教育政策落实的思考，从以下四个方面提出推进路径。

① 余胜泉. 数据赋能的未来教育评价[J]. 中小学数字化教学，2021(7)：5—10.

（一）加强统筹治理，优化协作机制

在教育数字化转型的新时期，在国家教育数字化战略行动的指引下，各级政府及教育管理部门需要加强统筹，进一步破解区域教育信息化深入发展面临的多主体、跨部门协同难题，这其中既有纵向层面自上而下的“国家—省—市—区（县）—校”协同问题，也有横向层面的“政府—教育管理部门—高校/科研机构—行业/企业—中小学—社会机构—家庭”等多主体协同问题，还包括了教育系统内部各职能、业务部门的内部协同问题。长宁区教育数字化转型“标准化＋个性化”的整区推进模式是首创，通过资源的共建共享打破不同学校和学段的限制，有利于抬高教育质量发展的底部，促进教育资源的优质均衡。数字基座是教育数字化的关键引擎，长宁区教育基座一方面对接校级基座，保证了数据安全和可持续维护，另一方面对接市级基座，可以将国家、市一级层面的优质资源引入校级基座，利用好国家中小学智慧平台，共建共享优质教育资源。各区域要在前期就规划好基座铺设、平台搭建、数据管理等问题，以提高效益、促进教育数字化转型可持续发展为原则。同时，还应充分调动各方力量，优化协作机制，使区政府、科技公司、学校三方力量互相配合和给予支撑，达成技术服务于教育的育人为本共识，让数字技术深度赋能个性化教育。

（二）提升数字素养，激发教师活力

教师是教育活动的主导者，是教育数字化转型落实与创新的关键力量。教育数字化转型需要教师具备与数字化转型相适应的能力结构进行支撑。① 联合国教科文组织在2017年更新了《教师ICT能力框架（第三版）》，从知识获取、知识深化、知识创造三个层次、六个实践维度对教师信息通信技术（ICT）能力做了更新要求。美国国际教育技术协会（ISTE）在2017年发布了第五版《教育者标准》，从学习者、领导者、公民、合作者、设计者、促进者、分析师七种能力阐明了信息技术应用能力创新的要求，以促进教师应用数字技术创新教学。我国中小学教师信息技术应用能力提升工程2.0发布的《中小学教师信息化教育教学能力发展框架》提出了30项微能力要求。这些标准和要求勾勒和阐释了以专业数字胜任力为重点的教师信息化能力发展方向，为发展教师能力并为教师在未来实践中的角色履行和职能担当提供了方向性的指引。教师教育要培养教师具备与数字化转型需求相适应的能力，从而支撑教育数字化转型。同时，政府与学校要有意识地激发教师的主观能动性，比如提供门槛较低的低代码应用快速开发功能，使教师通过简单的“拖拉拽”方式就能开发、实现教育想法。要积极创造条件让教师深度参与应用开发，

① 田小红，季益龙，周跃良．教师能力结构再造：教育数字化转型的关键支撑［J］．华东师范大学学报（教育科学版），2023(3)：91—100.

形成百花齐放、共创共享的氛围。

(三) 深度挖掘数据,赋能教育发展

数据已成为第五类生产要素,教育数字化转型中汇聚了海量数据。但目前对于数据的分析大多停留于现状描述和浅层分析中,存在重"大数据",轻"小数据"的问题,数字教育大多建立在大数据的思路上,尚未深入人的个性化发展的内在需求,缺乏对多维度、个体化"小数据"的收集、挖掘和使用。① 大量数字技术浅尝辄止,无法深入到教与学的关键环节、关键步骤之中。数字技术切入课程与教学的深度融合,是教育数字化转型下一步的关键。统筹推进数字教育"学—教—管—评—测"五大应用场景,将数字技术深度融入教育的全过程、全要素、全领域之中,聚焦教育教学变革。② 数据赋能教育个性化发展,需要以数据为支撑,如何在海量数据中挖掘出有价值有意义的教育规律是一项重要议题。数据要反哺教育教学,服务于精准施策。相应地,政府和学校要有意识地培养和引入能够深度挖掘和分析教育数据的人才,专业的人做专业的事,既要有丰富的教育实践和理论经验,又要掌握大数据分析技术,才能将大数据的价值发挥出来。这是区域教育数字化转型发展到一定阶段后面临的普遍问题,是从根本上提升转型质量和水平的必由之路。

(四) 把握发展阶段,找准转型路径

不同区域社会经济背景和教育发展基础存在差异,教育数字化转型的基础也千差万别,各级政府和教育部门应深入分析本地区教育资源、技术条件、教育需求等多方面因素,根据实际情况制定合适的转型发展策略,找准发展路径。同时,要深刻认识到数字教育是一个长期、复杂的发展过程,理解和找准自己的发展阶段,以避免盲目求新求高造成浪费或因循守旧、原地踏步、重复建设。联合国教科文组织(UNESCO)把数字技术应用于教育的过程分为起步、应用、融合、转型四个阶段。在起步阶段,关注重点为基础设施建设和教师数字技术应用能力;在应用阶段,优质的数字教育资源和完善的学习管理系统必不可少;在融合阶段,利用数字技术促进教师教学能力发展和基于数字化环境的教学方法创新是其鲜明的特征;在转型阶段,重点关注充分融合新兴技术助力教育生态重构。当然这些阶段不是机械的和线性的,而是相互交叉重叠、不断更新迭代的。③

总之,教育数字化转型已是大势所趋,在数字赋能教育的转型中,教育规律是必须遵守的第一规律。在整个数字化转型和数字教育的推进过程中,都要坚持以育人为本,将它作为校正教育数字化转型方向的标杆。

---

① 袁振国. 教育数字化转型:转什么,怎么转[J]. 华东师范大学学报(教育科学版),2023(3):1—11.
② 杨晓哲,王若昕. 困局与破局:教育数字化转型的下一步[J]. 华东师范大学学报(教育科学版),2023(3):82—90.
③ 袁振国. 教育数字化转型:转什么,怎么转[J]. 华东师范大学学报(教育科学版),2023(3):1—11.

3. 区域教育现代化的品质目标与实践理路

施文龙

提　要:“十四五”及今后一段时期，奉贤要以教育发展优先化、育人方式先进化、教育服务均等化、教育治理现代化和老百姓对教育满意度高的“四化一高”总体要求，定位中国式教育现代化奉贤样式的基本内涵和发展思路。文章从推进“三型”新成长课堂教学创新、推进“六好”新成长班级建设创新、推进新成长学校管理变革三方面呈现了中国式教育现代化的奉贤思考和实践。

作　者: 施文龙，上海市奉贤区教育局局长

党的二十大报告指出：从现在起，中国共产党的中心任务就是团结带领全国各族人民全面建成社会主义现代化强国、实现第二个百年奋斗目标，以中国式现代化全面推进中华民族伟大复兴。中国式现代化，是中国共产党领导的社会主义现代化，既有各国现代化的共同特征，更有基于自己国情的中国特色，是人口规模巨大的现代化、全体人民共同富裕的现代化、物质文明和精神文明相协调的现代化、走和平发展道路的现代化、人与自然和谐共生的现代化。

站在党领导全国各族人民以中国式现代化全面推进中华民族伟大复兴的新时代征程上，每一个使命在肩的教育人都应该思考：如何以中国式教育现代化的理论研究和实践创新为中国式现代化注入时代新活力、贡献教育新力量。

一、中国式教育现代化的应有之义

党的二十大召开以来，教育系统迅速掀起了一波深刻学习领会中国式现代化本质，积极研究探讨中国式教育现代化特征的小高潮。

张志勇、袁语聪提出要正确把握中国式教育现代化道路的八项本质特征，即：以党的全面领导为根本保障，以立德树人为根本任务，以服务人民为根本目标，以优先发展为根本方法，以改革创新为根本动力，以扎根中国大地为根本途径，以共建共治共享为根本方

式，以高质量教师队伍为根本依靠[①]。刘宝存、苟鸣瀚认为中国式教育现代化的本质特征有五条：是中国共产党全面领导、坚持社会主义办学方向的教育现代化；是既吸收借鉴世界经验又具有中国本土特色的教育现代化；是保障全体人民教育权利、促进全体人民共同富裕的教育现代化；是公平优质、追求卓越的教育现代化；是开放自信、合作共赢的教育现代化[②]。欧阳修俊、梁宇健的研究提炼出中国式教育现代化的九项内涵：是必须坚持中国共产党领导的教育现代化，是坚持中国特色社会主义办学方向的教育现代化，是实现教育高质量发展的现代化，是推动人民民主教育制度改革的现代化，是极大丰富人民精神世界的现代化，是推动全体人民共同富裕的现代化，是促成人与自然和谐共生的现代化，是牢固树立人类命运共同体意识的现代化，是创造人类文明新形态的重要组成部分[③]。胡中锋、王友涵撰文总结中国式教育现代化的五项特征：即中国共产党领导下的国家战略目标，政府主导的跨越式发展，人民满意的高质量教育发展，教育信息化主导的世界先进水平，融合现代性的中华优秀传统文化[④]。秦玉友研究提出中国式教育现代化的五条内涵分析：中国式教育现代化是在校生规模巨大的教育现代化，是追求教育公平的教育现代化，是观念建设与技术建设相协调的教育现代化，是学生发展与教师发展相辅相成的教育现代化，是教育系统与其他系统互促共进的教育现代化。[⑤]

上述引用的只是其中一部分比较典型的研究成果，应该说学者专家从不同的视角研究探讨了中国式教育现代化的内涵特征，思维碰撞、各抒己见，体现了教育研究的创新活力。从研究成果来看，尽管角度内容各有侧重、观点结论也不尽相同，但还是能找到不少共识，非常有利于我们深入全面地分析理解中国式教育现代化本质内涵。其实“中国式教育现代化”与世界各国教育现代化的相同之处都是在推动教育实现现代化，根本区别在于对“中国式”的本质把握，只有真正抓住了教育现代化的“中国式”要义，才能从根本上抓住教育现代化的“中国式”本质。

从这个意义上理解，我认为中国式教育现代化有别于世界各国教育现代化的本质特征至少有六项：从教育领导和治理来说，是中国共产党全面领导的教育现代化；从教育价值和方向来说，是坚持中国特色社会主义办学方向、立德树人的教育现代化；从教育发展战略来说，是政府主导、坚持教育优先发展的

① 张志勇，袁语聪. 中国式教育现代化道路刍议[J]. 教育研究，2022(10)：34—43.
② 刘宝存，苟鸣瀚. 中国式教育现代化：本质、挑战与路径[J]. 中国远程教育，2023(01)：12—20.
③ 欧阳修俊，梁宇健. 中国式教育现代化：内涵、价值与战略进路[J/OL]. 北京航空航天大学学报(社会科学版)：1—8[2023-05-17].
④ 胡中锋，王友涵. 中国式教育现代化的内涵与特征[J]. 苏州大学学报(教育科学版)，2023(01)：27—35.
⑤ 秦玉友. 中国式教育现代化的内涵分析与战略设计[J]. 教育发展研究，2023(03)：9—15+35.

教育现代化；从教育发展定位来说，是办人民满意的教育和服务国家战略相统一，推动全体人民共同富裕的既优质又公平的教育现代化；从教育规模体量来说，是在校生规模巨大的教育现代化；从教育与文化的传承融合来说，是弘扬中华优秀传统文化和融合世界先进文化相结合的教育现代化。

二、中国式教育现代化的奉贤思考和实践

奉贤是上海南部的一个区，相传孔子弟子“七十二贤人”中第九的言偃，晚年回到家乡江南传道讲学，最后一站即为奉贤古地，他也深受当地百姓尊崇。清雍正四年（1726年）奉贤设县时，为纪念这位百姓崇奉的贤人，起名为“奉贤”，意谓“敬奉贤人”。所以说，敬奉贤人、敦本重学在奉贤是有着悠久文化传统和深厚历史底蕴的。

进入新时代，奉贤作为上海重点建设的五个新城之一，定位“上海自贸新片区西部门户、南上海城市中心、长三角活力新城”，经济社会全面驶入高质量发展的快车道，也必然要求加快区域教育的高品质、现代化发展。一流的新城需要一流的教育，一流的教育成就一流新城，中共奉贤区委提出要坚持教育优先发展战略，全面推进奉贤教育的改革创新发展，全面建设“自然、活力、和润”的南上海品质教育区，让教育成为奉贤最强的软实力和竞争力。

（一）建设“自然、活力、和润”南上海品质教育区

2015年奉贤区研制发布《奉贤区推进教育综合改革实验区项目方案（2015—2020）》，提出要深入贯彻党的十八大和十八届三中、四中全会精神，全面落实国家和上海市中长期教育改革和发展规划纲要，聚焦上海率先实现教育现代化的总体目标定位，围绕市教育综合改革总体要求，对接“十三五”规划各项目标任务，坚定不移深化奉贤教育领域综合改革，建设“自然、活力、和润”南上海品质教育区。所谓“自然”，就是要尊重学生成长规律、遵循教育客观规律，打造绿色教育生态；所谓“活力”，就是要激发每一所学校的办学活力，激发每一位教师的专业活力，激发每一位学生的成长活力，就是要更好激发所有教育主体的活力；所谓“和润”，就是既要遵循教育客观规律，又要激发教育主体活力，创新推动奉贤教育达到人文和谐、活力朗润、德润人和的高品质发展状态，实现由资源规模、教育质量的跨越式发展到资源足、质量优的品质化发展转型。

深化教育教学改革，构建整体育人模式。以学生发展为本，坚持人文引领，整体推进学校德育、课程教学及体卫艺科等教育教学改革，重点推进“人文蕴育”德育工作项目、“人文课堂”教学改革项目和“七彩成长”学生活动节等，形成体现奉贤“贤文化”特色、育人效能明显的整体育人模式。

优化教育资源，促进城乡教育一体化发

展。优化教育资源配置，促进城乡教育优质均衡发展，推进学区化、集团化办学，缩小城乡间、区域间、学校间发展差距；推进学校自主办学，创新教育队伍建设，激发学校发展活力，促进各类教育高品质发展，探索城乡教育一体发展的奉贤模式。

完善区域教育治理体制。理顺财政性教育投入机制，提高教育经费使用效益。提高教育决策的科学性，完善区域协同推进教育工作机制，形成发展合力。成立区教育督导委员会，理顺区域教育督导机制。优化教育局和教育服务机构职能设置，促进政事协同，提高教育行政和服务水平。构建人本导向的区域教育发展指数化常态评价机制。

（二）中国式教育现代化的“四化一高”奉贤思路

2021年奉贤区研制发布《奉贤区教育事业发展“十四五”规划（2021—2025）》，提出以习近平新时代中国特色社会主义思想为指导，牢牢把握培养新时代担当民族复兴大任的德智体美劳全面发展的社会主义建设者和接班人的根本任务，牢牢把握促进公平和提高质量的发展主题，全面建设“自然、活力、和润”的南上海品质教育区，建立现代教育体系、打响南上海教育品牌，打造区域教育现代化发展的奉贤样式，形成区域教育创新超越发展的奉贤经验，努力建设教育优先发展的创新先行区、城乡教育一体化品质发展的创新突破区、教育治理现代化的创新探索区、教育服务经济社会发展的创新活力区。

创新育人模式，推进新成长教育。全面推进“十四五”奉贤教育的改革发展，坚持“为每位学生的新时代新成长创设最适合的品质教育”的“新成长教育”理念，“五育”并举、知行合一、整体育人，立德树人、全面发展、多元成长，培养新时代德智体美劳全面发展的社会主义建设者和接班人。

创新推进各类教育的高品质发展。坚持以办人民满意的教育为宗旨，追求高品质的奉贤教育现代化，实现学前教育更加普惠优质，义务教育更加优质均衡，高中教育更加特色品质，职成教育更加产教融合，全面办好家门口的每一所学校，全区学生七彩成长满意度、教师乐业育人满意度、在校学生家长满意度90%以上，为每一个学子搭建出彩人生的舞台。

党的二十大以来，在奉贤教育“十四五”规划的基础上，我们提出探索“四化一高”的中国式教育现代化的奉贤样式。奉贤区委区政府和全体教育人一起深入学习领会“以中国式现代化全面推进中华民族伟大复兴”的深刻内涵、时代使命和教育担当，提出“十四五”及今后一段时期，奉贤要以教育发展优先化、育人方式先进化、教育服务均等化、教育治理现代化和老百姓对教育满意度高的“四化一高”总体要求，定位中国式教育现代化奉贤样式的基本内涵和发展思路。所谓“教育发展优先化”，就是从教育发展战略方面来明确奉贤坚持推进政府主导、教育优先发展的教育现代化；所谓“育人方式先进化、教育服务均等化和老百姓对教育满意度高”，就是从教育发展定位方面来明确，奉贤坚持办人民满意教育和服务国家战略相统一的，推动全体人民共同富裕的既优质又公平的教育现代化；所谓“教育治理现代化”，就是从教育领导治理、价值方向方面来明确，奉贤坚持党对教育的全面领导，坚持中国特色社会主义办学方向、立德树人的教育现代化。

尤其在育人方式先进化方面，经过 2015 年以来全区推进教育综改的实践探索和理性思考，我们全面总结五年多来深化教育教学改革、构建整体育人模式的成果得失，尤其是理性分析区域内一些学校在育人方式方面存在的理念短板和方法瓶颈，理性分析当前基础教育在育人方式变革优化方面的成果经验和问题挑战，经过多轮研究论证，于 2020 年全面实施区域推进育人方式变革的新成长教育探索。

三、区域推进育人方式变革的新成长教育探索

教育的本质属性是有目的地培养人的社会活动。党的二十大报告提出要全面贯彻党的教育方针，落实立德树人的根本任务，培养德智体美劳全面发展的社会主义建设者和接班人。

教育即生长，成长教育(growth education)最初的概念，是 20 世纪 70 年代初以荣格等为代表的西方心理学家和社会学家提出的，他们结合美欧二战后新一代青少年心理和思想中存在的焦虑和浮躁，提出“青少年成长过程中，在学习文化科技知识的同时，还要学习做人、强化心理能力”。进入新时代，基于培养德智体美劳全面发展的社会主义建设者和接班人的新的目标定位，我们要思考新时代的学校教育如何更好地促进每个孩子的全面发展、多元成长，要思考新时代新成长教育的理念和策略。

由此我们研究提出新成长教育的价值观，即坚持立德树人、全面发展、多元成长的育人目标，坚持“五育”并举、知行合一、整体育人的育人路径。在育人目标方面，牢牢把握所有教育活动必须以培养德智体美劳全面发展的社会主义建设者和接班人为本质任务，并充分认识到智能多元的规律，不苛求那种理想化的“完人”和“全人”教育，让教育活动更好地契合学生的身心特点，更好地促进每一个学生的多元个性成长。在育人路径方面，坚持“五育”并举，强调学做融合、知行合一，反对死读书、唯分数，要在品德人格养成、身心体格发展和知识技能习得中实现整体育人。由此我们研制推进《新成长教育行动纲要》的学校德育、课程教学、促进学生健康成长多元成长、家校社合力育人、教师行动研究等六大行动计划及其 50 个专项，整体推进以课堂教学、班级建设和学校管理创新为重点的区域育人方式变革。

(一) 推进“三型”新成长课堂教学创新

课堂是学校教学的主渠道、主阵地。关

于课堂改变，日本学者佐藤学《静悄悄的革命》提出学校应实施以“学”为中心的教学，华东师范大学叶澜教授的新基础教育也提出“把课堂还给学生”，新成长课堂教学创新的核心就是倡导以“学”为中心的课堂教学，激发每一个学生的学习潜力，构建高效学习型、互动生成型、活力成长型的“三型”新成长课堂，让课堂充满学习活力。

努力构建高效学习型课堂。20 世纪 80 年代，上海育才中学校长段力佩总结出的“读读、议议、练练、讲讲”的八字教学法在全国教育界引起强烈反响，现在回过头再来看这八个字，“读读、议议、练练”六个字都说的是学生的学，只有“讲讲”两个字提到教师的教，而且从顺序上来看也是“学”在前“教”在后，可见课堂教学效能的关键是让学生的“学和习”真正有效发生，所谓“学而时习之，不亦说乎”。要构建高效学习型课堂，就需要教师的课堂教学设计都是针对如何更好促进学生的学，备课不仅要备教材，更要备学生、备学情，教师组织实施课堂教学的着力点始终是如何更好地让所有学生“开动”起来，如何更好地促进所有学生的有效学习行为。

努力构建互动生成型、活力成长型课堂。皮亚杰建构主义学习理论的研究得出，知识既不是客观的东西，也不是主观的东西，而是主体在与环境交互作用的过程中逐渐建构的结果，学习是一种能动建构的过程。罗杰斯则批评传统的学校教育把儿童的身心劈开来了，儿童的躯体和四肢进了学校，但他们的感情和情绪只有在校外才能得到自由表达。他认为认知和情感是不可分割的，当学生负责任地参与学习过程时，就会促进学习，所以应倡导同伴教学、分组学习、探究训练和学生自我评价。奉贤区推动构建互动生成型、活力成长型课堂，就是要在课堂上激发学生主动学习的活力，在更好的师生、生生互动和自我反思中促进学生的认知建构，同时使学生的情感态度和价值观也得到升华的全面成长。

（二）推进“六好”新成长班级建设创新

班级是学校德育的主渠道、主阵地，是学生在学校的“成长之家”。我们以新成长教育理念为引领，推进“六好”新成长班级建设创新，发挥班集体的育人功能，激发每一个学生的成长潜力，让班级洋溢成长气息。

班级文化建设好。发挥班级文化的凝聚、激励、教育和熏陶作用，师生共同制定班级发展目标。运用班名、班训等班级文化载体，营造安全、整洁、美观、温馨的班级环境，健全班级行规、值日制度、评比表彰等日常规章制度，培养集体观念和团队精神，班集体呈现积极、乐观、和谐、向上的好班风，潜移默化地引领学生成长。

自主管理成效好。合理设置班级小岗位，鼓励学生全员参与班级管理，自己的事情自己做，集体的事情主动做。开展班干部民主选举和适度轮岗，让学生经历磨炼成长，在实践中提高自我管理能力。加强班干部培训指导，提高学生领导力，形成自主成长的自我管理生态。

课程活动育人好。落实区“贤文化”教育读本，丰富节庆、中华优秀传统文化等校本德育课程。利用晨会、午会、主题班（团、队）等阵地，开展专项教育活动。依托区校级学生活动节，开展体育、艺术、科技等活动，开展假日小队、志愿服务、研学旅行等社会实践活动，促进学生道德养成、多元成长。

勤奋学习进取好。加强对学生学习动机、学习习惯和学习方法的指导，提高学生自主学习、合作学习能力。落实作业管理制度，指导学生合理安排完成作业。营造良好学习环境，建立互助合作小组，激发学生的学习潜能，同伴团结友爱，互助互促，比学赶超，共同进步。

家校协同共育好。加强班级家委会建设，提高家长参与班级管理积极性。线上线下融合，拓宽家校共育平台，开展家长会、家访等家庭教育指导活动。丰富家校亲子活动，加强亲子沟通，落实感恩教育、生命教育、劳动教育等主题活动，构建和谐家庭氛围，提升家庭教育能力。

师生共生发展好。落实全员导师制，形成以班主任为首席的班级导师团队，成为学生的良师益友，在思想、学业、心理、生涯等方面鼓励和指导学生，赢得学生的尊重和信任。及时了解学生心理健康和成长需求，创设和谐心理环境，促进学生身心健康发展。教师加强自我学习研修，用师德和学识影响学生，实现师生共生发展。

（三）推进新成长学校管理变革

一个区域的教育是由一所所学校来实施的，激发每一所学校的办学活力、提高每一所学校的办学效能永远是区域教育治理的核心工作。奉贤着力推进新成长学校管理变革，激发每一个学生和教师的活力，让校园成为人文家园。

首先是促进学校组织结构和管理团队优化。“现代管理之父”彼得·德鲁克说，组织结构必须尽可能包含最少的管理层级，设计最便捷的指挥链。每增加一个管理层级，组织成员就更难建立共同的方向感和增进彼此了解。另一方面，我们常说“一个好校长就是一所好学校”，看上去是说好校长个人的重要性，其实是在讲学校管理的重要性，因为一个好校长能带出一个优秀的学校管理团队，并通过这个优秀的学校管理团队激活每一位教师进而激活每一位学生，调动更多的资源焕发学校的办学活力。我们建立了对学校内部组织机构设置的指导管理机制，让所有学校的内部组织机构设置尽可能简练，对上能有效对接上级管理机制，对下能做到便捷高效管理。同时，我们全面加强学校管理团队建设，全面建立科学规范的干部选拔任用、培养培训、交流轮岗、绩效分配、评价考核和退出解聘的制度体系，形成有效管用、简便易行、有利于优秀人才脱颖而出的干部队伍建设新机制，加快推进奉贤教育系统干部队伍的革命化、年轻化、知识化、专业化，建设一支数量充足、结构合理、素质过硬、担当作为的干部队伍。

其次是促进学校文化和管理机制优化。

彼得·德鲁克也说，组织精神能唤醒员工内在的奉献精神，激励他们努力付出，决定了员工究竟会全力以赴，还是敷衍了事。对于学校来说，组织精神体现在学校文化，而学校文化不只是在学校章程里写上去的、学校墙面上挂上去的校训、校风、教风、学风之类的标语，其核心是价值观，根本表现是学校的办学行为和教师、学生教与学的行为。学校文化建设的根本除了提出科学的理念价值观，更需要通过学校管理机制的优化实施，让学校所有的办学行为，教师和学生的教与学行为都真正践行这种价值观并成为行动自觉。我们全区域倡导学校管理的“制度化、人文化、内涵化、精细化”，推进学校管理的有效制度建设、以人为本导向、重视内涵发展、强化精细管理，以学校管理方式的转变引导教师和学生教与学的行为转变，更好激发每位教师的专业活力和每个学生的成长活力。

回顾2015年以来奉贤教育八年多的改革实践，是在国家和上海教育综合改革大背景下的区域初步探索，也取得了一些成绩，获评首批全国婴幼儿照护示范城市、入选首批国家义务教育优质均衡先行创建区，全区学校教育教学质量明显跃升，近年来自不同部门的多项调查都显示，奉贤老百姓对奉贤教育的满意度位居全市前茅。虽然相对于新中国70多年天翻地覆的发展变化来说这些都只是沧海一粟，但是我们坚信，走在以中国式现代化全面推进中华民族伟大复兴的征程上，每一个教育人唯有锚定目标、变革突破、务实进取，才是以实际行动诠释中国式教育现代化的最好方式。

道阻且长、行则将至，中国式教育现代化的奉贤思考和实践在路上。

4. 高质量发展视域下区域教育治理转型的逻辑与路径

恽敏霞

提　要：教育高质量发展是在当前经济和时代发展背景下对教育提出的重大课题，对教育治理转型的政策指向包括建立开放协同的教育治理体系，从宏观、中观和微观完善教育治理结构，并创新新型的治理模式。对标高质量发展的政策要求，区域探索以整体规划行动战略、建构多元协同支持系统、以技术创新教育治理体系等策略推动治理转型。

作　者：恽敏霞，上海市闵行区教育党工委书记

"高质量发展"首先是一个经济命题和政治课题。2017 年，党的十九大报告指出"我国经济已由高速增长阶段转向高质量发展阶段"，首次提出"高质量发展"概念①。其历史背景在于中国特色社会主义进入新时代，我国社会主要矛盾已经转化为人民日益增长的美好生活需要和不平衡不充分的发展之间的矛盾。在教育领域，主要矛盾也已由人民对有学上的需求与教育机会供给不足的矛盾转变为人民对优质教育的需求与教育不平衡不充分发展之间的矛盾②。党的二十大报告，习近平总书记明确指出要"坚持以人民为中心发展教育，加快建设高质量教育体系"。随着政策话语的生成，学者们从哲学、经济、政策、管理等各个视角作出了宏观解读，提出理解教育高质量发展的多维角度。

一、教育高质量发展的政策指向与路径

第一，匹配经济高质量发展要求，贯彻创新、协调、绿色、开放、共享新发展理念。认为教育高质量与经济高质量发展要求相通，教育高质量发展要符合创新、协调、绿色、开放、共享新发展理念的教育发展阶段。其中"创新"是指教育动力，即教育回应新挑战、满足新要求、凝聚新动能、焕发新活力；"协调"是指教育发展要增强目标、主体、体制、机制、行

① 杨尚昆，杨智慧. 高质量发展的思想意涵、基本特质与时代路向[J]. 理论月刊，2023(3)：63—71.
② 秦玉友. 从高速增长迈向高质量发展——新时代教育内涵发展战略转型[J]. 南京师大学报，2019(06)：15—24.

动之间的系统性、协同性和整体性;"绿色"即教育自身的可持续以及教育发展服务于生态文明建设;"开放"是指重视教育的本土性和国际性,即扎根中国教育实践,又敢于借鉴国际教育的优秀理念、政策和经验,增强参与全球教育治理的能力;"共享"即强调公平优质,让教育发展更多惠及人民群众。由此提出走"创新发展""协调发展""开放发展""绿色发展""共享发展"等路径。①

第二,从全面质量管理和"供给—需求"结构改革角度,从宏观、中观和微观层面探索教育高质量发展路径。借助国际标准化组织(ISO)对质量概念界定,涉及教育"投入—过程—产出"全环节,能满足不同教育利益相关者的主体需求。② 宏观层面的教育高质量发展指教育制度。包括建立更加先进的教育制度体系、完善的法律体系、先进的标准体系、完备的政策体系是高质量教育体系的典型标志和重要支撑。还包括建立更加完善的教育结构体系,建立更有质量的协同育人体系,包括构建各级学校高标准高质量课程体系、构建德智体美劳全面发展的育人体系、健全学校家庭社会协同育人体系,以及建立更加现代的教育治理体系等。③ 中观层面指各级各类学校高质量发展,推进基本公共教育均等化,要求增强学前教育普惠性,促进义务教育优质均衡和城乡一体化,鼓励高中阶段普及和学校多样化发展,增强职业技术教育适应性,提高高等教育质量,完善终身学习体系,建设学习型社会。④ 微观层面的高质量教育体系对标学校、课程和教学体系的高质量发展。

第三,从与教育现代化关系出发,着眼建设"高质量教育体系"。认为建设高质量教育体系是新时代中国教育现代化的系统化顶层设计,蕴藏着十分丰富的战略内涵,核心在于"发展中国特色世界先进水平的优质教育"。根据党的十九届五中全会提出更加先进的制度体系、更加完善的结构体系、更富质量的育人体系和更加现代的治理体系,提出的"高质量教育体系"四大支柱。要求建设更加先进的教育制度体系、更加完善的教育结构体系、更富质量的协同育人体系、更加现代的教育治理体系。⑤ 要将教育系统改进置于整个社会系统建设的大格局下设计,增强教育改革的系统性、整体性和协同性。⑥ 从国家发展

① 石中英.教育高质量发展的政策内涵和实践路径[J].人民教育,2022(23):24,28.

② 吴晓蓉,胡甜.教育高质量发展:内涵、标准及实践[J].教育与经济,2022(2):28—34.

③ 高书国.高质量教育体系的时代内涵与实践策略——基于系统理论的战略分析[J].中国教育学刊,2022(01):48—53.

④ 中华人民共和国中央人民政府.中华人民共和国国民经济和社会发展第十四个五年规划和2035年远景目标纲要[Z].2021-03-13.

⑤ 高书国.中国式教育现代化的历史逻辑、内在品质和未来向路[J].中国远程教育.2023(4):3—4.

⑥ 王传毅,石中英.教育高质量发展笔谈——建设高质量教育体系的着眼点和着力点[J].清华大学教育研究.2022(2):24—39.

战略、人的发展需求、教育自身改革论述教育高质量发展动力机制，指出以学制的系统化运转、城乡教育均衡发展、统筹宏观治理与微观教育教学等方法促进教育高质量发展。①

目前关于教育高质量发展的相关研究，主要在于结合经济、政策和时代背景，阐述并认同教育高质量发展的价值意义。认识到教育高质量发展的系统整体性，认为其与社会政治、经济与文化发展息息相关。注重以现实问题为导向和突破口，尝试探寻教育高质量发展的基本路径。同时，教育高质量发展的概念尚在生产完成中，对于什么是教育高质量发展处于一个认知发展过程中。对于教育高质量发展的路径和策略，也正如研究者所指出，教育高质量发展是全局导向意义和目标性的提法，具有全面性、长期性和动态性，其内容范畴涵盖广阔，需要经历长期的发展过程。在实践中遇到的问题充满复杂性和不确定性，有待于在实践中不断经历问题解决过程，“高质量教育”和“高质量教育体系”研究的模型、方式和路径才能不断成熟。

二、高质量发展蕴含的教育治理逻辑

第一，建构开放多元、协同共享的教育治理体系。从开放创新角度，是指以参照全球高水平教育系统的质量标准为坐标，借鉴国际优秀的教育治理政策和经验，不断解决教育实践重难点，提升教育治理能力；提升多主体协同治理能力，充分调动政府、公众、学校、企业、科研机构等多元主体共同参与教育治理的积极性和活力，使教育发展成果可以为人民群众所共享；从治理制度的角度，要求转变教育管理主体的单一性，建立多元主体合作共治的权责关系、组织程序和体制机制，不断增强目标、主体、体制、机制、行动之间的系统性、协同性和整体性。

第二，从宏观、中观和微观着手完善教育治理结构。教育高质量发展作为一组积极的教育变革策略，涉及宏观的法律、标准、制度、政策等完善，关系到中观的各级各类教育高质量发展，教育结构布局调整、基础教育高水平优质均衡等，还关乎微观层面的学校活力激发、优秀教师培养、课程教学结构优化、教育评价制度改革等。从系统的角度，要求以问题解决为导向，关注三个层级教育治理作为完整的结构系统中诸多要素和相互作用。特别重视围绕共同目标注重整体设计优化，在这三个方面做到公共教育权力运行的制度化与规范化、过程民主化、运行法治化、结构一体化、效益最大化。②

第三，从现代、创新、突破视角寻找共治善治方法。在人工智能、大数据、物联网等新兴技术蓬勃发展背景下，可借力新技术支持实现教育治理模式变革和生态重构。当前数

① 王澍.抓两头带中间：中国教育高质量发展的动力机制[J].东北师大学报（哲学社会科学版），2020(6)：105—112.
② 张建.教育治理体系的现代化：标准、困境及路径[J].教育发展研究，2014(9)：27—33.

字技术已广泛应用于政府管理服务，构建数字化、智能化的政府运行新形态，创新政府治理理念和方式、形成数字治理新格局，推进国家治理体系和治理能力现代化。在此背景下，可充分运用新技术建立教育治理制度，探索运用人工智能技术集成教育政务服务、促进多元主体共治、推动业务流程再造、优化教育治理结构，使教育决策基于证据，探索推动教育治理走向智慧治理，探索新型的治理模式。

三、高质量发展要求下区域教育治理路径

(一) 整体设计教育高质量发展行动战略

对标国家、上海市相关教育规划，对标教育高质量发展的政策指向和要求，区域发布《闵行区关于推进教育高质量发展的实施意见》，提出区域教育高质量发展的“12369”行动战略，主要如下：突出一条主线，即推进闵行教育高质量发展；构建两个体系，即高品质育人体系、高效能保障体系；实现三大目标，即高标准均衡发展、高品质内涵发展、高水平特色发展；聚焦六项重点，党的领导、育人体系、资源供给、教育质量、人才队伍、教育治理；实施九大行动，即加强党对教育工作的全面领导、加强中小学校党的建设、推动高起点优布局强配置的教育基本建设、建设高素质专业化创新型的教育人才队伍、构建五育融合人才培养体系、促进各级各类教育品质提升、深化教育教学数字化转型、健全家校社协同育人机制、推进教育治理现代化。

(二) 蓄势聚能建构全社会协同支持体系

建立多元主体参与教育治理的制度与机制，建构建立强有力的全社会协同支持教育发展机制。构建多方协同支持教育的治理格局，发挥区域的资源统筹和多方主体联动的功能，推动社会力量、专业力量、服务力量等协同支持教育，全面促进教育的高质量发展。选聘22位教育专家学者组建区域教育咨询专家团队，重大教育决策、重大改革事项、重大项目等论证评议中，建立高规格的闵行教育高质量发展咨询委员会，为推动闵行教育强区建设出谋划策，为区域教育发展把脉。引进高端大学和基础教育集团合作以拓展优质教育资源，推动基础教育优质均衡和职业技术学院高水平特色发展。与高校教育学院签署教育人才高校联合培养协议，针对名师名校长、骨干教师、青年教师等三大培养群体，共同开展相关专项培训与专业提升指导。广泛发动企业捐赠闵行区教育人才基金，为教育人才政策实施引水活源等。

(三) 加强党对教育工作的全面领导

优化系统，建构全覆盖的学校党建组织网络。第一，将新建学校同步纳入谋划党组织设立和党的工作，按照与教育管理体制相适应、管党建管业务相结合的原则，理顺学校党组织管理体系；第二，坚持公办、民办“一个标准”，统筹推进全区民办学校党建工作，形成党建与业务同步推进格局，推动全区133所民办学校全覆盖组建；第三，针对委托管

理、学区化集团化办学等多样化办学形态，灵活设置党组织形式，探索区域化党建工作模式，设立党组织片组、党建工作联盟，协同推进党建与教育教学工作。

完善机制，优化学校党组织班子的配置。建设一支既善于思想工作，又能抓教学管理的强有力领导班子。突出政治标准，坚持行政和党务岗位双重锻炼，选拔培养一批党性强、懂教育、会管理的学校党组织“领头雁”，将优秀中青年校长培养成党组织书记，拓宽中小学校党务工作者职业发展通道。建立书记工作室、书记沙龙等平台，实施党务干部能力提升计划，以党务微课、现场教学、师徒带教等形式，加强党规党纪、党建工作、学校管理、廉洁自律等知识和能力培训。推进民办学校党组织班子与决策层、管理层“双向进入、交叉任职”，党组织书记全部落实进入学校董(理)事会。

建立制度，落实党组织领导的校长负责制。明确界定党组织和校长的职责职权清单。党组织履行把方向、管大局、作决策、抓班子、带队伍、保落实的领导职责，校长按照学校党组织有关决议，全面负责学校的教育教学和行政管理等工作。建立健全议事决策制度。完善中小学校内部治理，提高科学决策、民主决策、依法决策的质量和水平。配套下发党组织会议和校长办公会两个议事规则，明确决策范围和程序，学校重大问题由党组织讨论决定，建立党组织统一领导、党政分工合作、协调运行的工作机制。

(四) 筑牢学校内部治理的人才根基

重视师德师风，开展师德水平提升工程。坚持党管人才，坚持以优秀教师和优秀党员的人才合力激发办学活力。深入开展理想信念教育。把思想政治工作贯穿教师队伍和人才建设全过程，牢固树立为党育人、为国育才的鲜明导向；深入推进师德水平提升工程，突出全员全方位全过程师德养成，健全师德建设长效机制。全面落实新时代教师职业行为准则，确立师德负面清单，坚持师德考核与岗位聘任、职称晋升相统一，实行师德师风一票否决制。推动教师成为先进思想文化的传播者、党执政的坚定支持者、学生健康成长的指导者；加强对优秀教师的政治引领和政治吸纳，将党员培养成教学名师、将教学名师发展成为党员，发挥党员先锋模范作用，鼓励党员承担重要任务，敢于担当作为，形成优秀党员和优秀教师合力，共同推进学校内部治理。

强化梯队建设，选用培养优秀的管理人才。按照“选用一批、培养一批、储备一批”思路，完善学校干部梯队建设。第一，把党的建设放在首位，加强政治学习，引导干部锤炼党性修养和作风，提高政治站位，努力营造良好政治生态。抓源头蓄才，选拔储备一批优秀年轻后备干部。第二，重培养锻炼，构建进阶式分层分类校长培训体系。以党性修养、办学思想、文化建设、学校管理、项目专题等模块建立干部培训课程体系，对不同类型校长开展攻关培养计划。第三，抓考核激励，建立分级分类考核评价制度。树立鲜明的重实干重实绩用人导向，实施校（园）长年终履职考核，涵盖基层党建责任制考核、办学绩效评价、单位教职工评价等，引导干部在学校管理中重党建引领、重管理实绩、重过程民主。

优化管理机制，激发教育人才创新活力，优化教育人才精准服务机制。一是实施区域教育人才政策，制定实施教育人才引进、使用、退出、一事一议工作细则，完善教育人才引进、使用、管理全流程的制度规范。二是建立完善的职初教师、青年教师、骨干教师、卓越教师的专业发展通道，畅通人才交流轮岗机制。三是为高端教育人才搭建平台。发挥区域特级教师（校长）联谊会的作用，成立春申金字塔人才学院教育分院，围绕体制机制、队伍建设、人才服务、环境营造等方面整合资源并搭建平台。

（五）以技术保障多元主体参与共治

区域依托"全国智慧教育示范区"创建，基于"五类用户"需求，立足"三项赋权"，开展数字驱动的教育治理转型探索。第一，信息公开精准智能化，确保公众对教育的"知情权"。通过建章立制、集约建设实现基础教育信息公开的制度化、规范化和常态化。区域承担市政府、市教委试点项目，建立区域基础教育公共企事业单位信息公开制度，制定标准化目录，构建集约化平台，落实"综合政务、重点工作、权力事项、服务事项"四大类公开事项并动态调整更新。第二，通过智能公开使教育信息从"可用"到"好用"。区域率先推出全市首个区级教育公共服务场景应用，包括学校查询、学区查询、招生政策、中考查分等 10 个公共服务事项在"随申办"闵行区旗舰店上线。打造"一站式求学地图"，为家长提供全方位的升学导航。第三，以精准服务使信息公开由"被动"转为"主动"。落实教育领域重要政策及解读精准推送试点，基于综合数据算法模型，精准识别学生家长身份标签，构建市民个人用户画像和教育政策关系图谱，快速匹配政策需求，在"一网通办"、"随申办"APP、支付宝、微信小程序四端向指定人群推送教育政策，实现"政策找人"，切实提升教育公共服务效能。

教育评价主体多元化，保障社会对教育的"评价权"。以社会评价推动教育治理现代化，将社会评价纳入教育评价指标体系，让更多的教育受众和社会公众参与到对学校办学、街镇履职的评价中，实施基于数字化的教育督导督政评价。第一，在区域学校综合督导评价指标体系，设置学生发展、教师发展、学校管理、社会认同 4 个一级指标，社会认同包括社会对教育公平、教育质量和教育治理的认同度。第二，在学校（幼儿园）办学绩效评价中，设置学生发展、教师发展、学校管理、社会认同 4 个一级指标，其中社会认同含学生发展质量、教师育人水平、学校管理效能认同度，主要考核学校办学被学生、家长、社区认同的情况。第三，在区域教育督政评价体系中，设置领导职责与教育管理、经费投入与办学条件、依法行政与权益保障、各类教育协调发展、社会对教育满意度 5 个一级指标。

采用科学精准抽样，社会满意度数据能客观呈现社会各类群体对教育的真实感受与评价，促使学校重视开放办学，采取切实措施回应社会呼声，不断提升学校治理效能。

参与治理程序法治化，确保公众对教育的“监督权”。在推进区域依法治教、学校依法治校基础上，引导社会依法参与教育治理。第一，健全重大行政决策公众参与工作机制，规范做好决策预公开、利益方列席决策会议等工作。扩大重要决策意见征集的覆盖度，通过政务新媒体等平台，收集社会公众对决策草案的意见建议，并在决策文件出台后限定时间内向社会公开意见的收集、采纳情况及意见不予采纳原因。二是强化行政行为监督，办理区人大、区政协关于教育资源配置、优质均衡发展、学校教育改革等的意见、提案和批评，确保相关建议得到有效落实。三是畅通公众监督渠道，公开举报电话、12345政务热线，运用法治方式处理群众反映问题，引导学校作出有效的回应和处理。

学校作为

1. 中国式现代化的学校使命与教育实践

——以西安市航天城第一中学为例

徐　雄

提　要： 面对不同出身阶层、成长背景，不同知识储备、学业水平、求学目的且教育诉求复杂的生源结构，何以聚而教之？学校在种种“不同”之中看到一点“相同”，那就是，每个家长都希望孩子成人，成为体面的人、社会上有用的人，由此明确了航天一中面向人人、面向未来的理念和追求。面向人人，是以人民为中心的中国特色发展思想在教育实践中的体现，是对教育公平更高层次的追求。其一切教育教学活动，都应以人为中心，尊重人格，释放人性，在健全人的心智的同时，促进人的全面发展。面向人人，首先要“面向所有人”——机会公平；其次要“面向每个人”——过程公平；再次要“面向终极的人”——结果公平。面向未来，首先要有“人能弘道，非道弘人”的格局——文化创新；其次要不断“扩展课堂教育边界”——思维创新；再次要“拥抱数字世界”——技术创新。西安航天一中将“仰望星空，求真创新”作为校训，学校“现代化”的破题，必将落在如何从千篇一律的培养模式转变为创新型培养模式之上。

作　者： 徐　雄，西安市航天城第一中学校长

西安市航天城第一中学位于西安城东南的少陵塬上，少陵塬又名“凤栖原”。相传汉宣帝时，有11只凤凰翔集于此，宣帝以为吉祥，赐名“凤栖原”。这里是周秦汉唐京畿，被誉为“神州首邑”。

凤栖原的历史灿若星辰，于今建成了全国唯一以航天产业为特色的国家级经济技术开发区——航天基地，我国探索太空的很多“国之重器”都出自这里。

学校接续“凤栖”文化、航天精神，抽绎出“飞天”的意象——脚踏大地，飞向太空。“飞天”，是“凤”和“航天”的化身与升华，是对自由和美好生活的热情向往，是对理想信念的执着追求，是对有限生命的无限超越和未知世界的执着探索。可以说，在“飞天”一词上，投射着我们教育人太多的梦想。

“仰望星空，求真创新”也就成为西安航天一中的校训。建校之初，我在调研中发现学区内的生源结构非常复杂。来自科研院所知识分子家庭的学生占总数的18%，企事业单位职工的子女27%，进城务工随迁的子女6%，个体工商业者子女11%，附近农村拆迁

安置家庭的孩子38%。家长不同,对教育的看法也各不相同。农民相信读书是孩子出人头地的唯一阶梯,至于"爬"上去还是"爬"不上去,只能听天由命了;工商业老板则认为读书读出来更好,读不出来也可子承父业进入第二"赛道";进城务工家长希望孩子通过读书改变阶层现状,过上"体面的生活";而高知家庭要坚守固有地位,确保孩子"不落后"。调查结果显示,92%的家长将孩子的未来寄希望于教育,相信教育可以改变命运;79%的家长认为只要读得好,寒门照样出贵子;只有6%的家长对读书前途感到悲观和无奈,认为不少研究生都在送外卖,上升的通道越来越窄,但是如果不接受良好教育,向下的通道却越来越宽。关于对教育的诉求,一般家长只要求孩子中高考考得一个好分数,顺利过关,将来有出息就行;一些高知家庭则希望孩子除了考得好,还要精神上变得富足,个性特长得到发扬,最终可过上自由而有尊严的生活。总体来看,家长们对教育普遍重视,甚至焦虑,因为教育关乎个人的生活质量乃至家族的未来。

面对如此复杂的生源结构——出身阶层、成长背景不同,知识储备、学业水平不同,求学目的、教育诉求不同,何以聚而教之?思前想后,我在种种"不同"之中看到一点"相同",那就是,每个家长都希望孩子成人,成为体面的人、社会上有用的人。

基于此,我们明确了航天一中的理念和追求:

面向人人,办适合学生成长的教育;

面向未来,办适应社会发展的教育。

一、面向人人

面向人人,是以人民为中心的中国特色发展思想在教育实践中的体现,是对教育公平更高层次的追求。其一切教育教学活动,都应以人为中心,尊重人格,释放人性,在健全人的心智的同时,促进人的全面发展。面向人人,首先要"面向所有人"——机会公平;其次要"面向每个人"——过程公平;再次要"面向终极的人"——结果公平。

1 面向人人:有教无类,机会公平

面向人人首先要"面向所有的人"。"有教无类",这一平等接受教育的权利,是宪法赋予每个公民的,应该得到全社会的保护。而在一个真正的教育人的眼里,人是不分三六九等,也没有贵贱之别的。机会公平的教育,保证人人有学上。而教师对待学生应一视同仁,因为这关乎教育的公益属性和社会公平正义。

思考"有教无类"这一命题,我发现,事物总有它的两面性,优点中有其提升点,难题中却包藏着更多教育着力点。高知家庭的孩子大多知识面宽、开朗自信,但包容性和合作意识难免稍差一些;进城务工随迁子女普遍独立自主,动手能力较强,但不够自信。一般而言,在一所富家子弟扎堆的学校往往会相互攀比,比鞋、比车、比房。这样的环境着实不

利于青少年正确三观的形成。有教无类让不同的孩子“杂”然相处，大家互相影响，互相欣赏，互相包容，彼此镜鉴，合作探究，砥砺前行。我们不比鞋、不比车、不比房，我们倡议和农村、贫困家庭的同学比健康、比友爱、比朴实；与高知家庭的同学比学识、比思维、比习惯，等等。

其实，从教育学角度讲，善与恶、美与丑、真与伪，都是教学资源。一个人的优点固然可以作为大家效法或学习的对象；一个人的缺点同样可以作为大家借鉴和认知的资粮。正因此，我校在“有教无类”的基础上，进一步实行“融合发展”。

“融合发展”就是将不同生源放在同一所学校、同一间教室一起学习，取长补短，相互促进，共同发展。人与人有差异是正常的，而融合与参与是人类尊严与乐趣的基本要素，如果孩子感受到教师有“分别心”，甚至被歧视和孤立，势必对其造成内心的恐慌、身心的伤害，从而违背了教育的初心，岂可等闲视之！

当然，我们所追求的“面向人人”的教育，不单指学生，还有教师，以及在学校工作的各种职业的员工；不仅面向自己学校的师生，也面向其他教学资源薄弱和匮乏的学校。只有将教育的视野放得更加长远，为促进区域之间的全面协调发展、为实现教育公平而不懈努力，“面向人人”的“中国式”精义才能释放出应有的强大生命力。

当前，西安市教育局大力推行西安“名校 + ”和“西安好课堂”，我校被授予“名校 + ”单位，同时被遴选为陕西省教育厅教育扶智平台三所帮扶中学之一。我校遂组建名师扶智队伍，结合受帮扶学校实际需求大力展开帮扶行动，两年来，开展线上名师直播课 125 节，优质课程近 200 节，名师专家讲座 40 余场次；线下跨市跨省实地帮扶送教，专家讲座、校长报告、名师示范课、艺术赏析等近 15 场次，且邀请被帮扶校 30 余位教师到我校浸入式培训。线上线下系列教育扶智活动惠及陕甘两省四地教师 400 余人、学生 4 089 余人。学校探索实践“面对更多的人人”，与远端受帮扶学校互联互通，资源共享、千里同好，建立成长共同体、发展共同体、文化共同体，在弥补教育资源分配不公、减少贫富差距、增进社会公平、促进区域协调发展方面迈出了坚实的一步。

2 面向人人：因材施教，过程公平

“面向人人”，还要“面向每个人”。因为，教育要面向的人不是抽象的，而是具体的。具体的人有着禀赋性格的差异、兴趣特长的差异、潜力素质的差异，千人千面，千差万别。办适合每一个学生的教育，因材施教，使每一个具体的学生都能接受适合自己成长需要的教育是我们的教育追求。为此，我校探索实行了“一级一策”“一班一品”“一生一案”“一生一课表”“一生一作业”“班主任导师双轨制”“职业生涯规划”等个性化、终身化育人机制。

“一级一策”，即每个年级根据学段、年龄

段的不同特点，策略方法着力点不同；“一班一品”，即每个班级根据生情、师情、学情、班情不同，特色定位不同；“一生一案”，即根据每个学生的兴趣爱好、学科认知、心理心态等个人差异，为每一个孩子制定个性化的培养方案，而“一生一课表”选班走课就是其中的一个具体的点；“一生一作业”，即“自主分层作业”，可以说“有多少个学生，就有多少种作业”。课堂上老师根据教学内容引导帮助学生认识自我、分析自我，指导学生自主布置、自主选择、自主分层，培养学生自主学习能力，提高学生学习效率。

尊重个性即是教育者基于承认人的个性差异，尊重孩子个性发展，努力做到因材施教，形成科学的课程观、教学观和评价观，努力破除“唯分数、唯升学、唯文凭”的顽瘴痼疾，扭转教育功利化倾向，为人才的成长，特别是拔尖创新人才的成长创设适宜的环境。

3 面向人人：人人成才，结果公平

“面向人人”，还要面向公正的不等同结果。因为结果公平尽管建立在机会公平和过程公平之上，却是施教者与受教者双主体造成的。所以，它指向受教育者自身最大限度的发展，体现着教育的终极关怀。

针对于此，我校以结果公平为导向，树立人人成才理念。一方面从施受双主体入手，促进师生主体意识的挺立。只有站起来的教师，才能教出立起来的学生，学校为每一名教师创设专业发展的空间。另一方面革除“育分不育人”的积弊，基于基本质量标准和教学规范，提供多样化的课程设置、教学模式、评价体系，为师生的个性发展和全面发展提供更宽阔的平台。

2020 年 10 月份，学生张泽华在学完《智能硬件》选修课语音识别知识后，根据自己的经历，发现西安市实施垃圾分类已经接近两年，但是许多人依旧记不住四种垃圾分类的具体种类，尤其是一些老年人。针对这一问题，他萌生了制作一款智能语音垃圾分类系统产品的想法。随后他找到同班同学王焱琛、张针杰组建了团队，向课程指导老师提出了自己的想法，获得老师的大力支持。该项目被纳入 2021 年度学生科技创新课题研究项目。

两个月后，第一款智能语音垃圾分类系统产品诞生，但是语音识别不灵敏，效果没有达到预期。小组并没有放弃，通过网上查找资料、向专家请教，攻克技术瓶颈。2021 年 4 月 3 日，第五届西安市青少年机器人竞赛在航天一中举办，张泽华团队研发的第二款智能语音垃圾分类系统首次参赛，获得一等奖。消息被《中国环境报》、陕西电视台、《三秦都市报》、《华商报》等 10 余家媒体跟踪报道，在网上引发热议。

该项目已于去年 5 月 14 日申请发明专利(专利名称“一种语音垃圾分类系统和方法”)。西安航天发动机有限责任民营部、西安航天基地城市管理局为我校学生创意点赞，并表示给予技术、资金支持，实现该产品的量化生产，推动生活垃圾分类工作。另外，

学生还自主研发了未来智慧小屋系统、室内智能通风系统、智能浇花系统、口罩监测识别系统、自主搬运机器人等，我校科技类社团获奖数量、层次目前位居西安市前列。

以上只是我校学生科技成果的一个缩影，在学校“人人成才”观念的引领下，涌现出一大批学生研究项目，花样繁多，成果丰硕，受到家长和社会的青睐。

如果说“有教无类”强调机会平等，那么“因材施教”侧重过程平等，“人人成才”则关注结果平等。机会平等消除教育差距，将“量”做足，重在统一性；过程平等尊重受教者独特性和多样性，将“质”提升，保护了差异性；结果平等要求树立人人成才、人人出彩的理念，将“果”结出，更新了人才观。三个“平等”环环相扣，层层推进，一起发力，向着高质量发展前进。

新时代，新教育。在我国教育形态和学校形态变革，教育从粗犷型向精细化转变的大背景下，我校坚持“两手抓”：一手抓教育的本质，即人的成长发展规律、教育教学规律；一手抓教育的未来，即社会发展、教育发展大趋势。既要“面向人人”，又要“面向未来”，因为教育是为未来社会培养人才的。

二、面向未来

面向未来，是由教育的社会属性决定的，是对受教育者的终极关怀。面向未来的教育教学活动，都应以受教育者适应未来社会为导向，在社会剧变前夜，培养出富有胜任力和创造力的人。杜威曾说：“如果我们用昨天的方法，教今天的学生，我们就剥夺了他们的明天。”面向未来，首先要有“人能弘道，非道弘人”的格局——文化创新；其次要不断“扩展课堂教育边界”——思维创新；再次要“拥抱数字世界”——技术创新。西安航天一中将“仰望星空，求真创新”作为校训，在我看来，创新是一种更新更好事物的思维方式。学校“现代化”的破题，必将落在如何从千篇一律的培养模式转变为创新型培养模式之上。

1 面向未来：君子不器，文化创新

人民教育家于漪先生反复告诫我们：要培养学生一颗中国心。学校接续“凤栖”之文脉，航天之精神，设立“飞天大讲坛”。飞天，载着一个中国梦；飞天之士，一定是位儒雅的君子。于是，“做现代君子”就成为航天一中的校园核心文化。

反观以往，以儒学为主干的中华传统文化最终目标就是教育人成为君子。君子文化是传统文化的聚焦点或制高点，千百年来，吸收和融化了道家、墨家、法家和释家等思想精华，集众家之长于一身，呈现出优雅、自律、进取、宽容，和“和而不同”“舍生取义”等人格挺立的精神风貌。因此，“做人做君子”便成为中华民族世代相传的古训。挖掘和弘扬君子文化，是继承中华优秀传统文化的一条终南捷径，也是在切实塑造一个个大写的“人”，为改善当下社会风气和道德状况发挥重要作用。

然而，由于历史久远、时代不同，君子文化不可能完全满足新时代的教育需求，比如自由、民主、平等、现代理性、共建共享等理念就比较缺乏，需要我们加以文化创新。一方面，我们在“君子”之前冠以“现代”二字，有别于固有的古代君子概念；另一方面，我们本着“人能弘道，非道弘人”的精神，师古不泥古，将经典古籍中具有现代教育价值的资源加以发掘、引申并发扬光大。

经典常读常新。在温习《论语》中，我们将“君子不器”（为政篇）与青少年远大志向结合起来，引导大家博学多识，不断超越自己；贯彻“周而不比”（述而篇），针对当前青少年多以自我为中心、对对方缺点缺乏包容之心进行教育；提倡“君子求诸己”（卫灵公），引导学生不啃爹、不躺平，从小树立自立自强之独立精神；崇尚“文质彬彬，然后君子”（雍也篇），身心健康，内外兼修；追求“和而不同”（子路篇），等等。在航天一中，既有“蓝翎辩论社”，也有一支合唱团，合唱团经常活跃在各种舞台上，唱出了“航天最强音”。其整体的美妙和谐正是由不同声部各具特色的声音相互融合而成。构建和谐校园的原则，不是消灭不同声音，而是充分理解和尊重每个师生观点的合理性。将个体独特的声音融入集体“和声”并充分发挥“声部”无可替代的作用，这是“天籁之音”，也是和而不同的美妙所在。

君子文化一经现代性的介入，便焕发了勃勃生机。航天一中校园里处处有共享文化、共享设施。操场上有共享体育器材，大厅有共享钢琴、共享吉他、共享图书机、共享唱吧、共享朗读亭、共享雨伞，楼上有共享书吧、共享健身器械、共享办公室、共享艺术区，以及共享科技空间，等等。

随着共享氛围的持续营造，共享意识的普遍提高，共建、共有、共享、共创和共治的理念逐渐深入人心，它折射出学校的开放和宽容；在给师生带来便利的同时，也培养了乐于助人的利他精神和人本平等的现代君子品格。

2 面向未来：课程综合，思维创新

一个强大的中国，要有强大的教育做支撑；强大的教育，一定是现代化的教育。

教育现代化应与社会现代化同频共振。由于科技革命和现代技术的发展，社会劳动力结构正在发生前所未有的变革。未来社会呼唤学生的终身学习和创新创造能力，否则，将很难适应和生存。过去70年，我国主要实现了教育普及和规模化；而当前阶段，应该是以提高质量、优化结构、促进公平为主要目标。简而言之，即是结构性改革。结构性改革的前提是创新思维模式的塑造。我们应打破原学校教育边界，如学校、家庭、社区，以及校外培训机构边界。我们应促进学习场景的变革，促进学习者德智体美劳的全面发展，和个性化、多样化的成长。学校课程管理都要适应学习者为中心的新样态。

以劳动教育为例，早在2019年我校就组织专人编写劳动课程指南，探索劳动课形式，

以此尝试平衡社会需求的多样化和个体禀赋特长的多样化。劳动教育既是教育内容也是教育目的，因其天生的实践性，有着独特的育人价值。我们在实践中探索出一套“1+3+3劳动教育模式”，以此助力构建整体育人，个性发展的教育新生态。

“1+3+3劳动教育模式”是对课程结构的优化，育人目标的细化。“1”就是让每个孩子明确个性发展方向；第一个“3”是身心健康，科学思想和人文精神；第二个“3”是学科内与学科间，校内与校外，线上与线下共育机制。

在劳动场所的营造上，我们特意设立了青少年科学院和劳动教育中心，为科技劳动与常规劳动创设条件。

在劳动课师资培养上，我们尊重现有教师的兴趣和选择，让真正热爱劳动，有志于劳动教育的教师走上岗位。其次，我们定期开展跨学科教研活动，以项目为导向，注重劳动教育在五育中的融合与提升作用。

在劳动课设置上，我校依据学生的年龄特点和兴趣爱好，建立选班走课机制，开设了二十多门劳动课，供学生个性化选择。我们相信保护学生的兴趣就是尊重其个性差异，只有爱上劳动，才能有获得感、成就感和幸福感。劳动没有标准答案，我们倡导学生全身心投入其中，不给太多的限制，把更多空间留给他们，让他们去尽情发挥和创造。我们应解放孩子的自由，让他们做有意思的活动。

在劳动课的选择中，我们尊重孩子的多元化需求和多样性选择，寓劳动教育于社会活动、综合实践之中，随性而教，各适其所。

在劳动评价方面，我们在评价主体多元化、评价方法多样化和评价内容多维化方面做了一些探索：给每一位学生建立了劳动档案，记录他们劳动的点点滴滴；还给孩子们发放了劳动积分卡，每周都会评选出劳动之星，获得劳动之星贴纸，可兑换小礼物和体验券。这种评价方式深受孩子们的喜爱。

我校注重在劳动教育中融入科学思想，因为科学思想旨在认识和把握对象世界及其客观规律，是一个现代人应具有的基本素养。科学思想内涵很丰富，最基本的要求是求真务实，开拓创新。我们通过机器人、航模、创客编程等新技术应用，让学生体验和创新未来。由我校师生自主研发的智能语音垃圾桶、人工智能浇灌系统获得专利，有望投入生产，服务社会。航天一中高三4班谢钰涵同学斩获由工信部、中国科协、北京市政府主办的“世界机器人大赛算法专项赛全国锦标赛”国家一等奖。

在劳动中培养科学思维的同时，还要融入人文精神。人文精神是一种普遍的人类自我关怀。新时代人文精神强调共同体中的互相依赖，而不只是个体的绝对独立自主，我们应拒绝抽象的自由观，走向有责任的深度自由，将责任和义务观念引入自由的概念之中。诚然，人文精神的培养仅凭传统教学中思政、语文等学科是不能完全奏效的，恐怕得在实事上练习、实践中检验。为此，我校在劳教课程设置上，有意识地渗透人文精神，将之与学生的生活和社会实际联系，与中华民族非物质文化遗产相联系。学校开设了泥塑、木板画、编织等传统工艺劳动课，也组织制作学生们喜爱的蓝晒、丝带玫瑰花、手工皂、糖葫芦、木作等。学生们将他们亲手制作的糖葫芦送给老师、家长和同学，将丝带玫瑰花献给抗疫的一线工作者。

航天一中在强化学科内与学科间融合的同时，也加强了校内与校外、线上与线下的综合实践活动，使之充分发挥独特育人价值。例如劳动微课堂，旨在打通家校“最后一公里”，使种植、烹饪等劳动项目走进日常生活，利用节假日让学生动手实践，增强了学生的劳动能力。结合二十四节气，让学生扎风筝、拼贴树叶画、做柿饼等。在中国传统节日里，春节让学生置办年货，为家人做年夜饭；清明挖野菜、做青团；端午包粽子、缝香包；中秋做月饼；腊八节做腊八粥；冬至包饺子等，让学生在劳动中感受传统文化。在疫情期间让学生居家蒸馒头、生豆芽、做米酒、做罐头、养白菜花等，让劳教课程生活化，核心素养提升“全面化”。

劳动教育因其天生的实践性以及与人的本质同构关系，为人格的健全、人的主体意识、创新意识培养提供了无比宽广的平台。这个平台倡导在做中学、学中做，在实践中解决问题等，支撑着德育、智育、体育、美育与劳育的转化，在转化中形成核心素养，在转化中激发了人的创造性，助推了人的个性发展和全面发展，以造就时代新人。

联合国教科文组织 2016 年发布的《反思教育：向“全球共同利益”的理念转变》中，明确“非正式学习是所有社会化经验的必然体验”“我们需要采取整体的教育和学习方法”。传统的教育过程更多地表现为束缚、压制、监管和控制等特征，这不利于学生的正常生长。有鉴于此，我们想方设法给孩子应有的自由空间，不断拓展课堂的边界。自由让人免于恐惧，自由的孩子将感受更多的幸福，性情平和，充满好奇。基于此，孩子才能发展出自主性，主动学习，自主探索，同时意识到心灵的尊严和世界的美善，从而唤醒自身的优异或卓越！

3 面向未来：智慧校园，技术创新

科技发展带来教育变革，推动学校的升级迭代，尤其是教育信息化为未来教育的变革与发展创造了新的机遇，提供了无限可能。近年来，教育信息化作为国家信息化的战略重点和优先发展领域，颁布了一系列重要文件。《中国教育现代化 2035》指出，要加快信息化时代教育变革。要建设智能化校园，统筹建设一体化智能化教学、管理与服务平台。要利用现代技术加快推动人才培养模式改革，实现规模化教育与个性化培养的有机结合。《教育信息化 2.0 行动计划》强调，应持续推动信息技术与教育深度融合，促进教育信息化从融合应用向创新发展的高阶演进，将信息技术和智能技术深度融入教育全过程，改进教学、优化管理、提升绩效。建校伊

始，我们就将学校的现代化作为特色化、可持续、高质量发展的重要抓手，通过教育数字化转型实现基础环境的重建、教育流程的再造和模式的重构，以顺应未来教育发展大势，助推教育高质量发展。

打造空间重构、数据驱动的未来学习新空间。

教育信息化的发展带来了教育形式和学习方式的重大变革。学习空间建设是教育教学变革的前提、抓手和基础。学习空间的不同布局，影响和制约着不同的学习活动。传统教室强调整齐划一，学生排排坐，缺乏对学生人际交往、综合性和跨学科学习等多样需求的支持，教学形式单一，教师和学生之间缺乏有效的交流、互动和沟通，缺乏对课堂教与学数据的积累和深刻挖掘。我校建成的未来教室具有以下两个特色：

一是学习空间支持不同教学策略和教学模式。未来教室内有学生学习区、研讨探究区、创意展示区、图书分享区和师生交流区，组成开放共享互动的学习空间；教室外有智慧教学空间、互动探究空间、交流分享空间、自然生态空间和运动健康空间，组成学生1分钟学习生活圈。未来教室内使用的是可移动、可拼接桌椅，可自由组合成四人组、六人组、八人组，随时转换成教师需要的模式，满足教学过程中的不同学习任务和活动需要；铺满整面墙的创意展示区以及便捷灵活的小白板也为课堂教学的开展提供了多种可能；四块智慧屏、智慧黑板可与学生学习终端同屏展示，也可供学生查找资料、小组研讨展示……学生不再被限制在固定的座位上，可以走动、讨论、操作、表达、展示、分享等，为开展自主式、探究式、合作式、互动式、项目化教学创造了条件。

二是能够沉淀大数据，支持精准化、个性化教学。学校探索的未来教室固定班级、固定学生、固定教师常态化使用，全学科、全过程、全方位采集教与学的数据。每名学生配有护眼智能学习终端，支持课前预习、课中教学互动以及课后个性化自主学习，系统自动采集学生学习全过程的数据，并生成数据分析报告，为学校信息化教学、分层分类教学提供全面、系统、精准的支撑。

探索智慧教学、技术赋能的课堂教学新模式。

课堂是教育教学的主阵地，课堂改革是持续发展的原动力。航天一中以开放包容的理念办教育，广泛吸收借鉴名校办学经验和成果，以教育信息化为依托，先后与西安高新一中、成都七中等开展深度、全方位合作，打造了“名校直播双师课堂”“名校平板互动课堂”“名站资源应用课堂”三种课堂新模式，探索与应用成果在2022年入选教育部“教育这十年”典型案例。

首先，依托5G技术支撑，打造“名校直播双师课堂”。学校与西安高新一中深度合作，利用“5G+教育”的模式，打破空间限制，通过沉浸式的直播课堂，默契的双师配合，深度全面的教研交流以及全方位的教育资源匹配,使得航天一中学子同课堂、同时段、同课表、同进度享受西安高新一中教学资源。通过“双师课堂”,每一名学生拥有“双名师”,即名校名师和学校名师,实现“1+1>2”的教学效果,打造优质课堂,促进师生共同成长,激发了学生的学习潜能,实现校际教师间的优势互补。

其次,依托智慧教学云平台,打造“名校平板互动课堂”。学校与成都七中进行跨省合作,以智慧教学云平台和名校体系化资源为依托,打造“以数为据、精准施教、个性学习”的名校平板互动课堂,全学科、常态化应用。学校打造了3段16环的智慧课堂教学模式,学生在课前使用智能平板自主预习,教师根据学情反馈,在课堂上辅助学生实现分析、评价、生成等高阶目标,课后教师依据大数据分析,发布分层分类个性化作业,推动“双减”和作业管理落地实施。通过个性化学习和精准指导,拓宽了学生的学习渠道,促进了学生学习效率的提升。

再次,依托名站优质教学资源,打造“名站资源应用课堂”。学校优选国家中小学智慧教育平台、人大附中双师教学平台等优质资源平台,确定每周四为“名站资源应用日”,各备课组形成了课前查资源、课中用资源、课后评资源的良好氛围,让每一名师生能共享到最优质的资源。

技术创新,催生智慧校园欣欣向荣。学校配备了共享图书借阅机、共享朗读亭、共享唱吧、科创空间、智能垃圾分类系统等,这些智能设施都可记录学生校园生活的各种数据。以智能图书借阅机为例,师生们通过一卡通登录,可以自主借阅书籍。通过智能设备对借阅数据的采集,进行大数据的智能分析,我们可以了解师生的阅读习惯、阅读喜好。然后通过大数据平台,形成数据报告,定期给学生们提供一些阅读建议,指导学生科学进行生涯规划,直至高三毕业学生填报志愿时,给学生和家长一些合理建议。

在人工智能教育课程探索中,学校聘请知名高校专家组建人工智能教师团队;规划出1 000平方米、8间教室建青少年科学院。学院下设脑科学学生研究中心、人工智能学生研究中心、STEM学生研究中心、机器人学生研究中心、航空航天技术学生研究中心等;构建人工智能相关课程;开设机器人、航模、创客、C++信息学科竞赛等高水平专业化科技团队;组织学生走进清华北大、西北工业大学等知名高校,享受“行走的科技课堂”;围绕智能科技、航空航天的科技活动定于每年的4月举行;组织学生申报科技创新课题,发展其科研素养。

如果说“君子不器”代表了文化创新,那么“课程综合”体现了思维创新,“智慧校园”则展现出技术创新。文化创新汲取中华传统文化精华,融入新时代价值观,重在先进性和文化自信;思维创新基于改善不合时宜的教育理念和教学方法,与日俱新,让学习真实发生;技术创新紧跟时代步伐,使万物联通,深耕课堂,让数据导航。

教育，是“中国式现代化”的重要组成部分和有力支撑。“面向人人”，以“平等”为关键词，凸显了“中国式”人本精神、公益情怀；而“面向未来”，以“创新”为关键词，则融入了“现代化”的科学认知和联结。对传统，我们应该采取去伪存真、去粗取精、批判继承的态度；对现代，我们当保持几分质疑和警惕，比如，对学情进行优化和改造的可度量、可通约、可计算、可预测的程序尽管带来了规范和高效，但作为代价，人的丰满个性却被压扁了。数字科技容易使人陷入理想缺失的“数字人”之境。因此，我们一定不要忘记透过冰冷的数字，看到具体而鲜活的人。“面向人人、面向未来”犹如我校教育“中国式现代化”一体两翼之“飞天”，视通万里，神游故国，普济众生，这是我们每个教育人无可推卸的历史使命。

2. 西部城市普通高中推进特色发展的实践与思考

李山涛

提　要：西部各级各类教育的发展由于受制于经济发展水平，在不平衡和不充分方面呈现更多差距和矛盾。因此，西部地区普通高中不仅要大力推进特色发展，更应该找到落实和践行特色发展的载体或抓手，将特色发展的内涵清晰化，路径具体化。地处西部的城市普通高中该怎样进行多样化发展和特色建设，更是校长需要结合区域现状、校情和学情进行深入思考的根本性问题。桂林市第十七中学结合已有基础和未来发展，实施生涯规划教育推动普通高中的特色发展。旨在通过生涯规划教育，使大多数来自普通家庭，学业表现处于普通水平的学生能够明确自己未来的人生规划，进而确立自己的学习目标，减少进入大学后对所学专业的茫然，减少进入社会后对所选行业的困惑，从而真正提升西部地区人才培养的质量，促进区域经济和社会的发展。

作　者：李山涛，广西桂林市第十七中学校长

党的二十大报告指出："从现在起，中国共产党的中心任务就是团结带领全国各族人民全面建成社会主义现代化强国，实现第二个百年奋斗目标，以中国式现代化全面推进中华民族伟大复兴。"怎样在治学育人实践中为党育人，为国育才，这是摆在新时代校长面前最大的课题。

自《国家中长期教育改革和发展规划纲要(2010—2020年)》提出普通高中多样化、特色化发展以来，我国高中教育的政策设计和实践运行，都在努力回归这一教育应有的本质。2019年2月，中共中央、国务院颁布《加快推进教育现代化实施方案(2018—2022年)》提出"普通高中优质特色发展"，2019年6月，国务院发布《关于新时代普通高中育人方式改革指导意见》，进一步提出育人方式改革这一概念，以育人方式作为普通高中实现优质特色发展的突破口。育人方式不能仅仅停留于技术和操作层面，首先需要从理念、价值、方向以及普通高中发展的定位目标上进行探讨。人力资源是我国经济社会发展的第一资源，教育是开发人力资源的主要途径。学校在贯彻落实国家战略和宏观政策的过程中，应以学生为主体，以教师为主导，充分发挥学生的主动性，把促进学生成长成才作为学校一切工作的出发点和落脚点；关心每一

个学生，促进学生主动、生动活泼地发展；尊重教育规律和学生身心发展规律，为每个学生提供适合的教育。

与一系列国家文件指向我国普通高中改革的目标、途径和方式相一致，西部各省市教育发展规划都强调要提升普通高中育人水平和促进高中阶段教育多样化有特色发展。以《广西教育事业十四五发展规划》为例，促进教育高质量发展的重点任务之一是推动普通高中育人水平，推动普通高中育人方式改革，拓宽普通高中综合实践渠道，强化综合素质培养。具体措施有：深化课堂教学改革，加强教学研究和指导，积极探索跨学科综合性教学，开展验证性实验和探究性实验教学；协同推进普通高中课程改革和高考综合改革，制定普通高中新课程实施方案，全面实施新课程、使用新教材；构建规范有序、科学高效的选课走班运行机制，提高教学管理水平和资源使用效率；完善学校课程管理，加强特色课程建设，增强课程多样性和选择性；指导学校建立学生发展指导制度，加强指导教师培训，构建学校、家庭、社会协调指导机制，加强学生理想、心理、学习、生活、生涯规划等方面指导；继续推进星级特色普通高中建设，促进普通高中学校办学模式、课程设置、培养方式、评价方式多样化特色化；密切普通高中与高等学校招生衔接，扩大考生与高等学校的双向选择权；鼓励普通高中与中等职业学校课程互选、学分互认、资源互通、学籍转换，促进普职融通，为学生提供更多选择机会。

然而，相较于发达省份，西部各级各类教育的发展由于受制于经济发展水平，在不平衡和不充分方面呈现更多差距和矛盾。因此，西部地区普通高中不仅要大力推进特色发展，更应该找到落实和践行特色发展的载体或抓手，将特色发展的内涵清晰化，路径具体化。对于桂林市第十七中学这样一所地处西部的城市普通高中而言，该怎样进行多样化发展和特色建设，更是校长需要结合区域现状、校情和学情进行深入思考的根本性问题。结合桂林市十七中的已有基础和未来发展，我们的答案就是——办学依时而进，育人登高行远，实施生涯规划教育推动普通高中的特色发展——即通过生涯规划教育，使大多数来自普通家庭，学业表现处于普通水平的学生能够明确自己未来的人生规划，进而确立自己的学习目标，减少进入大学后对所学专业的茫然，减少进入社会后对所选行业的困惑，从而真正提升西部地区人才培养的质量，进而促进区域经济和社会的发展。

一、基于教育目的，从过去、当下、未来的视角中审时度势依时而进

尽管国家已发布了宏观层面的高中特色发展政策引领，区域和学校也开展了丰富多彩的办学特色研究与实践，甚至取得了不少经验和成效。但从宏观政策到微观执行，还有一系列问题困扰着高中管理者。比如，普通高中特色发展应秉持何样的理念，高中的

“特色办学“是什么”“为什么”，特色凝练和彰显如何回应“培养什么人，怎样培养人，为谁培养人”的育人需要？“特色办学”应该“怎么办”，特色应在哪些领域侧重和凸显，又如何通过特色建设推动学校整体变革与发展？

在学校层面，特色可以被理解为一所学校区别于另一所学校显著的、广受认可的要素和特征。这一特征的外显指标主要是学生独特的成长，最终指向就是每一个学生全面而有个性的成长，是人们对于教育个性需求未充分满足的诉求。由此，从学校特色发展的目的来看，普通高中特色发展的最终目的并不是特色办学，而应该是促进学生发展，满足社会对不同人才的需求，最终为中国特色社会主义现代化建设育人育才，这意味着高中特色发展的最终目标是学生全面而有个性地成长。

因此普通高中特色发展是学校的一种发展方式，是一种改革趋势，是学校遵循教育规律，根据自身的实际，结合本校历史传统，在特色理念的指导下，在长期办学过程中逐步形成品牌，优化办学资源，促进学生全面且个性地发展，提升办学实效，并形成独特的办学风格或风貌的过程。这一过程的关键是认识学校改革与发展的客观基础，凝练出既基于学校历史、又把握当下需要与指向未来发展的办学理念，并以此来统领与指导学校的整体发展思路与创新实践。

高中教育的多样化、特色化既是一个全局性问题，也是一个个体性问题。高中阶段是学生个性形成，自主发展的关键时期，对提高国民素质和培养创新人才具有特殊的意义，如何给学生提供更多的自主选择与个性发展的机会和平台呢？

西部城市普通高中的学生绝大部分都来自普通家庭，而他们是未来社会稳定的基础。被誉为“世界平民教育之父”的晏阳初先生认为，平民教育的目的是教人做人。做什么人？做有知识力、生产力、公德心的“整个的人”。这与当今时代的大先生，“人民教育家”于漪提出的，教育的目的就是“人之完成”的说法不谋而合。时至今日，平民教育的理念、精神和价值并没有过时。在对其内涵赋予的新的诠释中，依然透露出穿越历史时空的光辉。平民教育并不是培养平民，它所培养的是具有民主思想和创造精神，以一技之长自食其力和服务社会的合格公民，培养的更是善良的、正直的、富有智慧、体格强健的公民，同时也是为了每个孩子在不同程度上都得到发展，让每一个学生的潜能得到最大的开发。

无论过去还是当下的教育，都把育人为本作为教育的根本要求，以适应未来的发展。ChatGPT 的出现，让教育趋向人机协作，双向赋能，未来学家丹尼尔平克指出未来时代的公民需要“三感三力”，即共情力、故事力、整合力和设计感、娱乐感、意义感，这让我们更深刻体会到这个时代是世界百年未有之大变局。在“以中国式现代化全面推进中华民族伟大复兴”的形势下，教育更应在秉持育人为本的同时，以学生为主体，以教师为主导，充分发挥学生的主动性，把促进学生成长成才作为学校一切工作的出发点和落脚点。陈玉琨教授认为教育是从自发走向自觉，为了生命的幸福成长，培育美好人性。要关心每一个学生，促进每个学生主动地、生动活泼地发展；尊重教育规律和学生身心发展规律，为每个学生提供适合的教育。《广西教育事业十四五发展规划》指出要建立学生发展指导制度，加强指导教师培训，构建学校、家庭、社会协调指导机制，加强学生理想、心理、学习、生活、生涯规划等方面的指导。

作为这所西部城市普通高中的校长，我认为，为每个学生提供适合的教育的突破口就是要针对性地实施生涯规划教育。对于一个人而言，生涯不是要不要规划的问题，而是它事实上影响着人一生发展的问题。生涯规划既包含了职业规划本身，也包含了职业生涯前和职业生涯后的一生一世，是人一生的发展与规划。生涯规划教育应重预防更甚于重补救，学生在人生路上，需要逐步了解洞悉人生发展中的规律性问题。在选择和行动中，既要有未来视角，更要立足当下，依据自身情况以及外在环境来确定生涯发展的目标，并制定对应的实施方案、计划、路径，使之能够与个人的特点和特长契合，通过不断渗透、融合、明晰，保证生涯规划落到实处。即生涯规划教育是针对如何规划个人发展生涯所开展的教育活动，具有鲜明的导向性，能够帮助受教育者正确认识个人的社会角色、树立明确的学习和发展目标，挖掘个人潜能，实现自我价值，助其成长成才。

从这个意义上而言，生涯规划教育不仅仅是增设一门生涯规划课程，而且需要在教育教学活动和实践中系统地开展实施感恩教育、健康教育、心理健康教育、道德教育、创新教育、体验教育、职业生涯教育、全人教育、终身教育等，这些都是生涯规划教育不可或缺的重要内容。尤其对于高中阶段的学生而言，生涯规划教育的根本目的，除了认知目标外，还在于唤醒和激发学生，即着眼未来，做好当下。

二、基于多元发展，在时代、时空、时事中以生涯规划教育推动高中特色化发展

西部各省每年高考录取人数同样由全国高校各省招生计划总数而定。以广西为例：2022 年参加高考报名人数为 61.2 万，参加高考统考考生为 44 万，本科第一批次录取人数为 4.6 万，占比 10.5%，本科以上录取人数共计 19.2 万，占比 43.6%，高职高专录取人数为 13.6 万，占比 31%，统招录取新生 32.8 万人，占比 74.6%。

中国父母在高考前普遍对自己的孩子寄予厚望，望子成龙，望女成凤，学而优则仕。社会对一所高中学校评价的指标往往也简化为考取清华北大的学生数，一本上线人数，本科上线人数。“没有分数过不了今天”，在西部城市普通高中学校依然是个沉重的话题。

而高考结束后，家长对孩子的高考志愿填报指导方向仅有一个标准，那就是好就业，背后的期待则是孩子从此有一个幸福的人生。

随着中国式现代化的进程的推进，现代社会的职业数在不断增加，2022 版《职业分类大典》对分类体系进行了修订，把新颁布的 74 个职业纳入到大典当中，在保持八大类不变的情况下，净增了 158 个新的职业，目前的职业数达到 1639 个。与此同时，大学本科开设的专业数也在增加，《普通高等学校本科专业目录(2022)》共有 12 个门类 771 个本科专业，相较 2012 年 506 个本科专业，总数上新增 265 个专业。

另外，大学本科专业设置不断在调整优化，2022 年 4 月初，教育部、发改委、工信部、财政部、人社部五部门印发《普通高等教育学科专业设置调整优化改革方案》，提出到 2025 年，优化调整高校 20%左右学科专业布点。教育部公布的 2022 年度普通高等学校本科专业备案和审批结果，本次备案、审批和调整的专业，将列入相关高校 2023 年本科招生计划。据统计，此次专业增设、撤销、调整共涉及 2 800 余个专业布点，占目前专业布点总数的 4.5%。从学科门类看，工学所涉专业数量最多，有 1074 个；从区域布局看，涉及中西部高校的专业有 1 503 个，占比超过 50%。2023 年新增的 21 种新专业从多个领域覆盖了诸多热点和前沿领域，包括金融审计、国际法、司法鉴定学、工会学、家庭教育、孤独症儿童教育、数字人文、资源化学、地球系统科学、数据科学、生物统计学、生物材料、电动载运工程、飞行器运维工程、安全生产监管、未来机器人、国家公园建设与管理、医工学、乡村治理、航空安防管理、无障碍管理。其中，工学门类的专业就新增了 6 种，比如数据科学、未来机器人、数字人文、生物材料等专业，都是当下前沿的技术发展方向。

对于普通家庭而言，这些信息及其变化，在高中毕业选择专业之际是很难做到及时关注和回应的，而一个人的终身发展与其职业生涯息息相关，职业发展的好坏往往不仅决定了一个人的前途命运，也影响着其劳动力价值实现。每个人汇聚起来，就是国家的人力资本总和。从这个意义上而言，实施生涯规划教育有利于实现个人发展与国家人才需求的结构匹配，从而最大化人才培养的效能释放。尤其在当前“毕业即失业”已经成为一种社会现象的情况下，人数占比更高的普通家庭受教育者不仅仅要看升学率的问题，更要让孩子适时接受充分的职业生涯规划教育，在高中结束后，进入本科或高职高专等高等教育的专业教育之前做好准备，毕业之际能够快速有效参与到社会大分工中，很快成为社会经济发展所需要的人力资本的补充。为此，迫切需要学校为学生描绘不同的发展前景，引导学生选择适合自己成长的赛道，教会并赋能学生“登高行远”的思维、能力与工具，在适合自己的赛道中，不断地让学生在成功中成功，为学生的生命加注绿色的活力。

登高行远的“高”最主要的含义是高贵，

正如海明威所说，真正的高贵是优于昨天的自己；这里的“远”，是心能到达的诗意远方。学校开设生涯规划教育，还要能够融合家庭教育与学校教育的力量，家校合作以促进学生全面发展，家庭和学校两种力量相互配合、支持与协调，从而达到学校、家庭、社区、学生四位一体的学校教育生态的形成。生涯规划教育的特点就是在生活中学习，在分享中建立自身的生涯体系，设计自己有意义的人生轨迹。所以生涯规划理论与体验式教学要落实到“知行合一”中来，要授人以“鱼”——“渔”——“荃”，而不只是上几节生涯课。从这个意义上来讲，生涯规划教育正是立德树人的落脚点，是普通高中教育多样化、特色化办学的起点。

以广西桂林市第十七中学用生涯规划教育推动特色普通高中发展的实践为例。桂林市第十七中学是1993年创办的市属公办学校，自创校以来，学校就秉承着“具有现代教育理念，以信息教育为特色，创一流学校，把学校建成管理科学化、设施现代化的自治区一流高中”的办学目标治校办校。学校先后荣获全国绿色学校先进学校，广西体育工作、卫生工作优秀学校，桂林市普通高中教育质量管理、课程改革实验、安全工作先进单位、桂林市教育科学课改示范学校，中共教育工委先进基层党组织等三十多种荣誉称号。一直以来，学校就注重信息化教育，尤其是学校的机器人制作在区内外声名鹊起，参加各种机器人比赛成绩斐然。机器人制作已成为学校的特色项目。但学校面积小，学生多，30亩地，1 800名学生，高中学生数为900人；教师年龄结构青黄不接，学校教师平均年龄接近45岁，中层干部平均年龄51岁，因为历史和职称评聘合一的原因，全校教师近9年没有晋升职称，从教积极性受挫。目前其为桂林市唯一的走读式完中，生源质量居全市后列，学生近50%是进城务工人员子女，40%来自离异家庭，201人受国家资助，学生成长问题层出不穷，防不胜防，属于西部城市普通高中的典型代表。2018年学校经过自治区教育厅遴选成为第二批星级特色普通高中立项建设学校之一，分项为广西“科技教育特色”，具体项目是“智能机器人制作”。2022年通过省级验收，成为广西科技教育特色普通高中，实现了从学校特色向特色普通高中的跨越。

要转变一所学校，必须从了解学情开始。通过对学校学生学习能力素养测评发现，学生在学习素养上有诸多弱项。就学习方法而言，课前预习、课堂听讲、笔记方法、认知策略、资源管理策略都低于平均水平；就学习态度而言，在追求成功、坚毅性、自信心明显不足，回避失败；在学习环境上，亲子关系明显低于平均水平，学校和班级氛围需要进一步提升。

从学生生涯发展测评中可以知道，学生存在较多问题的维度是外部探索、生涯决策和生涯管理这三个方面。学生首要问题在外部探索这一部分上，主要表现为学生对大学和专业都缺乏基本的了解，对于心仪职业的知识和专业技能要求不清楚。这也透露了学生在选科时可能并未考虑清楚未来的专业以及职业方向，存在职业规划混沌的现象。随着新高考的落地，摆在高中生面前的第一个重要决策就是选科，相较于以往文理分科二选一的决策方式，“3+1+2”的选科模式需要学生更加全面地思考未来的学业方向和专业的匹配度。同时生涯决策与生涯管理高度相关，生涯自主决策能力越强，生涯自我管理水平越高，因此学生在生涯决策和生涯管理上得分都较低，这也反映了高中生在这一阶段生涯决策容易犹豫不决，即使在被动或是外界影响下作出部分决策，其学业积极性也并不高，难以付诸行动。

认知改变行为，学校要实现特色发展，应当促进每个学生主动地、生动活泼地发展，为每个学生提供适合的教育开始。学校很有必要对学生开展广泛的生涯教育工作，为学生提供丰富的生涯资讯和生涯探索机会，以提升学生的生涯发展现状，达到明确目标、激发动力、端正态度、优化习惯、改良关系的目的。

普通高中特色化发展必须从校情出发。一直以来，桂林十七中注重信息化教育，机器人制作已成为学校的特色项目。但如何将学校的特色项目转化为学校的特色发展，并以此牵引带动学校整体走向特色普通高中，是办学者力图破解的一个重要问题。

中国学生发展核心素养以科学性、时代性和民族性为基本准绳，以培养“全面发展的人”为核心，分为文化基础、自主发展、社会参与三个方面和人文底蕴、科学精神、学会学习、健康生活、责任担当、实践创新六大素养。桂林市第十七中的校训“科学、民主、笃行、向美”是近三十年的学校精神文化和共同价值观的集中体现，是学校特色发展的底色，是培养学生核心素养的突破所在。在此基础上，学校形成了“一切为了学生终身发展，一切为了适应未来发展”的特色高中办学宗旨和“强科技教育之基，育全面发展之人”的特色高中办学理念，“科技与人文并育，生涯与多彩并举”的育人文化，形成了以党建为统领，落实“一二五”特色学校创建的工作思路。即明确一条主线：特色学校建设；立足两个基础：教师队伍建设、学校文化建设；建设五项工程：美丽校园创建工程、教学质量提升工程、育人模式创新工程、学校治理优化工程、办学特色提升工程。

特色普通高中创建以来，学校全面推进普通高中课程改革，落实新课程方案，围绕立德树人、培养学生核心素养的根本任务，研发了“主体育德的二三一德育模式”“五有生涯规划教育体系”，开设了机器人制作、桂林山水诗词、环境教育、花样跑操等校本课程，及37项“五育并举，向美笃行”课外选修课，为学生的多元发展提供更多的机会。学校积极践行科技教育，树立多样化人才观，尊重个人选择，鼓励个性发展，在为学生创造个性化学习环境，满足不同潜质学生的发展需要上取得了一定的成效。近三年来本科率由30%

提升接近至50%，不仅上一本线学生实现零的突破，达到了5名，同时即便被高职高专录取的学生，也全部进入了适合自己发展且就业前景乐观、收入满意的专业。学校招收的生源质量决定了取得这样的成绩对桂林十七中的教师和学生而言是很不容易的，这些学生在十七中接受了三年高中教育，已经显著实现了成长和增值。

三、基于生涯规划教育，在本末相宜中实现育分与育人的合理平衡

特色高中创建的初衷在于打破学校的同质化发展，促进普通高中的分类发展，以更好地满足高中学生的多样化需求。因此，特色普通高中创建必然要正确处理好学生的全面发展和个性发展之间的关系。前者是基础，是底线，学生个性化需求必须在全面发展基础上予以满足。特色创建是手段，“育人”才是目的。作为一种手段，特色创建必须为“育人”这一教育目的服务。由于高中教育是“促进学生从未成年走向成年、个性形成、自主发展的关键时期”，这决定了普通高中承担着为学生升学、就业以及公民素养的培育作准备的“三重任务”，要正确处理和平衡三者之间的关系，普通高中教育的基础性定位及其奠基任务决定了其特色创建必须是基础之上的特色，不能脱离了基础性来创建特色，否则就舍本逐末了。

为此，桂林市第十七中学在特色高中创建之初就成立了学校特色发展委员会，明确了采取“基础渗透特色，生涯成就发展”的创建模式，从学校文化、组织架构、制度完善、课程设置、科研引领、队伍建设、资源整合七个方面，在本末相宜中寻求高中多样化和特色化，实现育分与育人的合理平衡。

（一）顶层设计，整体谋划学校特色发展

学校召开特色学校发展研讨会，构建“一会三中心”组织架构，即学校特色发展委员会，学生发展指导中心、教师发展中心、课程发展中心，以保障特色学校的创建；明确提出创建特色学校，要抓党建工作品牌化研究，把方向、管大局、重民主、抓班子、带队伍、保落实，为学校高质发展赋能；教师在创建特色学校过程中要六重：重学习、重创新、重融合、重制度、重成功、重参与。

坚持特色学校创建四个原则：第一，方向性原则，用社会主义核心价值观引导学生进行学业规划和人生规划；第二，主体性原则，坚持“以生为本”，引导学生认识自我，发掘自身潜力，成为符合社会主义新时代人才要求、有明确人生方向、有生活品质的人；第三，实践性原则，结合校情、教情、学情，开展“基础渗透特色，生涯成就发展”的实践活动；第四，协同性原则，充分利用校内外资源，形成学科融合、家校共育、多方参与、路径多元的特色学校高质量发展格局。

坚持高中生生涯规划教育“五有”目标：第一，对自己有了解；第二，对学习有动力，了解目前的学科学习、课外活动和未来生涯发

展的关联与影响，激发学习动机，强化学习兴趣；第三，对社会有认知，了解当代社会的职业构成，对各行各业有基本的认知和了解；第四，对未来有期待，建立积极的生涯发展信念，对自己的未来有积极、好奇、自信的态度；第五，对他人有关怀，认识自己的生涯角色，平衡角色任务要求，理解父母、老师等人的期待和要求。

高中的多样化发展是承认学生差异，提供多元化选修课程，在体验中让学生认知自我特质，从而进行人生设计。作为西部城市普通高中，学校在多样化发展中不可能面面俱到，必须通过特色化带动多样化。机器人制作是学校的优势，科技教育是学校的特色，从生涯规划的视角，引入航空行业背后新工科的职业规划，让学生学会选择适合自己发展的应用型本科专业，用生涯规划教育推动特色普通高中发展。

(二) 学生发展指导中心的核心任务是落实融合育人

将生涯规划教育、家庭教育、心理健康教育、学生发展性评价融入学校向美德育体系的建构中，立德树人，为学生的生命浸润红色的底色，让学生身心健康成长。根据学校实情，2020 年来学校开始探索主体育德的“二三一”德育模式，“二”即通过邀请教育模式，创建平等民主温情的生生关系和师生关系，尊重和邀请学生参与学校各项活动；“三”即通过打造向美德育课程体系：德之美、强之美、行之美、雅之美、梦之美，培养智育好、体育好、品性好的三好学生；“一”即通过学生评价的荣誉制度，树立学生面对困难敢于挑战的人生积极态度，形成了主体育德管理模式。

教育从尊重学生开始，尊重学生从校园温情入手。比如提出邀请教育，主动邀请学生参加“五育并举，向美笃行”37 项课后选修课，在培养兴趣中，将学校变成学生最向往的地方；每个季度举办校园吉尼斯挑战赛，内容由学生定，让学生为荣誉而战，在微小的精彩之处寻求成功，期望他们能在成功中自信、自尊、自强，最后在成功中成功。比如师生问好的礼仪，号召学生在问好时，要主动告知自己的班级和姓名，尽快让校长和老师认识每一个学生，进而给予学生最基础的安全感和归属感。

生涯规划教育要结合学校特色发展，融入学校主题月活动体系中，做学悟三合一，教会并赋能学生登高行远的思维、能力与工具，在赛道中不断地让学生成功，为学生的生命加注绿色的活力。针对学生元认知较弱的情况，学校从劳动教育入手，让学生在学会劳动中，形成做事的程序定制和优化。这不仅提升学生元认知，而且做事的程序定制和优化的能力可以迁移到学习中，提升学习能力。针对学生毅力较差的问题，学校在课间操时段推行花样跑操，用体育锻炼训练学生坚持做好每一件小事。针对学生动手能力强的特点，面向全体学生开设科技教育三级课程，底层是通用技术课程，“做中学”；第二层是校本课程机器人制作，“用中学”；第三层是航空项目课外选修课，“变特长”。

(三) 教师发展中心的核心任务是科研攻坚，为特色发展提供智力支撑

学校承担自治区党建研究专项课题“‘立德向美党旗飘’党建工作品牌化建设实践研究”，进一步加强了党建工作与学校特色发展工作的高度融合，建设温情校园文化，打造“立德向美”的学校，从各方面为学校高质量发展赋能，成为引领学校课题研究方向的指挥棒。

学校将生涯规划教育课题的研究作为主攻方向，在生涯规划课师资培训的同时，定期为青年教师和有教育情怀的教师进行教师生涯规划自我设计的专题讲座，将教师的职业规划与学校发展相融合。2021 年、2022 年连续两年，我校都评出一名正高级教师，实现了正高教师零的突破。十七中教师队伍在温情中成长，在创新中成才。

2018 年至 2020 年间，学校开展市级以上课题研究 18 项(立项的有 10 项结题 + 立项的有 17 项)，获得自治区教育教学成果奖 1 项，市级教育教学成果奖 3 项。2021 年 4 月 22 日，学校面向桂林市所有科研主任举办科研示范校开放日活动，对科研成果进行全面推广。

论文方面也取得了丰硕的成果。学校教师在《广西教育》《新教育时代》《新课程报》等各级刊物上发表了论文 15 篇，获桂林市教育教学论文评比一等奖 54 篇，二等奖 167 篇，三等奖 44 篇。这些课题的研究和论文的撰写，不仅提升了教师的理论水平，也是我校创建自治区“科技教育”特色高中的教学质量提升工程、育人模式创新工程、学校治理优化工程、办学特色提升工程的重要举措。

(四) 课程发展中心的核心任务是课程优化，为特色发展奠基

生涯规划教育要融入课程体系，着眼未来能力的培养，根据办学目标，开发适合校情的教材，并用好教材，训练学生面对未来所需的“三感三力”(即共情力、故事力、整合力和设计感、娱乐感、意义感)，授人以“鱼”——“渔”——“筌”。

在授课中不仅要教给学生相关的生涯规划与发展理论，授人以鱼；还要教给学生获得知识的方法，授人以渔；更重要的是提供给学生学习的工具、资源、学习手段，授人以筌。

教学内容上，依据学校的活动进行调整，比如段考后教会学生如何正确与家长沟通，请家长参与家长会。比如模拟选科前，我们进行三个选科专题的讲座，教会学生认识自我优势、专业与兴趣的关系、学会最佳选择的技能。

教学形式上，生涯规划课的老师更多的不是讲解，而是倾听和欣赏。课程中运用编演情景剧、心理游戏、讲故事等方法，让学生在体验中明理。班会课是生涯规划课的延续，弥补了时间上的不足，产生了更好的教育效果。

专业选择中给学生高考志愿填报相关的网站，让学生查询自己想学的专业内涵，通过

与专业相关的行业生涯访谈对想从事的职业有一些感性的认识，形成个性化作业。

在生涯规划教育课题研究中，学校尝试用 MBTI 性格测评的认知行为偏好，进行高一年级分班和选科指导。比如学科中数学、物理、政治属于直觉型学科，而历史、化学、生物属实感型学科，所以学校尝试将 NT 和 NF 型学生放到一个班，ST 和 SF 型学生放到一个班，这样自然形成了物理强和历史强的班级。在选科咨询中，将学生人文素养和科学素养的培养与 MBTI 性格测评结果结合，预测哪些组合更适合学生发展。这样不仅收到选科集中、走班少的效果，而且破解了薄弱学校走班教室和师资紧缺的难题。

学校在特色化发展中最重要的改变是开设家长生涯规划课堂。舒伯的生涯规划理论中将人一生的发展分为五个阶段，每个阶段都有固定的人生课题探索。通过家长生涯规划课堂，绝大多数家长明白在自己成长的过程中缺失了相应阶段的人生课题探索，明白了在育人与育分当中应该有一个平衡点，从而大力支持学校的各项教育工作，真正达到了家校合一的教育效果。

结合学校实际情况，组织编写《高中智能机器人基础培训》(普及校本课程)和《高中智能机器人竞赛培训》(竞赛校本课程)，面向全体学生开设机器人课程，经历“普及——提高——创新”三个阶段的学习与实践，培养学生良好的科学素养、信息素养、创新精神。学生在设计和制作智能机器人的过程中，提高了程序思维能力、动手动脑能力、实践创新能力、团结协作能力；编写《赓续山水诗韵，传承诗文传统——中学语文古诗校本课程开发与教学创新实践》，研发“中国古代山水诗选读”“中国古代诗歌文化史”“唐宋文人桂林诗词雅集”校本课程，解决了学生古诗基础薄弱和学习兴趣低的问题及“国学热”背景下需求增大的问题，解决了培养中学生高尚审美情操难的问题，解决了学生学习古代诗歌不得法、教师教不好的问题，使学生人文素养得到了提升；编写《高中物理学科随堂练习设计的研究》，研发了《高中物理手册》校本课程教材，解决了本校学生基础差，无兴趣，没信心，怕物理的问题；编写了《环境教育校园劳动实践》校本课程教材，使学生获得环境知识，认识环境问题，培养良好的环境意识，提高解决环境问题的技能，树立正确的生态观，积极参与到保护环境的行动中来，成为具有“全球思考，当地行动”的有责任感和能力的地球公民。

学校和高校积极合作，先后与桂林电子科技大学机械学院、信息工程学院，广西师范大学，桂林航天工业学院，桂林师范高等专科学校签订了合作意向书，与桂林航天工业学院签订生源基地校，与西南航空职业技术学院、绵阳飞行职业学院签订航空专业联合培养合作协议书，与中国宇航学会广西航空航天理事会签订会员单位，在航空航天科技教育上充分利用高校师资技术资源，使学校的科技教育活动迈上了更新更高的台阶。

四、西部城市普通高中实现多样化特色化高质量发展的几点思考

我国著名教育家顾明远先生指出，要建设高质量教育体系实现教育现代化，基础教育工作者任重道远：一是要为实现第二个百年奋斗目标培养高质量的创新人才。今天在校的学生就是实现第二个百年奋斗目标和中华民族伟大复兴的骨干力量，我们要把他们培养成有理想信念、真实本领、奉献精神的德智体美劳全面发展的社会主义建设者和接班人。二是遇到百年未有之大变局，国际竞争日益激烈。国际竞争说到底是人才的竞争，只有培养有家国情怀、国际视野、创新思维和创新能力的人，才能顺应这个时代的变局。三是科学技术的发展正在引起教育的变革。我们应面向未来，基础教育需要转变教育观念，科学适当地利用信息技术，改变人才培养的模式，充分发挥学生的潜在能力。

西部城市普通高中要实现多样化、特色化高质量发展，实践中还有不少亟待破解的难题，或者说是教育改革深水区根深蒂固的壁垒问题，在教育资源相对匮乏的地区呈现出更为突出的艰巨性。因此，在我看来，西部地区的普通高中未来走向特色发展要强化“六个重”。

一、重学习。华东师范大学陈玉琨教授说教育要依时代而变。西部城市普通高中校长需要立足“变”与“不变”的辩证视域，探寻中国式教育现代化道路发展与嬗变的内在逻辑理路，阐述其创新性，解释其合理性，探寻其可能性。要带领全体教职员工立足学深《中国教育现代化2035》和习近平总书记关于教育的重要论述，吃透学校积累的精神文化和传承下来的优秀经验。

二、重创新。要创新办学与教育思维模式。创新的前提是分析形势，认清挑战；梳理问题，找到差距；研究优势，形成动力；形成机制，确定路径；结合校情，制定目标，课题研究要集中力量办大事。

三、重融合。要关注融合，补齐短板。领导要想教师之所思，解教师之所困。教师要关注学生和家长层面的思和困。德育要创造人人都有出彩的机会，教学补短，信息融合，学科融合，多集体备课，少一枝独秀。

四、重制度建设。学校制度的建设是一个自上而下、自下而上的交汇体现，既要体现国家的教育政策，又要体现民主意愿。校长不应是制度的制定者，教代会才是。要使全校师生共处一个阵营，共同打造学校的秩序和维护学校的尊严，重点在制定好适合学校特色发展的教育质量评估标准、教师和学生发展性评价体系。

五、重成功。高质量发展是做出来的，不是等来的，要积小胜为大胜。随着时代发展，信息化、智能化、一体化等趋势正在驱动区域经济快速转型升级，人才培养模式急需进一步变革创新。这一个过程，需要积小胜为大胜，积微成著。

六、重参与。要动员全员参与。学校的变革不只是学校领导的事，而是上至校长、下至门卫、内至教师、外至家长、里至校内、面至企业和社区，围绕学生的自主成长，形成四位一体的学校教育生态系统。全体师生应有共同的价值观，应内心认同制度管理，共创主动担当，通力合作，主体责任、监督机制协同实施的特色学校氛围。

参考文献

[1] 顾霁昀. 普通高中特色发展路径研究[D]. 上海：华东师范大学，2022.

[2] 宋晓. 高中生生涯规划教育的现实困境和对策研究[D]. 重庆：西南大学，2020.

[3] 朱丽. 特色普通高中创建应处理好的四对关系——基于上海市特色普通高中创建实践的分析[J]. 上海教育科研，2021(10)：71—74.

[4] 腾洋. 试论家庭教育与学校教育的合作边界[J]. 当代教育科学，2022(02)：17—24.

3. 区级实验性示范性高中特色多样发展的构想与实施
——以上海市彭浦中学为例

陈佳彦

提　要： 上海市彭浦中学通过深刻认识国家深化基础教育改革的思路，从上海市中考改革看基础教育内涵建设要求，从静安区教育改革项目看学校育人方式改革前沿，进而明确方向，延展学校信息化特色和学生多样化发展的办学追求。一是进行了学校内涵发展阶段性顶层设计；二是合力开展学校龙头课题“指向学生创造力培养的大单元教学设计和实施的循证研究”，促进课堂教学质量再提升；三是聚焦育人目标，丰富彭浦中学课程，打造立体的课程体系；四是发展彭高学子的 N 项体验，为学生提供提升志趣的学习经历；五是提升师资队伍发展，提供教师绽放机会，开设“彭博”大先生讲坛。

作　者： 陈佳彦，上海市彭浦中学校长

1949 年，新中国成立，结束了中华民族百年屈辱的历史，举国上下，山河生辉，百废待兴。在 20 世纪 50 年代，上海市工业进入新的发展轨道，大批重要机电工业大厂落户走马塘以南的原彭浦乡地区，形成了一个新型工业区。

为满足工人们的居住与生活需求，1959 年彭浦新村开始规划和建造，彭浦新村这个充满朝气的工人新村犹如一颗耀眼的明珠，为广大工人兄弟姐妹带来了幸福与自豪。党和政府高度重视职工子弟的教育，1963 年上海市彭浦中学建校。

这所由工人子弟集聚发展而来，静安区北部、彭浦新村街道的一所区级实验性示范性高中。历年来先后被评为上海市安全文明校园、上海市花园单位、上海市普教系统德育工作先进集体、上海市国防教育先进基层单位、国家二级科技事业档案管理单位、上海市家庭教育指导实验基地、上海市家庭教育示范校、上海市心理学会德育心理学专业委员会团体会员单位、上海市和静安区“绿色学校”等。

如数家珍的荣誉背后既有跌宕起伏，也有区级实验性示范性高中发展的困惑和困难。“没有分数就没有今天，只有分数就没有明天。”这就是教育同仁常讨论的“数值”和

“素质”的问题。基于党和国家对于人才的需求，在现今中招、高招政策的推动下，区级实验性示范性高中特色化多样化发展可以有哪些做法？基于这个问题，我以宏观政策作为切入口，以上海市彭浦中学为例，通过“识变、应变、求变”探索如何积淀、沉淀校长的办学主张，奠基“特色化多样化”再发展。

一、国家宏观政策与市、区中观策略指引学校发展方向

(一) 深刻认识国家对于基础教育的重视和深化改革的思路

2014 年 9 月，《国务院关于深化考试招生制度改革的实施意见》发布，正式开启新一轮高考改革。2019 年 6 月，国务院《关于新时代推进普通高中育人方式改革的指导意见》；2019 年 6 月，《中共中央国务院关于深化教育教学改革全面提高义务教育质量的意见》；2020 年 10 月，《中共中央国务院关于深化新时代教育评价改革总体方案》；2021 年 2 月，上海市《关于本市新时代推进普通高中育人方式改革的实施意见》……

从这几份密集而又高规格的文件来看，国家在“完善考试形式和内容：完善高中学业水平考试、深化高考考试内容改革”“深化考试命题改革：创新试题形式、加强情景设计。增强综合性、开放性、应用性、探究性试题”“完善考试招生制度：坚持以课程标准为命题依据，不断提高命题水平”“深化考试招生制度改革：稳步推进中高考改革，构建引导学生德智体美劳全面发展的考试内容体系，改变相对固化的试题形式，增强试题的开放性，减少死记硬背和机械刷题现象”等几个方面均下大决心、花大力气，国家政策直指基础教育内涵发展，育人方式变革势在必行。

(二) 从上海市中考改革看基础教育内涵建设要求

2018—2021 年，上海市教委依次出台了实践者俗称的“1＋3”文件：即中考改革规范性文件《上海市进一步推进高中阶段学校考试招生制度改革实施意见》(沪教委规[2018]3 号)；3 份配套文件：关于“考”的文件《上海市初中学业水平考试实施办法》、问答；关于“评”的文件《上海市初中学生综合素质评价实施办法》、问答；关于“招”的文件《上海市高中阶段学校招生录取改革实施办法》、问答。上海市中考改革文件全部落地，如理化实验标准化考试、跨学科案例分析(地理生物结合)、历史和政治试题变化、英语听说测试……如市实验性示范性高中自主招生、名额分配综合评价录取……这些初中考、评、招的文件已成为指导、倒逼初中教育内涵发展和引导高中招生改革及育人方式变革的方向标。

(三) 从静安区基础教育部分项目看学校育人方式改革前沿

在静安区基础教育改革项目中，我们重点关注：

1. 2020 年 7 月，静安区成功申报基础教

育国家级优秀教学成果推广应用示范区。2023年2月10日—12日，在北京举行教育部、中国教育学会“基础教育国家级优秀教学成果推广应用展”，静安区作为行动突出、成效明显的示范区出席会议。

2. 2021年1月12日，第一教育刊登《“三箭齐发”，静安要拉区内所有高中“躬身入局”》，三箭分别为：

(1)《静安区普通高中分类协同发展的建设要点》(静教基[2021]1号)，提出创建学术性高中、推进特色普通高中、优化实验性示范性高中。

(2)《对标“双新”发布实施方案》，静安开展6项深度教学研究，即指向强基计划的高中资优生培养研究；基于发达地区相关学科能力标准研究；高中英语两社新教材同学同教的研究；提升学生核心素养的课堂教与学研究；探索区域融通协作共建育人机制研究；发达城区优化教师关键行为行动研究。

(3)组建静安区数理学院。针对区域内数理资优生的早期发现和培养，举全区之力，合力培养学生并激发区内学制、学分变革的可能性。

3. 2022年底，借“静安教育学术季·第六季”之机，静安区教育局首次以凝练推介的方式推广教学成果，促进了静安区2022年获得上海市基础教育教学成果5项特等奖、8项一等奖、9项二等奖。

综上可见，由“基础教育教学成果”到营建“高中分类协同发展”的教育生态，再看“双新”课改的课堂教学、机制调整，又回到“基础教育教学成果提炼”，其中一定是基于学校内涵建设，促进育人方式变革，静安中学教育着眼(1)发自内心的教师专业发展；(2)复杂而生动的教育教学综合改革(即抓住核心的课程教学、评价、管理综合改革；走向未来的教育技术赋能教学；教、学行为融合综合实践活动；深入专业本质的学科教学研究)；(3)“推陈出新”的教学方式、组织形式改革；(4)“难啃的骨头”教学评价改革，4个方面7个点位促进静安教育教学相学相长，直指“国”的需要，“人”的成长。

那么，作为相较市级实验性示范性高中招生、课程、资源等都不占优势的区级实验性示范性高中，摆在我们面前的是更需要“明者因时而变，知者随事而制”的学校内涵建设，以此回应新背景、新要求下学校的新作为。所以，学校积极对接区域“提升学生核心素养的课堂教与学研究”这个系统工程，探索如何“优化实验性示范性高中”，促进老百姓口中“家门口的好学校”“特色化多样化”再发展。

二、老牌区级实验性示范性高中特色化多样化发展再行动

“县域高中是县域基础教育的龙头，是连接城乡教育的枢纽，寄托着广大城镇农村学生接受更好教育的美好愿望。”贵州省政协委

员、贵阳市第一中学校长曾强对记者说，全国县域普通高中占比超过 50%，县中学生占比近 60%，贵州省占比更高。在县域发展中，振兴县域普通高中的重要性不容忽视。”当下，在国家呼唤发展县域高中的背景下，虽不能简单进行概念匹配，但我们也要看到上海市区级实验性示范性高中的历史作为和现实困惑。市、区两级实验性示范性高中在政策、资源上有所不同，从生源情况上看有所固化，从百姓需求上看期待值剧增。据不完全统计，上海市的区级实验性示范性高中也是各区域招生的中坚力量，基于此，我校作为一所老牌区级实验性示范性高中将明确方向，紧扣“数值”和“素质”，延展学校信息化特色和学生多样化发展的办学追求。

(一) 学校同心圆内涵发展阶段性顶层设计

2023 年是上海市彭浦中学办学 60 周年，也是学校“十四五”发展规划过半之时。在回顾办学 60 年的历程中，我们深刻领悟到学校的发展与改革一定是和国家的教育改革同向同行的，而唯有深化改革，才能实现学校高质量发展。我们要坚持稳字当头、进而有为，紧紧抓住我国教育转向高质量发展阶段的历史机遇，立足于学校深厚的校园文化，对标国家教育政策的基本要求，通过“一体四翼”综合育人行动，营造“彭勃”育人环境；深入开展“十四五”教育部重点课题研究，探究高效的课堂教学；基于国家课程，完善立体的课程体系；为学生提供多彩的学习经历；让教师把成为“大先生”作为教育理想与追求，力求“让每位学生都有出彩的舞台，让每位老师都有绽放的机会”。学校积极推动课堂教学改革，全面提升课堂教学水平和育人质量，实现学校改革再出发。

对标《上海市实验性示范性高中发展性督导指标》从“课程、教学、教师、学生、实验、创新、示范”等 7 个一级指标，10 个二级指标，我校从彭浦中学“同心圆内涵发展阶段性顶层设计”入手，统整办学历程中的经验、现实办学的需求和未来办学的期望，构建学校师生、家长、社会认同的教育内涵发展之路。以学校龙头课题推进课堂教学深度研究、学校教育共性个性研究；以适合学情且激励志趣发展的“厚德　博学　弘毅　尚行”课程推进学校丰富的课程建设；以学生多彩的学习经历促进彭高学生未来发展；以“彭博大先生讲坛”为教师专业发展基点撬动彭高教师更高远的追求和行动，使“对教师的评价”转向“为教师的评价”+“教师自己的评价”+“学生的评价”；最终形成一个专业精进自觉、包容谦和大气、有趣灵魂、创意无限的彭高“彭勃”教育环境。

彭浦中学“同心圆”内涵发展阶段性顶层设计 1.0 版，如下：

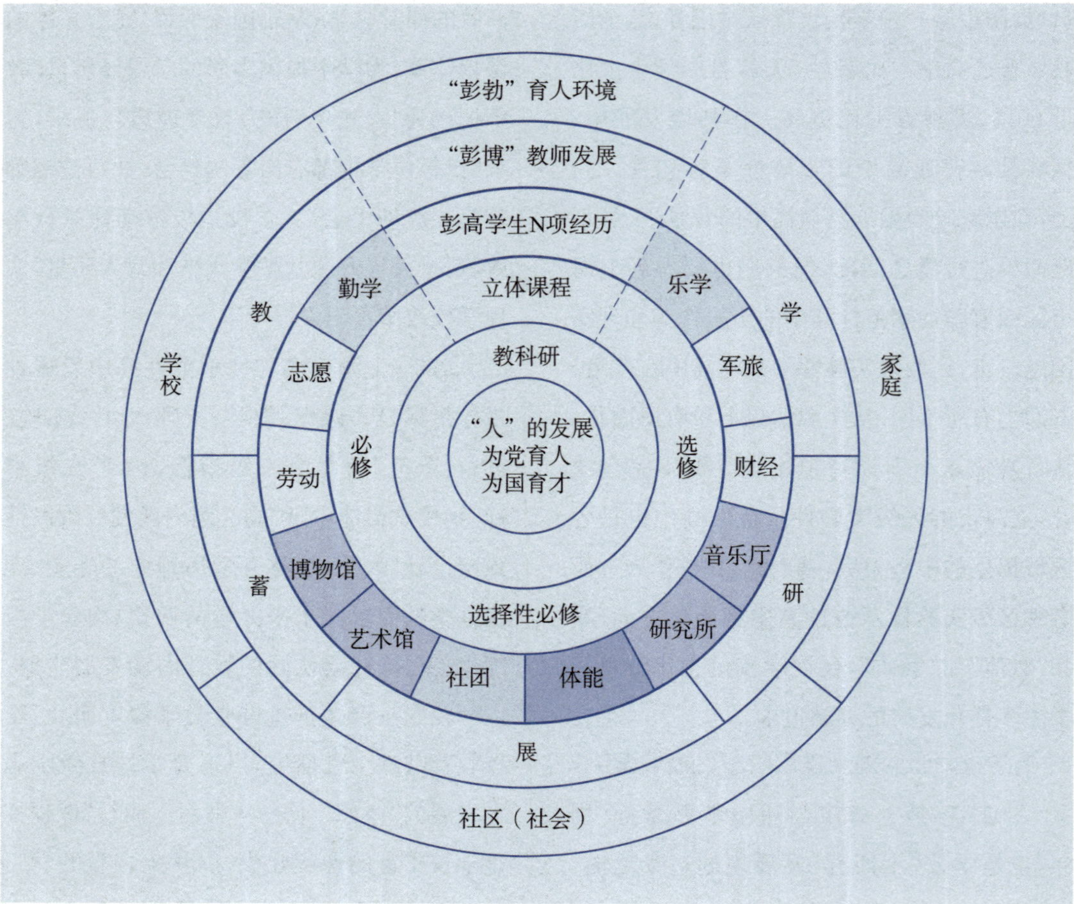

"一体四翼"注释：

在"以人为本　和谐发展"的办学理念指引下，逐步建设将教育因素融为一体的"彭勃"育人环境（场）：即"让每位学生都有出彩的舞台，让每位老师都有绽放的机会"，形成学校、家庭、社区（社会）相融的教育场。

教科研：即课题引领，高效课堂。以"十四五"规划教育部重点课题之子课题"指向学生创造力培养的大单元教学设计和实施的循证研究"见（静教［2023］7号）来激发学校深度教研，激活培养学生创造力的高效课堂。

立体课程：即育人育心，打造课程。（1）厚德课程：以"系统性"厚韧品德；（2）博学课程：以"多元性"广博学识；（3）弘毅课程：以"体验性"弘志毅行；（4）尚行课程：以"综合性"践行成长。

彭高学生 N 项经历：即学生学习，志趣经历。（1）学习的态度与追求：勤学、乐学；（2）涉猎的广度与深度：志愿、军旅、劳动、财经；（3）研究的兴趣与方向：博物馆、艺术馆、音乐厅、研究所；（4）自组织的快乐与担当：社团；(5)意志的磨炼与坚守：体能。

“彭博”教师发展：即师资建设，绽放才情。教、学、研、展、蓄，给予教师发展时空，形成教师专业精进自觉。

(二) 合力开展学校龙头课题“指向学生创造力培养的大单元教学设计和实施的循证研究”，促进课堂教学质量再提升

1. “指向学生创造力培养的大单元教学设计和实施”，看上去只是教学内容的设计和实施，实际上也是一次教育教学方式变革和适合学情的教学内容优化组合的结合。

基于校情，以高中各科教材为本，提炼国家课程中培养创造力的相关内容；基于生源学情，以具体驱动任务群为支撑，以充分开发课内外资源为保障，打造连接现实生活的创造力大单元微课群；解决“真问题”的任务群设计，挖掘、设计日常课堂上创造技能训练和创造性思维训练的实施，努力创建学生的创造性学习样态；积极落实国家课程，为党育人，为国育才。

我们将教学与科研紧密联系、紧密相融，通过“教科研学程资料包”“教研活动”“教科研研讨活动”“教工学习”，力求教学科研不分家。我们探究性使用经过教研组长、教学主任、科研主任等研发的《教学公开课活动申报表1.0版》，促进教学研究的方法性指导、日常积累和阶段性思考。

“指向学生创造力培养的大单元教学设计和实施的循证研究”公开课活动申报表1.0版，如下：

“指向学生创造力培养的大单元教学设计和实施的循证研究”公开课活动申报表1.0版

<table>
<tr><td>教师姓名</td><td></td><td>课型</td><td>必修（ ） 选必（ ） 选修（ ） 其他（ ）</td><td>班级</td><td>高（ ） 班</td></tr>
<tr><td>学科</td><td></td><td>开课课题</td><td></td><td>时间</td><td>月 日 第 节</td></tr>
<tr><td rowspan="6">学校总课题切入方向</td><td>教材处理</td><td colspan="4">创造性组合教材内容（ ） 注重创造性思维培养（ ） 其他：
设计课堂学生学习任务单（ ）</td></tr>
<tr><td>教学设计六要素</td><td colspan="4">情景（ ） 协同（ ） 支架（ ） 任务（ ） 展示（ ） 反思（ ）
其他：</td></tr>
<tr><td>3E设计</td><td colspan="4">探究活动（ ） 课堂表现（ ） 课堂交流（ ） 其他：</td></tr>
<tr><td>观察评价（填空）</td><td colspan="4">学生表现观察维度（ ）
学生过程性评价维度（ ）
其他：</td></tr>
<tr><td>教学资源环境重建</td><td colspan="4">从固定的室内课堂走向开放混合体验的多元化和宽场域的重建（ ）
注重开放、包容、和谐的课堂氛围建立（ ） 时间管理体现（ ）
数字技术有效运用（ ） 其他：</td></tr>
<tr><td>学生创造性思维培养方法</td><td colspan="4">提出问题（ ） 分解问题（ ） 反转问题（ ） 总结问题（ ）
形象思维（ ） 比喻思维（ ） 逆向思维（ ） 模糊思维（ ）
寻找核心概念和关键因素（ ） 选择切入点和注意范围（ ） 优选假设（ ）</td></tr>
</table>

续 表

		改变想法( ) 挑战假设( ) 推迟判断( ) 头脑风暴( ) 模仿( ) 类比( ) 强迫类比( ) 心理图式( ) 随意输入( ) 随意激发( ) 列举项目( ) 列举属性( ) 其他：
	其他	
体现学校总课题实践的简要描述：(限200字以内)		
教研组意见：		

备注：1. 请在课题六个切入方向的( )中打"√"；若表中未列出，请在"其他"后表述。
2. 开课课题请不要选择作业讲评类型。
3. 请开课教师3月 日前将本表格交教研组长，教研组长3月 日前上交教学管理中心。

上海市彭浦中学

2023年3月

2. 课题研究的另一项有效辅助手段，基于课堂教学的研究，我校将梳理小结并继续深化运用"上海市彭浦中学高中生个性化学习支持系统"项目。2022年，教育部明确指出要实施教育数字化战略行动推进教育信息化新领域新模式试点示范，深化信息技术与教育教学融合创新。我校在静安区教育局支持下，从2019年起持续开展该项目，深入落地学校教育数字化转型。以数字化作业流程再造驱动精准教学，为"教"与"学"提供多元化的教学资源、数据的伴随式采集、精细化的数据分析、过程性的学习反馈和个性化的学习支持。

我们将结合指向培养创造力的大单元教学设计，在如何完善作业流程、校本题库建设和数据分析应用展开讨论，寻找技术研发和教学需求的契合点。各学科下一步要持续构建开放型校本题库，完善原有题库功能，扩充公共题库，完成校本资源库的备份，实现资源共建共享，支持和保障学校整体因材施教。平台要完善数据统计报告，根据使用者身份智能推送个性化数据，让学校更懂老师，老师更懂班级和学生，学生更懂自己，让数据更好地为"我"所用。完善学生个性化数字画像，通过分析学生的学习轨迹、知识图谱、学科能力等学习数据，构建以学生为中心的个性化学习指导路径。

通过实时记录、跟踪和分析作业过程中的数据，基于多元化的教学资源、数据的伴随式采集、精细化的数据分析、过程性的学习反馈和个性化的学习支持，以数字化作业流程再造实现作业的"设计与布置""分析与讲评""辅导与巩固""教研与管理"，以数据分析撬动作业优化的着力点，找到作业优化的关键点对症下药，不断调整教师教的策略和学生学的策略，从而驱动精准教学，助力个性化自主学习，践行"双减"改革。见"基于数据的作业流程图"。

基于数据的作业流程

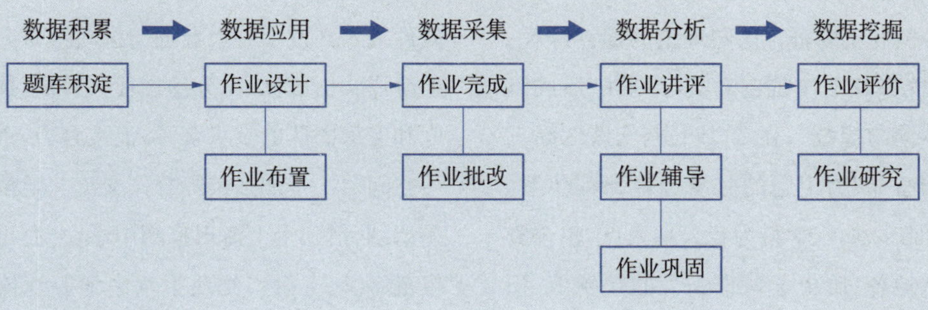

我校将在大单元设计与实施的过程中，持续以作业的"智"变实现"质"变和"量"变，以数据融通课堂内外，逐步实现教师精准教，平台智慧用，学生个性学，打造彭浦中学未来教学的样态。

(三) 聚焦育人目标，丰富彭浦中学课程，打造立体的课程体系

全方位解读学校育人目标"厚德　博学　弘毅　尚行"，将目标融入课程中，在国家课程的基础上，形成厚德课程：以"系统性"厚韧品德；博学课程：以"多元性"广博学识；弘毅课程：以"体验性"弘志毅行；尚行课程：以"综合性"践行成长。

1. 开展"三研"系列的"深度教研"。即研究学生、教材、教法，力行"走进05后的课堂教学研究"。围绕"立德树人""学科核心素养"进行探索研究，以学校开展的公开教学周为平台，进行了关于"立足核心素养、优化课堂教学、提升思维品质、钻研新课程、研讨新教材、研究真问题、大单元教学"等不同主题的课堂教学改革研究，推进教师、学生专业精进自觉发展。老师们积极申报公开课，教研

组、备课组群策群力，汇集集体智慧，使教师“教”有所得。校本化运用“教研九步法”，教师通过精心备课、反复磨课、全力授课、深度反思、教学重现等加深对课程规划与设计、组织与实施、评价与研究的认识，提升了专业水平和职业幸福感；学生通过积极体验、认真思考、合作探究、表现自我，增强了批判性学习的思维品质，激发了创造性思维，规范了学习习惯，在真实的、自主的探究过程中将学习兴趣发展到职业志趣、从能力培养到素养提升，提高了学而有成的愉快感和获得感。

2. 积极建构符合认知理论的德育课程。结合学校德育工作特色和实际，现已形成以高一“认同与规范”、高二“成长与实践”、高三“理想与奋斗”为主题的分层德育课程体系。此外，学校以加三学科为育人切入点，整合资源，在区地理、历史学科带头人的带领下，积极探索和开发学科德育课程，以课堂为主阵地，挖掘自然地理、人文地理中的相关德育素材，将德育落实到学校教育教学工作的方方面面。学校将心理健康课程列入课表，不断完善课程内容，心理课让学生不断正确认识自我，增强自我调控、承受挫折、适应环境的能力和学法指导，培养学生健全的人格和良好的心理品质。

3. 志趣引领开展生涯规划教育。2017年以来，学校探索运用“工作坊模式”常态化开展生涯教育，引导各方参与，凝聚团队合力，形成长效机制。发挥“未来开拓者论坛”之生涯讲座这一特色，学校每年邀请法治副校长面向学生开展法治教育讲座，邀请学校原校长、特级教师、中学生心理研究专家为全体教师开展“教改”背景下生涯辅导主题讲座。

值得一提的是，2023 年 4 月 27 日，学校为激发学生学习志趣，开启邀约制校际联盟学生开放性课题的“研、学、展”活动，这是彭浦中学学生以“学术”的态度走出教室、走进社会的好的开端！其特点在于：一是促进资源整合共享。学校积极联系静安区彭浦新村社区、静安区家庭教育指导中心、上海计算机软件技术开发中心大数据与区块链研究所和上海译文出版社，充分挖掘社会力量、技术智库和专家团队的宝贵资源，汇聚合力，重构学习空间。二是加强校际合作交流。学校通过邀请制，请到了上海田家炳中学、上海市久隆模范中学、上海市闸北第八中学等学校共同参与，大家互学互鉴、经验共享，为各校的教育教学发展提供了新的启迪，达到相互学习，共同成长的目的。三是找准路径精心开发。学校聚焦“开放式”“研究性”和“过程性”，通过引领高中生沉浸式学习和体验式学习，彰显了学校办学的勇气和智慧，又突出了悦纳的胸怀和积极的行动。

学校生涯教育通过“五位一体”方式，形成“学校牵头、学生受益、教师支撑、家长满意、社会认可”的中学生生涯教育新格局，提升各方对生涯教育的认识和认同感，提高中学生生涯教育的科学性。

4. 提升“浦汇坊”家庭教育研究能力。

为更好地融合家庭教育力量，共同打造育人环境，丰盈学校立体课程，作为上海市家庭教育示范校，自2017年起全面建设“浦汇坊”家庭教育研究工作坊。“浦”意为彭浦，“汇”意为汇集优质资源，取自“普惠”的谐音，旨在建立普适性并惠及学生和家长的家庭教育工作坊。通过创建“三角稳固型”支持系统，即(1)“浦汇坊”家庭教育品牌制度；(2)建设“浦汇坊”三类课程资源；(3)提升教师家庭教育科学指导力。“五个一”组合式工程，即“一厅一室一廊一台一堂”，(1)设立“家长会客厅”，加强家校社合作信任感。(2)组建“校园导师研究室”，发挥学校专业指导力。(3)联结“家委沟通廊”，构筑家校社交流沟通桥梁。(4)设立“资源交流台”，提升家校社合作课程领导力。(5)拓展“校外实践堂”，推动家校社协同育人反思行为。学校结合《上海市0—18岁家庭教育指导内容大纲》，建立起了两套较为完整的家长学校课程体系，包括为期6课时的各年级分层辅导、为期15课时的家庭教育通识指导讲座。努力形成学校、家庭、社会互相配合、互相补充、相互促进的育人协同机制。

(四) 发展彭高学子的N项体验，为学生提供提升志趣的学习经历

根据学生学情，师生共同倡导和设计彭高学子“爱上彭高”的N项(12 + X项)经历。值得一提的是，这是学生提升学习志趣且可以因人、因时而异的学习体验，学校要培养学生选择和担当的能力，给予学生改错和追求优秀的可能。

1. 学校将彭高学子的N项经历与日常教育教学相结合，践行陶行知先生“生活即教育”的教育理念：

(1)勤奋刻苦的学习经历；(2)乐学自觉的好学经历；(3)恻隐怀恩的志愿经历；(4)摸爬滚打的军旅经历；(5)汗流浃背的劳动经历；(6)运筹帷幄的财经经历；(7)博物馆的探索经历；(8)艺术馆的鉴赏经历；(9)音乐厅的陶冶经历；(10)研究所的探秘经历；(11)由兴趣到志趣的社团经历；(12)挑战自我的体能训练经历……

2. 推进学校再发展的学生社团建设，让社团成为培养学生从兴趣到志趣变化的载体之一。学校将根据学习周期特点，上半学期以“理化生科学实验、文史哲寻访活动、信息科技综合实践”为主打内容，下半学期以“自然生命科学、文化社会科学、综合艺术、体育锻炼”为主打内容，激发教师“绽放个人魅力、发挥团体才华”，激励学生“展现个性、发挥共性、增加学养、提升志趣”。

彭浦中学学生社团与学生学习志趣相结合，从社团主打类别入手，提升学生自主管理、合作交流、学习志趣、实践探索的能力，加深彭高学子“厚德　博学　弘毅　尚行”的形象烙印。“上海市彭浦中学2022学年第二学期学生社团课程安排表”(部分)(2023. 2)，如下：

上海市彭浦中学2022学年第二学期学生社团课程安排表							
序号	类别	社团名称	社长	班级	指导教师	人数	地点
1	自然生命科学	趣味数学社团	高际轩	高一(1)班	廖玉婕		教学楼402
2		蓝色星球地理社团	倪昱晨	高一(5)班	陆胜培		教学楼205
3		本草社	张轩怡	高一(7)班	陈诗雨		生物实验室及百草园
4	文化社会科学	观影社	张嘉鹏	高一(6)班	陈博		艺术楼书法教室
5		古典文学社	朱宸	高一(2)班	白云 魏国颖		教学楼403
6		文博社	吴栩蓓	高一(5)班	郝海萍		图书馆
7		心聚会	杨淳依	高一(1)班	高弈宁		321心理教室
8		浦辉电视台	孙稼洁	高一(3)班	李芳 张敏		324电视台录播教室
9	综合艺术	鼓舞彭勃民族打击乐社团	叶开	高一(7)班	杨曼晖		艺术楼鼓房
10		创意衍纸工作坊	沈懿	高一(7)班	王辰琦 严斌鑫		艺术楼美术教室
11		街舞社	梁家妮	高一(5)班	何音		艺术楼舞蹈房
12	体育锻炼	篮球社	周子清	高一(3)班	金超		篮球场
13		羽毛球	安思玮	高一(5)班	陈奕菲		体育馆
14		燃动绿茵	郭覲	高一(6)班	陈彬禹		足球场

(五)提升师资队伍发展，提供教师绽放机会，开设“彭博”大先生讲坛

2023年3月23日，“彭博大先生讲坛”在一种力量和期许中迎来了她的“开讲时刻”！有人一定在问：一所静安区的区级实验性示范性高中“为什么要”“怎么能”有开设“大先生”讲坛的勇气和力量？

1. 为什么要？2016年12月7日，习近平总书记在全国高校思想政治工作会议中强调，教师不能只做传授书本知识的教书匠，而要成为塑造学生品格、品行、品位的“大先生”。这个声音也叩击了我们基础教育工作者的心灵。古时候我们把教书者、识字人都称为先生。当今社会“先生”是对知名人士、知识分子的尊称，杨绛先生，于漪先生……她们的德才让人回想，令人仰望，虽然行难至，但心向往之！我们认为“大先生”是我们终身追求的教育理想，是一个令人神往的“画像”“愿景”，为了一起为“培养社会主义事业建设者和接班人”做点教育人应该做的事，我们冲着那个“像”和“景”不断地去努力、去探索、去接近……也许不能成就，但心向往之、行向往

之。正如我们彭浦中学一位老师所说:“我们称陶行知‘大先生’,称鲁迅‘大先生’,心里无限敬仰过,无限憧憬过。……今天再描‘彭博大先生’的愿景,也许更加激励我时刻怀有家国情怀,不忘育人担当,而后追逐这样的梦想!”

“彭博大先生讲坛”只是我们教育发展的一个基点,基于彭浦中学多年积淀蓄势后迎来办学一甲子的新节点,基于静安区、上海市教育发展规划新布局和国家教育发展战略新调整,彭浦中学在高中特色化多样化办学和静安区学术性高中、特色高中、实验性示范性高中分类协同发展的大格局中,主动回应新时期实验性示范性高中多样化发展的命题。

2. 怎么能?怎么用好这个支点,“开”好这个讲坛呢?“彭博大先生”讲坛,“彭”,取彭浦中学“蓬勃生机”之情;“博”,取校训“厚德博学”之意;“大先生”,取格局宏大、志趣高远的之思,但更有丰子恺咏柳之切:“因为柳树:越长得高,越垂得低。千万条陌头细柳,条条不忘记根本,常常俯首顾着下面,时时借了春风之力,向处在泥土中的根本拜舞……我不嫌它高,为了它高而能下,为了它高而不忘本。”“大先生”,取忠诚学术、博学多能之味,但更能深悟李政道对于学问的精辟论述:“做学问,要学问;只学答,非学问。”为成“彭博大先生”,为了学生,我们不懈努力!

我们将以彭浦中学师者的“愿景画像”作为一个支点,将以破解教育难题的勇气,四两拨千斤的智慧,用“彭博大先生”的行为和魅力创设彭高学子 N 项“彭”“高”经历,推动彭浦中学未来发展。学校将系统地把品行端正、学识渊博的行业专家、教育同行、本校教职工、家长、校友编排入校入课程,开展学习交流、实践印证,从不同视角、不同领域,用丰富的声音打开学生乐知的心灵,用专业的力量推动教师专业成长。这一做法更是吹响推动学校提升教育研究能力、润泽丰富课程,进一步走近学生、家庭、社区,为党育人为国育才新的号角。

彭浦中学全体教职工在新的起点上做好了再出发的准备!我们将借“彭浦大先生讲坛”这个基点,力求“让每一位学生都有出彩的舞台;让每一位老师都有绽放的机会”!这一做法将对接学校教师分层培养目标,希望通过一年期的见习教师、2—5 年教龄的职初期教师、5—15 年教龄的成熟期教师和 20 年以上教龄的专业期教师等四个发展梯队采取不同培训方式,进一步打造学校优秀的教师队伍,整体探索学校教师培训和发展的研究与实践,最终形成“彭勃”教育环境。

问对问题才是管理、决策的开始。面对社会对于上海市静安区教育的信任、老百姓对高中学校的期待、老牌区级实验性示范性高中发展的新挑战,站在学校发展新起点上:我们尝试回应区级实验性示范性高中在新时代、新要求背景下如何为“特色化、多样化”再发展奠定基础……相信在国家推动育人方式改革的大背景下,为了每一个孩子的终身发展,每一位上海市彭浦中学人都将不遗余力。

4. 县域农村高中转型发展的实践与经验

顾庆华

提　要：作为一所具有 70 多年办学历程的县域农村高中，曲塘中学正处于转型发展期，机遇与挑战并存。学校从传统经典中汲取“有无相生”的智慧运用到办学实践中，从政府支持、文化引领、德育实践和人文管理四个方面，探索出一条适合学校发展的有效路径，为振兴乡村教育提供宝贵经验。

作　者：顾庆华，江苏省曲塘高级中学校长

江苏省曲塘高级中学(以下简称为曲塘中学)始建于 1952 年，已有 70 余年办学历程，是一所在厚重历史和现代文明的交织中不断实现“蝶变”的乡镇高中。现阶段正面临城镇化虹吸效应、地理位置偏僻、优质生源师资不足等方面的严峻挑战。学校秉持“丹诚”教育理念，从传统经典中汲取“有无相生”的智慧，充分利用政策红利，调动各方资源，挖掘乡土文化资源，守正创新，着力打造乡村教育的现代典范，实现从“无”处始，在“有”中成的办学追求。

一、惠泽无尽：乘政策扶持之东风

教育事关民族兴旺、人民福祉和国家未来，教育事业涉及千家万户。教育是国之大计、党之大计。党的二十大报告首次把教育与科技单列，把教育、科技、人才作为一个整体性的重大问题单独论述；明确提出，教育、科技、人才是全面建设社会主义现代化国家的基础性、战略性的支撑。二十大报告指出，坚持以人民为中心发展教育，加快建设高质量教育体系，发展素质教育，促进教育公平。

在党的二十大报告的精神指引下，自上而下，各级政府出台了一系列的政策助力教育事业的发展。2023 年 2 月公布的国家乡村振兴局《关于落实党中央国务院 2023 年全面推进乡村振兴重点工作部署的实施意见》中指出，在巩固拓展脱贫攻坚成果同乡村振兴有效衔接的关键之年要扎实推进乡村发展、乡村建设、乡村治理和农村精神文明建设，推动巩固拓展脱贫攻坚的成果。乡村振兴需要有人才的参与和支撑，而高质量的教育是培养人才的基础。通过提供优质教育资

源，发展高质量教育能缩小城乡教育差距、补齐农村教育短板、促进教育公平、促进城乡教育均衡发展。

对此党和政府早已高瞻远瞩指明了方向。2021 年 12 月，教育部等九部委联合印发《“十四五”县域普通高中发展提升行动计划》，为到 2025 年整体提升县中办学水平制定了系统而详细的发展方案。2022 年的《政府工作报告》明确提出“加强县域普通高中建设”。县中教育是当前县域教育工作补短板强弱项的重点，县中振兴关系到高质量教育体系建设，关系到以县城为重要载体的城镇化建设，在我国教育和经济社会发展中具有战略性地位。县中振兴与乡村办学活力相辅相成，对实施乡村振兴战略、实现共同富裕都有着重要意义。

海安是全国著名的教育之乡。多年来，教育质量一直位于全省乃至全国的前列。教育对县域经济的反哺效应颇见成效，这离不开海安市委和市政府强有力的领导和对海安教育长期的支持。2021 年 4 月，海安市委书记于立忠在市委人才工作领导小组会议上指出打造“五个海安”、建设“五个强市”，包括“教育强市”的发展目标。2021 年 9 月书记在全市教育发展大会上再次强调要进一步强化教育在全局中的战略地位，坚持优先发展、高质量发展，把教育现代化作为县域现代化建设的支撑和引领，大力推进教育强市建设，全力建成全国有声誉、全省居前列、系统有影响、群众有好评的教育强市，努力打造教育现代化县域样板，让海安真正成为县域教育现代化建设的排头兵。于书记还特别提及要进一步提升普通高中教育品质。其中，对我校提出的建设目标是“曲塘中学要积极创建省级高品质示范高中”，于书记的讲话既是鼓励，更是鞭策，也是我校今后努力的方向。

我校在吃透弄懂国家及各级政府的文件精神的同时，也向上级主管部门申请各项惠民政策，抓住发展机遇，改善办学条件，让师生能享受到政策红利。去年恰逢我校建校七十周年，为庆祝我校七十华诞，市委市政府主动关心，拨款近 6000 万元用于改善学校办学条件。该资金主要用于完善办学条件，美化校园环境，提升办学内涵，如建设体艺馆和地理、生物、龙舞课程基地，改造宿舍、食堂、教室、卫生间、地面、外墙面等硬件设施。校庆庆典当日，市委书记于立忠、市长谭真等领导亲临学校并发表重要讲话，在盛赞我校七十年来取得辉煌教学业绩的同时，还勉励我校早日办成高品质特色高中，并表示将继续支持我校教育事业的发展。政府的大力支持提振了学校办学的信心，让我们对未来充满憧憬。

“欲借长风乘势起，敢凭豪气弄潮来。”政策扶持和教育发展有着密切的关系。政策制定和执行对教育的方向、目标、规划以及资源分配等方面都具有决定性的影响。政策可以促进教育资源的合理分配和优化，包括经费、人力、物资等，进而创造有利于教育发展的政策环境，推动教育事业的高质量发展。党和政府的政策和资金扶持对于我校的发展非常重要。一方面，政策可以在法律层面为我校提供保障和指引，促进我校运营的规范和有序；另一方面，资金扶持可以为我校提供物质上的支持，帮助学校改善教学设施，增加教学资源，提高师资队伍水平，提高教育质量和水平，为学生提供更好的教育服务。我校正是乘着党和政府政策的“东风”，在高质量发展的赛道上一路前行。

二、施化无遗：培文化育人之根基

习近平总书记提出：“理论自觉、文化自信，是一个民族进步的力量；价值先进、思想解放，是一个社会活力的来源。国家之魂，文以化之，文以铸之。”文化在育人过程中始终发挥着凝聚人心、成风化人的道德教化和价值引领作用。办好一所学校，是人心所向，要形成文化认同，首先要提炼出自己独特的文化理念。曲塘镇向来以忠勇精神和联抗文化著称，曲塘中学自建校以来以“求是”为宗旨，以“关爱”为特色。在新时期，学校基于曲塘的古镇文化特色以及对学校办学历史沿革提出了“丹诚”教育的办学理念。

“丹”即红色，寓意忠贞爱国，继承发扬乡土传统；“诚”指诚心、真意，特指反求诸良心本心，听命于良心本心之际应有的心理状态。“诚”用以统摄“求是”和“关心”，追溯到儒家思想，呈现新旧交替、继往开来的宏伟气象。《孟子·离娄上》曰“诚者，天之道也；思诚者，人之道也”。“丹诚”二字又“邂逅”南朝沈约的诗句“曲中有深意，丹诚君讵知”，本意为赤诚之心，诗人想问友人，是否能从乐曲中听出自己一片赤诚之心，隐隐有“心有灵犀、心意相通”之意，足见当时主宾欢洽，其乐融融。曲塘中学简称曲中，“曲中知丹诚”，深意存焉，正暗合“丹诚教育”的办学理念，冥冥自有意，“丹诚”既有一心向党，对教育事业的忠诚之意；又契合古镇绵亘不断的爱国革命传统。

学校的课程规划是一个文化寻根的过程，也是面向未来文化发展的过程。为了持续贯彻“丹诚”教育理念，我校将“丹诚”课程的规划和探索紧紧围绕人文素养培育这一核心，秉持“以知识涵养学生，以兴趣激发学生，以人文关怀学生，以能力提升学生”的总体目标，通过资源整合和课程开发适应时代发展和学校校情的全方位多层次校本课程体系。

丹诚人文课程体系包含基础类、拓展类和研究类三大类人文课程，基础类人文课程是指国家课程的必修模块、选择性必修模块中规定学生必须完成的课程，关注人才培养的共性要求和底性准则，面向全体学生的素养培育，让学生具备一个中国人所必须具备的家国情怀、文明教养和生活准则，促进学生身心和谐、德才兼备，为一个“完整而成长”的人奠基。据此，学校开设了课标教材人文课程、人文素养类课程和人文思政类课程。打好中国底色，延续中国文脉，植入红色基因，确保在课程育人方面发挥主导作用。

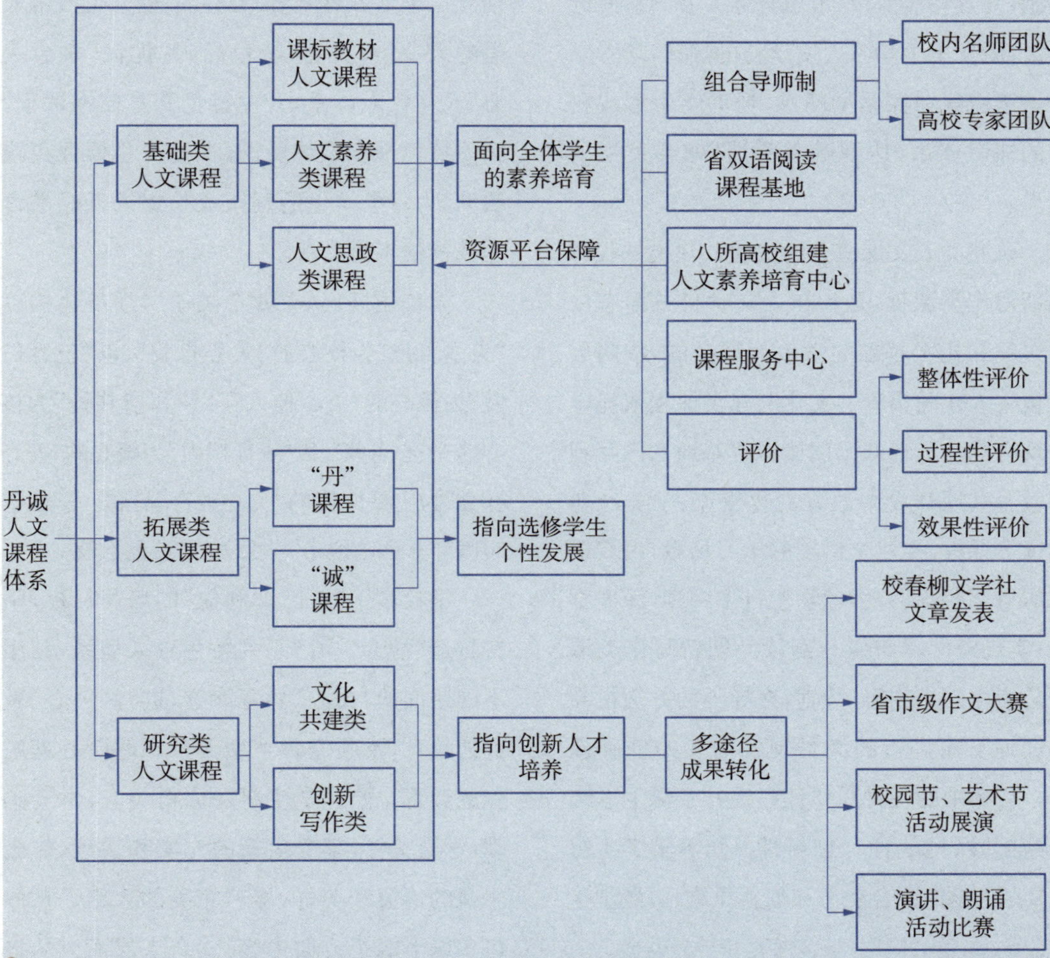

图 1 “丹诚”人文课程体系架构图

拓展类人文课程贴近学生现实，关注学生差异，为学生提供丰富的课程供给，满足学生个性化多元化的学习需求，培养学生的兴趣爱好，指向选修学生的个性发展。拓展类人文课程分为“丹”课程和“诚”课程两类。“丹”课程指红色革命与乡土传统文化类课程。学校就近取材，因地制宜，充分挖掘曲塘镇的传统乡土文化，让学生传承发展，培养其家国情怀，其内容模块主要包括红色革命文化、青墩文化和荷韵文化，让学生亲身经历和参与活动过程，获得学习体验和新的认知，培养学科素养。“诚”课程致力于学科共创和学科融通，由校内名师和高校专家形成组合导师制，开发相应课程，力求打通人文学科间的藩篱，激发学生学习人文学科的热情，培养学生勇于质疑和探索的精神，帮助学生形成科学的知识体系，达到触类旁通、融会贯通的境界。

研究类人文课程分为文化共建类课程和创新写作类课程，是为在人文学科方面有浓厚兴趣和扎实基础的学生而准备的，指向创新拔尖人才的培养。文化共建类课程依托学校现有的江苏省双语阅读课程基地和国际理解教育基地开设中西方文化交流、中英经典阅读等课程，构建全语境的学习场域，由双语向所有学科辐射，引导学生自主阅读，深度学习；实现跨文本跨媒介阅读。创新写作类课程是指由学生构思、策划，在导师的方法指导和训练下而进行的满足现实需要的创新课程。现实中的各种写作任务提升了学生思维的高阶性、挑战性和创新性。培养了学生解决复杂问题的综合能力和创新思维，引导学生学会学习、学会应用、学会探究和学会创造。

学校课程建设质量决定着学校教育质量和学校文化品质。高质量的“丹诚”人文系列课程夯实学生人文底蕴，帮助学生形成带得走的能力和素养，为学生的终身发展奠定坚实基础。

三、德育无痕：铸“关心”特色之品牌

美国著名教育家内尔·诺丁斯在《学会关心——教育的另一种模式》中写道：教育必须立足于培养有能力、关心人、爱人也值得人爱的人。铸“关心”特色品牌，优化“学会关心”人文育人体系，开发特色德育校本课程、拓展特色德育载体资源、丰富特色德育实践活动，为每个学生的健康成长提供良好平台是我校的不懈追求。

学校积极倡导“四个关心”，逐步建构以“自爱自强”为核心的“关心自我”、以“包容仁爱”为核心的“关心他人”、以“和谐共处”为核心的“关心自然”、以“责任担当”为核心的“关心社会”为主要内容的“关心教育”品牌。学校于2018年获评南通市“学会关心”特色学校。

学校基于“正己”“利他”的培养目标，坚持打造“学会关心”系列特色育人体系，利用不同层面的“关心”教育渗透，进行“关心”教育的培育，不断完善学生人格和健康心理的养成教育。要让学生更加懂得关心，学会感动，学会关怀，享受生命的充实和快乐，体会生命的价值和美好，培养完美的人格。具体包含以下四个方面内容：①个人层面。从自我认识、行为修正、素养提升方面入手，加强“关心”培育。②家庭层面。从生活自理、责任分担、情感交流方面入手，加强“关心”培育。③学校层面。加强学校“关心”文化濡染，以课程建设、活动开展为主要形式，了解学生“关心”的发展，加强榜样示范作用。④社会层面。利用劳动教育、回馈社会实践活动，走进养老院、社区，参与志愿活动，让学生感受“关心”行为对社会的价值和意义。近

年来，学校校长顾庆华主持的江苏省“十三五”规划课题“‘和合共生’引领下的‘学会关心’德育实践研究”立项在研，南通市“十三五”课题“农村普通高中‘学会关心’校本课程建设研究”顺利结题，学习强国、中国青年报、江苏教育报等20多家媒体刊登了50多篇有关学校“关心教育”办学实践的报道，学校办学业绩获得社会各界的广泛赞誉。

图2 “学会关心”人文育人体系

学校以“关心教育”为主线，将德育内容校本化、序列化：高一年级对学生狠抓“养成教育”，筑牢学生立身基础；高二年级实施“感恩教育”，巩固学生人品根基；高三年级开展“职业规划教育”，帮助学生追寻自己想要的生活。学校以“四会八做到”为抓手，着力培养学生良好的行为习惯和学习习惯；学校以活动为平台，充分激活学生尘封了的感恩意识，提升学生道德水准与人文素质；学校以榜样为示范，帮助学生在求学过程中进行清晰的职业规划，力求少走弯路。学校把学校教育与家庭教育、社会教育紧密地联系起来，互相渗透，互相促进，协调一致，三驾马车并驾齐驱，从而形成了坚强有力的德育管理网络。

“关心育人”不仅是一种德育课程，更是一种德育行动。学校通过国旗下讲话、爱国主义教育、传统美德教育、法制教育、安全教育、消防演练、主题班会、每日格言、祭扫烈士、关心孤贫学生、关心困难教职工、定期家访等形式，不断加强“关心教育”德育实践，既关心学生生活学习状况，也关心良好的学习习惯和行为规范的培养。学校努力构建和谐文明的校园文化，彰显环境育人的特色。走进曲塘中学，满园五彩缤纷，学生风采、文化长廊、名人名言、精致景观、励志石刻无疑是一部部真实可见的“教科书”，整个校园人文环境温馨，学习气氛浓厚。每位学生都能拥有适合自己的学习环境，拓展了广阔的学习空间。

“要将学校变成关心的中心，我们必须讨论这些事情。不应该这样威胁孩子们：如果不学好数学，那你就只能干那些艰苦的体力劳动。相反，应该诚实地教导孩子们，人生的道路有千万条，有各种各样的方式可以发展自己的才能，可以养家糊口，可以在社会中赢得尊重。种植、修理、服务、关心老人和孩子，这些和舞文弄墨或者管理公司一样重要。”内尔·诺丁斯反复强调因材施教的重要性。我校十分关心学生的个性发展，按照“立一等人品，求一等学识，铸一等体魄”的办学目标，学校组建了春柳文学社、瓦特机器人、西部篮球风等几十个学生社团组织，以促进学生的个性发展；经常开展演讲、征文、校园文化艺术节等丰富多彩的活动，以生为本，促使学生会做人、会求知、会劳动、会生活、会健体、会审美。通过开展“学会关心”德育实践，学生懂得换位思考，校园生活更有温度。

四、润物无声：强人本管理之实效

从教育管理学的角度来看，学校文化是“一所学校个性的高度概括，它从全体师生的活动中提炼出代表性的要素，并像光环一样笼罩在学校之上，从精神上代表着学校”。我校以“人本文化”为切入口，努力寻找文化与管理的结合点，在构建以文化为“纬”、以管理为“经”的立体管理模式上开展了积极的探索，通过构建制度文化、树立领导文化、营造物质文化等多方面努力，学校形成了积极向上的校园文化，以一种无形的精神力量引导、规范、约束和激励全体教职员工。人文管理是曲中人本文化这棵大树坚固的根基。

学校需要完善的制度管理夯实发展的根基，使之规范有序，更需要通过人本化的管理，让教师在和谐的氛围中快乐地工作。为此，学校提出了“人本、民主、务实、创新”的管理目标，把管理定位在对“师生”这一生命群体的关注上。学校建立和完善了各项民主管理制度，出台了师德师风建设、教师专业化发展管理手册，让每个层次的教师之间合作竞争，宽容包涵，资源共享，形成助人、真诚的同事关系，营造出科学化、民主化、人文化的管理氛围，有力地促进了学校的快速发展。我们制定了青年教师周转宿舍申请制度，建立了基于关爱的师生关系评价体系，做到以岗定人，以为定位，优化了人员组合，使人尽其才、才尽其用，人人有事干、事事有人管。实行了以《岗位责任制》为核心的分层管理网络，将管理具体化，做到人人会管理，处处有管理，事事见管理；将管理条理化，把管理的各个环节、各项细节分解到科室、年级、班级、职工，做到没有盲区，没有漏点。在实施管理的过程中，我校也认识到：只有将学校制度管理上升到文化层面，才能建立起既不失原则又不失人本的制度。

为此，我们一方面追求文本规章的合理与完善，另一方面十分重视执行制度时的公平与公正。出台每一项制度，如成立食堂基金会，制定大病帮扶救治办法，都经过教师和学生集体讨论与投票表决的程序，这些规章来自教师和学生本身，符合大家的需要，所以师生员工就能自觉地维护和执行。“以人为本”的制度文化在促进教职工个体发展的同时也推动了学校的整体发展，我校已形成了“大事有法可依，小事照章办事，决策民主透明，管理科学规范”新风貌。

在出台相关人文管理制度的基础上，学校还充分发挥师生的主体作用，创新人文管理举措，开展一系列暖心活动。学校特别关注教职工队伍中从教满 30 周年者和 56 对双职工两个特殊群体，为他们隆重举行纪念庆祝活动。为了提升教职工的健康水平，锻炼体魄，愉悦身心，学校投资兴建了教师活动中心，给大家在工作的间隙提供了一个身心放松的空间。学校地处乡村，不少教师居于县城，不但上下班路途远，而且极易发生交通事故，为解决这部分教师和刚分配教师以及交流教师上班难的问题，学校大力兴建了教师值班用房、单身教师公寓，解决了他们的燃眉之急，也帮助学校留住了优秀人才。此外，我校还出台了“2022 年曲塘中学‘人才 5 条’政策”，组织了各种团队户外拓展活动，建立了校长谈心谈话制度。学校还针对部分学生家校距离较远、交通不便等实际情况，联合海安市公交公司，开通免费直达专车送学生回家。我们在高质量发展这条道路上深入探索，大胆创新，全力以赴，使我校的各项工作朝着“更为人本、更加规范、更高质量、更具特色”的目标前进。

老子在《道德经》中提出了许多关于“有”和“无”的思考。比如，“有天地之始，无万物之母”“有无相生，难易相成”“故有为之利，无为之用”“天下万物生于有，有生于无”，诸如此类，不胜枚举。他认为“有”和“无”是存在于自然界中的两个极端，而“道”则在两者之间。在学校管理中也有一些相似之处，我们不仅需要有效的管理和组织规则，而且需要有对学生的关怀和引导，就像“有”和“无”需要在一定的范畴内取得平衡一样，学校管理中也需要平衡“有”的管理和“无”的自由。在实际的学校管理中，我们需要同时考虑“有”和“无”的因素，在“有无”之间找到一个适当的平衡点，这样才能让学校管理更加有效，同时也能为学生的个性发展和学习提供更好的条件。惠泽无尽是指让师生享有政策改革的红利；施化无遗是指让学生拥有接受高品质教育的权利；德育无痕是指让学生具有优秀的品格和健全的人格；润物无声是指让学校富有人文管理的育人生态。有无相生，从“无”处始，在“有”中成。近十年来，学校无一位教师辞职，无一例有偿家教，无一封信访举报信，无一起学生极端事件，真正做到了“学生无悔，教师无愧，家长无怨”。随之而来的是拥有了良好的社会声誉。曲塘中学在“无”字上下功夫，于“无”悟真机，最终开辟出一条有益有效有为的高质量发展道路。

5. 高中教育教学的主要问题及改进策略

马　健

提　要：新时代高中教育教学改革对于我国教育发展具有重要意义，但当前的教育改革存在多种问题：高中教育评价改革的落实和管理仍需深化，高中教育教学的教育理念和实践机制亟须加强，高中教育促进学生全面而有个性地发展还需攻坚克难。为推进新时代高中教育教学改革与发展，需要重视整体规划，建立学生发展指导制度；更新教学理念，动态优化考核评价体系；完善内部制度建设，促进学校改革特色发展；创新教师专业发展，系统构建长效优质平台。

作　者：马　健，甘肃省陇南市武都实验中学校长

目前，甘肃省基础教育已进入均衡发展、内涵提升、质量提高的新时期。为全面落实立德树人的根本任务，推动育人方式转型升级，深入实施普通高中教育教学改革，需要将工作重点由单一的规模扩大转变到以高质量带动全面发展的核心上。本文旨在对新时代高中教育教学存在的问题进行分析，并在此基础上提出相应的高中教育教学改革推进策略，以期为进一步推进高中育人方式转变、实现高中教育教学高质量发展提供政策参考和有益启示。

一、新时代高中教育教学存在的主要问题

（一）高中教育评价改革的落实和管理仍需深化

目前，在中国高考评价体系的引领下，一方面社会层面对高中教育教学评价的视角短期内仍然以应试教育为主，唯分数论，缺少完全跳出传统框架的观念，导致教育机制内对学校的整体评价没有完全落实在核心价值、学科素养、关键能力、必备知识上；另一方面基层教育主管部门衡量高中教育教学质量的标准依旧是高考成绩，办学者的思维依然是如何提升学生成绩，应试教育观念盛行，而不重视素养、能力和思维品质的提升，抓高考备考的方式只能是通过非常有限的活动和大量的书面练习来夯实必备知识的掌握程度。因此，高中教育评价改革既要为评价方式的落实作出贡献，又要引导高中评价方式多样化特色发展，发挥以评促改、以评促建的积极作用。

（二）高中教育教学的教育理念和实践机制亟须加强

观念为行动的指引，观念是否正确直接

影响教育实践机制的落实。坚持“以学生为本”的教育观念，才能使得教育工作成效显著。新高考改革已经进入快车道，高中教育教学要实现全面的教育，各地各类学校是否能够开展富有成效的育人活动依然受办学条件的严重制约。十分明确的是分数未必等于前途，比分数更重要的是健康、快乐、全面发展。高中教育改革的核心是教育人、人教育、教人育的改变，要强有力地推行落地本土的关键执行人是校长，如教育理念和课程改革要校长全力推行，其对新教育理念的认同、对校本教育现状的科学分析、教育领导规划能力决定一所学校能否实现真正的转变。因此，高中教育教学改革要向新发展、高质量转变。一是要上级主管部门真正做到顶层设计的革新、体制机制大刀阔斧地优化完善，选人用人体系——人事制度、教师职称晋升以及各项考核的大改革；二是要真真切切为校长松绑，跳出条条框框的束缚，紧跟改革前沿，实实在在谋求学校个性化发展，改变唯高考升学率是问的学校评价方式，多元化多维度优化评价指标，鼓励有开拓思维和教育大情怀的校长放手办教育、办学校，持续加大基础教育配套资金的投入，精准科学地推进学校新时代教育改革。

(三) 高中教育促进学生全面而有个性地发展还需攻坚克难

高中阶段正是学生个性形成、自主发展的关键时期，高中教育改革的基础是每所学校的特色化发展，学校的特色化发展则促进学生全面而有个性地发展。学校特色化的建设将有利于为学生提供多样的选择，满足学生个性化发展的需求。《国家中长期教育改革和发展规划纲要(2010—2020年)》明确指出：“坚持全面发展。全面加强和改进德育、智育、体育、美育。坚持文化知识学习与思想品德修养的统一、理论学习与社会实践的统一、全面发展与个性发展的统一。”

促进高中学生全面而有个性地发展，有利于深化教育教学改革，有利于探索学生发展与综合素质间的关系，为学生未来凭借全面而有个性的优势、成为专业性人才奠定基础。当前，我国高中学校办学自主权下放不足，导致特色化发展难以实现。普通高中学校的特色化发展，要求学校根据自身办学条件、资源现状来发展。高中教育教学不应该是标准化的，更不应该提倡集体思维和“去个性化”的教育，而应该培养真正具有思维深度和实践活力的各种人才。

二、新时代高中教育教学改革高质量发展的改进策略

(一) 重视整体规划，建立学生发展指导制度

高中阶段是学生三观形成的最关键时期，其心理行为等在内的问题频频高发，之前学校虽在德育、心理教育和班主任工作等方面涉及了部分学生的发展指导，但各校学生发展指导制度由于理解浅表、策略碎片化和有效资源不足而不成体系，并没有很好地发

挥正向作用。新高考改革落地后，以“促进学生健康成长”为核心价值取向，重点关注学生全面发展、有个性差异化成长，为此构建学生发展制度、常态化推进指导工作显得格外重要。为进一步保障新高考改革向纵深层次高效运转，我们必须建立有效制度、整体规划、系统实施，切实开展学生发展指导。

首先是科学调查，分析供需。采取调查法(问卷、访谈)和观察等方式，对师生和家长围绕学业、生涯、生活指导、教师意愿和效能感等多个维度进行实证研究，分析学生的实际个性化需求和学生发展指导资源现状，并梳理学生发展指导方面现有和急需的人力资源和软硬件资源，形成需求分析调研报告和资源现状分析报告，为制定学生发展指导目标做好基础性工作。

其次是问题驱动，反思推进。针对教师缺乏指导学生的时间和空间以及具体负责人调离单位或部分教师不适应指导工作等诸多原因导致指导工作失去实效性的问题，应及时与师生沟通协调，了解教师在发展指导工作中存在的困惑和难题，及时通过内部协调、共同研讨、合作推进等方式解决问题，进而反思指导工作是否符合设计初衷。

最后是搭台建制，提高能力。一是调动教师对学生发展指导的积极性，组织线上线下培训会，设计面向心理教师、班主任的主题研修和面向学科教师的项目培训。一方面结合出现的困惑系统解读新高考改革相关政策，掌握具体技能和方法，把握如何在学科教学中渗透对学生的发展指导。另一方面详细介绍本校学生发展指导的整体规划，让教师明确指导活动的具体目标、策略途径和自己的职责。二是创建交流平台和对应机制，提高教师指导工作能力，定期组织责任教师对学生思想动态和行为表现进行交流研讨。三是挖掘有效资源进行多轮优化。学生发展是学校、家庭和社会合力的作用，积极争取学校周边社区资源、高校资源和企业资源等社会资源，邀请专家、企业名人、家长代表和杰出校友等到学校开设学生发展指导课程，开展与个人发展规划相关的讲座，或定期组织学生到社区、企业等参观体验。以武都实验中学为例，定期组织学生参观东盛物流园、康神苦荞酒厂、金徽酒业集团、润基水泥等市内知名企业或安排学生参加兰州大学组织的夏令营活动等，让学生在体验中感悟人生发展规划。四是建立学生成长导师制。采用专职与兼职教师相结合的方式，帮助学生处理好兴趣特长、潜能倾向与未来社会需求的关系，解决好高中学习与未来升学的关系，进而为学生选课走班、生涯规划、选科升学提供支持。

(二)更新教学理念，动态优化考核评价体系

随着高考综合改革落地，面对新时代教育多样化、学校特色化和学生全面发展的要求，新时期我们要打破高考成绩为主的片面评价方式，建立以学生发展为主框架的评价体系，强力扭转以高考成绩和升学率来评价学校教育教学工作、评价学生教育成长的错误倾向，聚焦学生的全面发展和个性差异化

成长，为每位学生的成长负责。评价体系的优化改革必须从理念转变和创新发展开始，教育教学质量归根结底应该是学生发展状况的多维呈现，促进学生的全面发展和个性化成长是学校开展教育教学始终不变的初心和使命。

1 评价体系要立足全面

一是在评价方案优化过程中，学校要时刻紧盯学生的品德发展水平、学业发展水平、身心发展水平、兴趣养成和学业负担状况五个方面，系统化收集整理学校教师队伍、教学设施设备、教育教学管理等影响教育质量的相关因素，拓宽渠道吸纳数据分析专业领域的专业人才，利用好现代化信息技术和评价分析手段，用数据说话。二是从顶层设计层面建立新时代教育评价体系，通过借鉴教育教学改革先行省份的成功经验，全面科学地建立评价指标，包括学生品德发展、学业水平、身心健康、特长发展、学校教学管理、学校课程实施和教师专业发展等七个方面，全面提升学校教育教学质量。

2 评价体系要科学可信

评价体系引领推动教育教学发展趋势，高精度吻合改革变化需求，促使学校和一线教师主动革新、全力应对面临的各项挑战，因此评价必须是结果和过程相结合、整体和专项相统一、分层和分类相对应。为了能准确反映和描述教育教学发展实况，全面呈现结果和形成过程，需要在整体关注的同时，从不同的视角进行量化考核，根据实际基础和分层条件进行合理区分，确保评价公信力强、实用度高。在评价操作过程中，评价指标维度要相互独立，自成一体，关系平行，权重相等，既要考虑独立考核，也要方便综合评价。为了提高实操度，教育管理部门可以基于评价维度设立评价等级并按区间赋分，设立各维度评价等级专项考核特色奖和综合发展突出奖，分门别类进行评价激励。

3 评价体系指标内涵要宽而细

在评价学生品德发展时，可通过学校德育工作开展状况、学生德育活动成果、阅读课学习成果、实践课参与情况和实践成果来突出品德发展水平。在评价学生学业时，以入学成绩为参照，设置多项提高率指标，把学生的学业水平维度增值评价放在重要位置。一方面要兼顾高考、学业水平考试和选择性考试等评价学生学业成长，另一方面考虑学生的文化课高考成绩和综合素质考试，包括艺体类、通用技术、信息技术、科技素养等。

在评价身心健康时，可以借力社会优质评价资源，委托第三方专业评价权威机构到校定期测评学生体质健康发展水平，例如，武都实验中学可结合学校实际条件采购专业评价设备仪器，组织校内体育教师和医疗专业人员进行相关培训，进行定期问诊填表式测评，通过大数据分析来比对衡量学生体质健康水平。

在评价特长发展水平时，必须逐项分开设立科技素养和人文艺术（文学创作、艺术展演、地方优秀传统文化传承与深度挖掘）。以武都实验中学为例，以发展走班式大体育课、艺体课（鉴赏类和专业类）、阅读课、劳动课、实践课、通用技术课和社团课（艺术社团、学科社团和科技社团）等多课融合课程体系为先导，五育并举、强力推进，在学科竞赛、科技素养、人文艺术、艺体比赛、劳动成果、实践活动参与度和过程体现七个方面进行考核，竭力消除生源差异和地缘文化差异带来的评价偏差，激励学生个性化成长和全面发展，推动学校特色成长和内涵发展。

在评价学校教学管理时，要充分考虑全省全市或县域地方普通高中教育教学工作实际，从生态、立体的角度审视复杂、多元的学校教学管理，绝不能以偏概全。在总体构架上要覆盖学校教育的全过程，从党和国家教育方针政策落实、学校治理结构、学生管理、课程教学管理、教师管理、教育资源管理、安全管理和社会综合影响评价等八个方面分别设置多级职能指标，包括常规教育管理水平的常态考量、常规学习管理的跟踪考核、综合管理水平的系统评价等。

在评价学校课程实施时，要基于全面贯彻党的教育方针、规范中小学新课程实施行为、突出导向作用、引导各级各类学校全面落实教育部颁布的新课程方案、采用先进的教育理念实施教学、控制学科知识巩固型作业、加强学生探究性和实践性作业、遵循教育规律和学生成长规律、严格遵守省市“双减”政策和有关学生作息时间的一系列规定，切实减轻学生学业负担，以人为本，全面发展，确保提高教育教学质量。评价可以在课程理念、课程开设、课程资源、课程实施、课程评价、学校特色等六个方面向下设立多级细化指标。

在评价教师专业发展时，要多措并举提高教师队伍整体素质，促进教师专业发展和教师交流情况，以及学校教师结构（年龄和职称）、教师师德师风考核和宣讲活动、学科教学能力、教研培训研修、青蓝工程师徒结对、教师思想政治专项考核、论文撰写和课题项目研究、教育教学荣誉获奖等九个方面立标赋分评价。

（三）完善内部制度建设，促进学校改革特色发展

第一，完善教学设施。新高考改革的实施必将出现教学设施资源不足现象，学校需对教学设备进行合理的规划。一方面借助政策项目资金对走班教室、合班教室、功能实验室、数字实验、学生社团活动室及时投放扩建；另一方面倡导爱心企业、杰出校友对学校进行捐助投资，多渠道扩充资金，实现改革所需教学设施的建设。

第二，强化师资队伍。新高考改革的逐步落实将给学生们足够的选择权，学校在管理上须适当改进，精准掌握学生选课情况与课程计划，对教师进行合理规划，有效落实选课所需师资。一方面针对条件不足的科目，可采取多校走教的方式与兄弟学校多边合作；另一方面要系统开展相关培训，鼓励关联度高的教师进行跨学科融合教学，培养出校内的学科多面手。

第三，合理规划课程。在实施走班教学前，提前做好课程组合设计，将学生在主要考试中的成绩进行整理和分析，为学生开展两次心理测试，将结果及时反馈给家长、科任教师和学生发展指导责任人，帮助学生更合理地选课。结合本校教学实际，让学生明确自身的不足，有针对性地学习文化知识，实现学生全面而有个性的高质量发展。

第四，重构优化教学管理机制。学校教务处要根据新高考的特点制订出切实可行的质量提升方案，抓好各项落实工作，科学追踪备课、上课、课后作业和效果测试环节，统一管理、量化考核。通过课前交流、备课组听课、组长反馈意见、随堂教学效果测试或者教研室组织科任老师座谈来考察教师教学理论水平，也可随机组织学生座谈，依据反馈情况量化考核教师实际教学效果。

以武都实验中学为例，学校教研室紧紧围绕打造新时代为教学服务的教研工作体系，除了常规的教学观摩听课外，采用多种手段提升教师的课堂驾驭能力，如青年教师磨课、名师示范课、青蓝工程师徒结对徒弟汇报课，骨干教师说播课和线上线下精品教学优质课等，对学生反映突出的教师实行名师跟踪反复磨课。一方面对课堂教学中存在的问题精准问诊。结对的师徒之间预约问诊，徒弟事先发出邀请，请师父前来指导把脉，师父也可以提前预约徒弟前来观摩自己的课堂教学，对徒弟教学中存在的问题，师父提出有效的靶向治疗策略；对于比较缺乏经验的年轻老师，备课组资深教师手把手指导，进行示范引领，帮助其快速成长；若教师在教学中出现突出问题时，在教研室申请登记后，学校组织省内外专家线上线下进行特需问诊。另一方面在课堂之外加强作业追踪、考试追踪和教师教案撰写、备课考核。基于原有的整体成绩分析追踪，为了便于导师精准辅导强化了学生个体追踪，注重学生个体在单科上的成绩变化分析，不同的教学班成绩在时间纵向变化分析，帮助学生、班主任和任课教师更清晰地认识自身的弱点，促进教、学、导有理有据有时效。学校始终秉承只有教师备好课，才能上好课，要给学生一滴水，教师必先装满一桶水，为此要不遗余力地加强教师备课和教案环节的多边多维跟踪考核。除了要求教师以“历史上的今天”将党史学习教育备入每一篇教案外，强力落实教务处对教案签约检查和教研室对教案撰写不定期抽检，每学期各学科每人必检，并进行赋分，作为备课组考核评价体系中每学年优秀备课组和教研先进个人评选重要指标，对教案检查中出现重大突出失误的备课组一票否决，出现问题的个人和备课组全年均不能评优选先。

（四）创新教师专业发展，系统构建长效优质平台

教师专业发展不只是教师个人的发展，更是学校发展的重要组成。学校要把加强教师专业发展当作学校发展的重头戏来抓，健全教师成长发展有效机制，大力建设一支四有好教师队伍显得至关重要。其一，通过省

内外东西南北中校际合作、搭建广域教研交流平台、常态化构建高效课堂、持续加大突出贡献教师奖励力度和溯源深度等一系列工作机制和举措激发教师主动发展、主动追求。其二，构建基于网络技术和新媒体的教师专业发展平台，以泛在学习的方式，让先进的教育技术和全新理念为教师常学常新，线上线下、理论与实践教育相融合，确保教师在有限的时间内接触到最新教育资源，学到新方法，升级新思维，吸收新理念。其三，建立校本教研理论库、校本教材库，在实现班本错题库建设的基础上，反复斟酌研判、分析比对，整理升级建成校本习题库、校本典题库，筛干捞尽本校学生典型错题，让具有实际导向的问题真正闭环校本化，打造优质资源共享的本土蓝本，为学校教师教学交流提供背书支持。其四，以教学实践活动为载体，打造市县域、校内名师工作室，或申请省级名师工作坊进学校设立常驻机构。

以武都实验中学为例，学校用一年时间在校内建成了语文学科郭勤名师工作室、数学学科杨光煜名师工作室、化学学科马兴荣名师工作室、音乐学科何杰名师工作室和体育学科周祖辉名师工作室等5个县级名师工作室，并成功申建打麦场高山剧省级工作坊1个，以5个工作室和省级工作坊为纽带吸纳了省内学科优秀专家和县域名师、骨干教师和有突出发展潜能的青年教师，并成功开展了多次富有特色的校本培训活动。

6. 普通高中多样化发展的逻辑与实践理路
——以广州大学附属中学为例

席长华

提　要：普通高中教育多样化发展的实质是对高中教育进行全方位、系统性的深入变革，学校多样化发展的核心是基于学校历史文化的特色化发展，根本途径是探寻培养模式的多样化，关键是课程开发的多样化。要做好做强普通高中多样化发展，首要任务是厘清多样化发展相关要素的关系，主要包括：谁的多样化——多样化的主体问题，多样化是什么——多样化的内容问题，怎样多样化——多样化的实施问题。

作　者：席长华，广州大学附属中学副校长

普通高中多样化发展，成为新时期高中教育的重要战略任务。2019 年 2 月，国务院印发《中国教育现代化 2035》和《加快推进教育现代化实施方案（2018—2022 年）》，明确提出“鼓励普通高中多样化有特色发展”的战略任务。2019 年 6 月，国务院发布《关于新时代推进普通高中育人方式改革的指导意见》再次提出，“到 2022 年，普通高中多样化有特色发展的格局基本形成”的目标。国家从教育政策层面，明确提出普通高中多样化发展。普通高中多样化发展包括学校多样化、课程多样化、体制多样化、办学形式多样化及评价体系多样化等方面，[①]是为了满足不同潜质学生的个性化需求，[②]普通高中需要形成多元、开放、可选择的办学格局，也是当前国家需要建设创新型国家及培养创新型人才的需求。[③] 但在现实中，普通高中多样化发展存在很多现实问题，有外部政策支持上缺乏体制机制保障的问题[④]，也有学校内部办学理念空洞、模糊的目标规划及对制度的过度依赖。[⑤] 在实践操作层面，从普通高中培养模式的多样、普通高中教学内容的多

① 康万栋. 关于普通高中多样化特色化发展的思考[J]. 天津师范大学学报(基础教育版)，2013(3)：1—5.
② 陈志利，张新平. 普通高中多样化发展的本质[J]. 现代教育管理，2014(11)：49—53.
③ 杨锐，李天鹰. 我国普通高中多样化发展的情境之困与破解[J]. 现代教育管理，2017(1)：62—67.
④ 余凯，谢珊. 普通高中教育多样化发展的问题分析与政策建议[J]. 中国教育学刊，2020(2)：40—45.
⑤ 何贝娜. 普通高中多样化发展的必要性与现状分析[J]. 教学与管理，2017(5)：31—34.

样和普通高中办学体制的多样性等方面实践，[①]并且拓宽办学思路，采取导学结合、艺教结合、体教结合创新办学模式。[②] 本文基于广州大学附属中学高中多样化发展的办学实践，对普通高中多样化发展提出一些思考。

一、普通高中多样化发展的逻辑理路

学校教育最终的目的是促进教育对象的发展，即学生的发展。"为了每个学生有个性的发展"和"让每个学生学会选择"应当是普通高中多样化发展的逻辑起点。新时代高中教育育人目标从"育分"到"育人"、从注重"分数"到培育"素养"转变。处于高中阶段的学生从少年向青年过渡，这一阶段是学生个性形成、自主发展的关键时期。这一阶段的学生正在经历青春叛逆期，学生的独立性、自主性、个体分化都在逐步增强，个体间的差异开始比较充分地表现出来，尤其在兴趣、需要、能力、气质、性格、智力等方面表现出明显的个性特征，差异分化更加明显。正是这种差异性对高中阶段教育的丰富化、多样化提出了要求，那种不顾学生个体差异，不了解学生具体的成长发展需要，要求所有学生齐步走的教育，必然扼杀学生的个性，导致许多学生找不到真正的自己，最终归于失败。因此，"高中阶段的教育，必须尊重在身心发展方面已经越来越分化的高中学生的选择和自主性，尊重他们未来发展取向的多样性"[③]。

当今社会由于经济、政治、区域发展的不平衡，充满了不确定性。社会的不确定性深刻影响着教育。基础教育如何让学生学会适应世界的不确定性？杜威在《确定性的寻求》中说，人生活在危险的世界之中，便不得不寻求安全。人寻求安全有两种途径：一种途径是在开始时试图同他四周决定着他的命运各种力量进行和解。……另一种途径就是发明许多艺术，通过它们来利用自然的力量，人就从威胁着他的那些条件和力量本身中构成了一座堡垒。杜威对于不确定的应对在于两个方面，一是与不确定性和解，一是以自我的确定性应对不确定性。高中教育阶段，让学生在众多课程中学会选择，在选择中学会应对社会的不确定性，这是普通高中多样化发展促进学生学会选择的必要性。

二、普通高中多样化发展的实践理路

(一) 战车上的学校：广州大学附属中学

广州大学附属中学（以下简称"广大附中"）的前身是四野于 1948 年在东北哈尔滨创办的"东北民主联军南岗干部子弟学校"，学校创办之初只有 8 位学生，其中包括毛主

---

① 王智超. 普通高中多样化发展的现实困境与理论探索[J]. 东北师大学报（哲学社会科学版），2013(2)：136—139.
② 高建忠. 普通高中多样化办学实践与探索[J]. 中国教育学刊，2013(12)：31.
③ 谢维和. 从教育的间断性与连续性看高中改革[N]. 中国教育报，2012－03－02.

席女儿李敏。随着解放战争一路南下，1950年广州解放，学校随之迁至广州，先后命名为“第十五兵团干部子弟学校”和“八一学校”，文化大革命开始后，广州所有学校交给地方管理，学校也数字化，更名为“第53中学”。改革开放后，广州师范学院为了有一所学校作为师范生培养基地，将第53中学更名为“广州师范学院附属中学”。2000年，新的广州大学成立，广州师范学院附属中学随之更名为“广州大学附属中学”。21世纪初，广州大学附属中学在广州市400多所中学里，不论生源进口还是出口，基本上处于第15名以外，但学校的德育一直以来都是广州市的金字招牌。

2004年，学校班子换届，经过公开竞聘，学校全体老师投票，选择了广州大学教育学院副教授邓云洲做校长。基于学校初中部优质生源流失严重、学校教师普遍不发文章不做课题、学校没有任何社团等现状，邓校长提出了“活动育人”的德育理论，创设了高中0班、拔尖创新人才早期发现和早期培养班，组织教师们开展校级课题科研。经过十年努力，学校从在广州市居于15名以外的位置跃升为前6名。2015年，邓校长再次提出学校的办学目标，努力让学校从前6名发展成广州市前3名的一流学校。从此，办成广州市一流名校成为学校所有师生的共同愿景。

2020年，学校班子再次换届。新的时期，学校的发展已经处于广州市前列，作为广东省前沿的名校，学校下一步的发展往何处去？学校发展的增长点在哪里？这是摆在新一届领导班子面前的现实问题。新一届领导班子审时度势，提出学校新时期的发展目标，即办成全国一流高中、全国一流教育集团。“一流”依然指向教师的专业成长，实现“让每一个孩子适性发展”。因此，高中教育的多样化发展是广大附中新时期发展的战略，是学校未来发展的方向。

（二）学校多样化发展的实践理路

普通高中教育多样化发展的实质是对高中教育进行全方位、系统性的深入变革，学校多样化发展的核心是基于学校历史文化的特色化发展，根本途径是探寻培养模式的多样化，关键是课程开发的多样化。

1 核心：基于学校历史文化的特色化发展。

广大附中是一所“骑在马背上的学校”，学校在历史上曾培养了26位共和国的将军以及数以万计的共和国军人，众多开国元勋的子女曾就读于学校。因此，学校有着深厚的红色血脉。2010年，为筹备校庆，邓校长亲赴北京会见校友。当罗荣桓元帅的儿子罗东进将军率领众多军人校友在邓校长面前列队、敬礼、唱着当年校歌时，邓校长被感动得热泪盈眶。感动之余，邓校长大受启发，重新思考着学校发展的定位。在革命年代，学校为国家部队建设和发展培养了大批后备人才，在今天以经济建设为主的和平年代，学校能再为国家为部队做些怎样的贡献呢？一种文化和一个特色班级开始在校长头脑中酝酿。

校长从北京回来后，组织校领导班子开会，专题研讨学校发展的重新定位。经过多轮讨论、专家引领，最后，决定把学校光荣历史凝练成红色文化。学校的校训是“做最好的自己”；学校的精神口号是“赳赳广附，不忘初心”，其中“赳赳”二字来源于大秦帝国“赳赳老秦，共赴国难”；学校的精神是“亮剑精神”；学校的校花是“映山红”；学校的吉祥物是“东北虎”；学校的外墙颜色是红色。不论从物质的还是精神的，学校文化都以红色为基调。

文化是学校师生的共同信仰，为了让文化有载体，2012 年，学校成立了全国首个高中“国防班”，将国防生的培养链条下沉至高中。具体的做法是，从高一新生中，以学生和家长意愿为先，经过学校对意向生的身体检查，思想考核，组建两个国防班。学校每学期拿出 100 个学时，开设了国防理论课、国防法规课、国防体育课、国防技能课、国防科技课、国防研学课等六门课程。高中国防班建设产生了良好的社会效益和教育效益，首先是探索出了一条通过国防教育提升学生全面发展，培养出思想好、品德好、身体好、心态好、成绩好新五好学生的有效路径。二是通过三年培养，夯实了学生国防意识，学生树立了投笔从戎的理想信念，8 届毕业生中，考入军校的学生达到 120 人，为国家输送了一批优秀的后备军官。三是国防班学生作风优良正派，对学校校风起到更好的建设作用。

学校基于历史凝练成学校文化，再以国防班作为学校文化体现和传承的载体，突出了办学的特色化。当然，任何教育特色或特色教育必须服务于根本的教育目标，这样的特色才具有真正的教育价值。正是基于“培养完整的人”这一核心目标，并以此为黏合剂，将特色与普通关联、整合，才可能得到全校师生的共同认同。国防教育是一种综合性的教育实践，指向的是“成为最好的自己”，“成己”且“成物”，达至“成人”。这样的特色教育才更具有生命力和可持续性。这为学校处理普通教育与特色教育的关系提供了一个很好的思路。特色教育只有与普通教育相融通，才不会成为无源之水。真正的“特色教育”或“教育特色”是扎根于学校的历史、现实和共同的期待，而非简单的“生造”“硬造”。

2 途径：培养模式的多样化。

广大附中基于“做最好的自己”校训，致力于培养“有正确价值观、健全人格、阳光气质”的人作为毕业生形象设计，高中学校多样化发展离不开培养模式的多样化。广大附中在近几年办学过程中，实现了“医教融合”“体教融合”“军教融合”和“院教融合”。

“医教融合”是指学校与省中医院合作，将中草药种植和学校劳动教育相结合。具体的做法是，学校将教学楼楼顶开辟成菜地，每个班级领到一块“份地”。在广东省中医院药学专家的指导下，学生种植中草药，并将中草药果食进行简单的制作。中草药文化是我国传统文化的重要组成部分，教育部也出台文件，要求中华传统优秀文化进校园。近年来，教育部对劳动教育进校园提出了更高的要求，广大附中把传统文化和劳动教育有机结合，发挥了传统文化和劳动教育的双育人作用。

"体教融合"是指学校与社会篮球俱乐部、足球俱乐部、广州市攀岩协会合作，将优秀的青少队学生录取到学校。在学习文化课的同时，继续参加俱乐部训练，有赛事时，既代表俱乐部参赛，也代表学校参赛。如此一来，把校园体育文化生活带动起来了，而且还提升了学校高级别赛事的成绩。2021年东京奥运会，潘愚非同学代表国家队参加奥运会并取得优异成绩。2022年，学校初中足球队参加全国青少年足球联赛，打入决赛。

"院教融合"是指学校借助广州大学心理学院的团队力量，参与到学校心理咨询室工作中来。广州大学是广大附中的上级单位，心理教育专业研究生每天上午9点到晚上9点到附中开展实习，在心理学院副院长的亲自指导下，对学生个体开展心理咨询和辅导，并定期开展团辅。

"军教融合"是指和省军区合作，成立高中国防班，并聘请现役军官担任学校军事副校长，指导学校国防班建设和国防教育的开展。学校与驻穗部队紧密联系，为学生开放军营。暑假期间，部队派官兵到学校对新生开展军事训练，高二国防班进驻到军营开展实训。

3 关键：课程开发的多样化。

课程是学校发展的重要抓手，学校应基于办学理念、生源特点，在学科课程、德育课程上多样化建设。学科课程多样化的具体做法是开设选修课和社团，高一、高二年级学生可根据自己喜好选择选修课程，选修课程采取学分制，目前学校共开设了38门选修课，比如受到学生广泛好评的"西方语言文化""指尖上的物理""人体与健康""法国文化""微生物的应用""杏坛讲史""广附经济论坛"等。学校目前有近百个社团，涵盖了科学、人文、体育、文艺、物化生等几乎所有学科，突出文艺性、竞技性、实用性和世界性。其中模联社、巧固球、车模、机器人、街舞、航模社多次在国际上获大奖。学校近年一直在努力探讨语言教学的途径，举全校之力，编订了自己学校的语文、英语教材，突出体现了语言学习的认知规律。

德育课程的多样化基于"活动育人"的德育理念，开放性创设了最为掷地有声、最富社会反响的"九大节八大主题"品牌活动。九大节即班主任节、体育文化节、艺术节、狂欢节、语言文化节、数学文化节、英语文化节、科技节、书香阅读节。八大主题活动有新生军训、成人礼、高考加油站、环大学城拉练、学农、百日誓师、冬夏令营、博士讲坛等。

"九大节八大主题"是全校性质的活动，在这里不分年级，不分师生，大家汇聚一堂。在活动中相互了解，相互学习，相互承认，在活动中培养全体师生的综合素养。同时，"九大节八大主题”极大地丰富了师生日常生活，拓宽了学生们的知识面，犹如夜空中的北斗七星，交相辉映。

2007年学校在广州市首次创新性地举办了“数学文化节”，之后又以语言文化为主题，举办了丰富多彩的“汉语文化节”“英语文化节”。这三大节主要结合学生学习的核心科目语文、数学、英语，寓教于乐，提高兴趣，开阔视野，发展智能。其后开展的“班主任节”“体育文化节”“书香阅读节”“科技节”“艺术节”“狂欢节”也都指向学生的相关兴趣爱好开展，真正达到寓教于乐、全面深化学生素质教育的效果。

“九大节八大主题”活动，“创意新、项目多、体验强、规格高、影响大”，广受赞誉。学生们在追求理性之美的过程中，又能感受到浓厚的人文气息，孩子们对学校的热爱之情得到熏陶。“以生为本”，学校通过各式各样的专题文化节，极大提升了学生在相关领域的兴趣和学习的乐趣，促进了学生德智体美劳全面发展。其实，每一位家长都希望自己的孩子在学校能够品学兼优、顺利升学。可是学科中刻板的专业知识与一成不变的试卷考核，会让学生产生抵触与厌烦的情绪，孩子们从书本上看不出所学知识的实际价值。学校通过设立“九大节八大主题”，举办学生日常学习科目的“文化节”活动，让孩子们将自己所学的知识运用起来，体会到原来数学、英语可以这样实用、这样丰富多彩；有点自己的小特长，如会小语种、会朗诵、体育强，在活动中可以引人注目、大放异彩！这不仅满足了孩子们在学习上的成就感，又激发了孩子们进一步追求知识、渴求知识的心！

“博士论坛”定期聘请高校知名学者，将大学课堂搬到中学来，拓展了学生知识的广度与深度。通过博士论坛，学生可以了解到更多更新鲜的知识，领略大家风采，深入了解某一方面的专业知识。在博士论坛上，当孩子们见到一位位博士博古通今、侃侃而谈，那种内心由衷的崇拜使他们见贤思齐，希望自己能够成为这样学富五车的人，从而主动索取知识的热情得到激发，使得他们更加好读书，爱读书！

三、问题与思考

高中多样化源起于高中课程多样化的研究，始于1959年美国将学生分成一般学生、资优学生以及天才学生，针对不同学生开设不同课程。① 我国学者在1989年提出，无论是适应社会的需求还是学生的个性发展方面，“普通高中课程设置多样化是必然趋势”。② 2001年，我国启动了基础教育新一轮课程改革，进一步强调了“高中课程多样化”。为致力于改变学校办学“千校一面”现状，普

① 科南特教育论著选[M]. 北京：人民教育出版社，1988：69—70.

② 笪佐领. 多样化——普通高中课程设置的必然趋势[J]. 中学教师培训，1989(3)：18—19.

通高中多样化成为研究和实践的热点。要做好做强普通高中多样化发展，首要任务是厘清多样化发展相关要素的关系。

1 谁的多样化：多样化的主体问题。

是高中多样化还是普通高中多样化？高中和普通高中是两个类属概念，高中包括普通高中、职业高中、国际高中等类型。高中多样化的主体指向政府，宏观层面进行顶层设计。普通高中多样化指向以升入高等院校为主的高中，它更多聚焦普通高中内部的建设。主体不同，办学性质、学校体制可能不同。主体不同，多样化的受益对象也不同。作为普通高中的一员，我们更多进行的是普通高中内部多样化的思考。即使是普通高中多样化，同样存在多样化的主体问题。一般意义上说，普通高中多样化指向学校为主体，在课程内容、实施形式、评价方式等方面多样化。但是，今天的办学主体名义上以法人为主体，实际上包含学校、家长、学生、社区等组合而成的教育共同体已成为主体。共同体更能代表多层次的需求，更能体现文化的多元。

2 多样化是什么：多样化的内容问题。

普通高中多样化绝不仅是单方面的多样化，它一定是一个完整的闭环逻辑关系，至少包括育人目标的多样化、育人方式的多样化、课程的多样化、评价的多样化。

在国家育人目标的引领下，各个学校都会提出自己本校的育人目标，比如“学生自主学习，拓展潜能，全面发展”“以人为本”“以生为本”等学校教育理念，过于宏观、过于高标、过于理想，更多体现在学校官网的宣传上，没有体现尊重学生个性、尊重差异发展。因此普通高中多样化发展的前提是育人目标的多样化，如果没有因材而异的育人目标，要实现普通高中多样化发展只是一句口号而已。

在课程多样化的过程中，必然产生学校特色化问题。关于学校特色化（或特色教育）应当要注意以下几点。

一是特色教育的定位须指向学校的培养目标。特色教育应与国家的核心教育理念一致，它是落实国家教育追求的重要路径。特色不能所谓生搬硬造外在于“核心素养”的素质，应当以一种特色化的方式回应国家的教育追求。同时，特色教育须与学校的培养目标一致。特色不应只是为学校添光贴金，而是应呼应和融入学校的培养目标；并非只是为了发展所谓的“特长”“特质”，而应当成为培养有个性的人的重要组成部分。

二是特色课程的目标须回应培养目标的要求。特色课程不是可有可无的存在，而是实现学校愿景必备的方式和手段。应回到学校的培养目标，从一开始就统整、融通特色教育的目标与普通教育的目标，将两方面的目标一体化，转化为课程目标，并以具体的课程体系来呈现。不然，特色只会成为边缘化的摆设。

三是特色教育的实施须有制度化的教学组织来保证。特色教育的实施同样需要借助课程体系来落实，需要有制度化、常规化的课程体系来承载，而不能只是一种表演式的活动。特色要与国家课程进行统整融合进而实施。

四是特色教育的评价仍须以培养目标为本位。特色教育的评价不是简单地创设一套新的评价体系，而应该与普通教育评价进行整合，对照学校培养目标，关注过程、关注体验、关注增值性发展。

3 怎样多样化：多样化的实施问题

2017年《中小学德育工作指南》提出德育的六个途径：课程育人、文化育人、活动育人、实践育人、管理育人、协同育人。在六个途径中，最能体现多样化发展的当属协同育人。本文以广大附中为例，以“体教融合”“医教融合”“院教融合”“军教融合”“家教融合”等五个协同育人途径实现课程的多样化，包括当前的“体育高中”“艺术高中”，本质上依然属于课程多样化。除了课程多样化，在办学体制上也可以大胆创新，实现多样化发展的路径。比如主张普职融合的“综合高中”，在普高中办职高，实现普职的互融互通。比如在普通高中创办国际部，这是当前部分普高的做法，同样实现了对不同个体国内升学和国际求学的需求。当然，要实现普高中不同办学主体、不同体制、不同性质的多样化办学，需要政府政策的支持，比如产权归属问题、师资认证问题、学费收取问题，这些社会敏感问题不是一个学校能解决的，要依靠政府顶层设计和宏观调控。

总之，普通高中多样化发展体现了时代的要求，也是中国教育的现实选择。要落实国家的这项基本教育政策，其前提是厘清多样化相关要素的关系，核心是以基于学校历史形成的学校文化为引领，实施途径是培养模式的多元化，关键在于课程开发的多样化。普通高中多样化发展的价值追求，在于“促进每个学生个性的发展”和“让学生学会如何选择”，以回应当今社会的不确定性和国家对未来人才培养的要求。

7. 中国式教育现代化进程中校长的理想信念与使命担当

刘军祥

提 要： 校长最本质的工作就是带领全体教师贯彻党的教育方针，把立德树人作为根本任务，努力办好高质量的教育。做一个与时俱进的校长，才能在实现中国式教育现代化的进程中适应新时代的呼唤，不辱校长使命。在中国式教育现代化进程中，校长应当：眼中有方向，脑中有蓝图，胸中有故事，肩上有使命，手中有方法，脚下有路径，身后有后盾。

作 者： 刘军祥，河北无极中学校长

教育是一个系统工程和综合生成，包含个人、家庭、学校和社会四个要素。个人是种子，家庭是根茎，学校是土壤和阳光，社会是空间和环境。学校这片教育的土壤，是沃土还是贫壤，关键在于校长。

在学校发展中，校长就是学校的一面旗帜，起着至关重要的作用：校长的办学思想是学校建设的旗帜，校长的人格品德、思想境界是师生学习效仿的旗帜，校长的前瞻决策和创新精神是引领学校持续发展的旗帜，校长的法治观念和民主意识是学校现代管理的旗帜。

校长最主要的职能就是成为全体师生的精神导师，不仅做一个高举旗帜的旗手，而且应该成为一个学生和老师愿意追随的人。师生追随的其实不是校长个人，而是校长的教育思想，校长的与时俱进的办学理念，校长的人生观、价值观。

校长最本职的工作就是带领全体教师贯彻党的教育方针，把立德树人作为根本任务，努力办好高质量的教育。十三届全国人大四次会议审议通过的《中华人民共和国国民经济和社会发展第十四个五年规划和2035年远景目标纲要》指出，办人民满意的学校，实现教育高质量发展，构建高质量教育体系，是社会发展对教育提出的新要求，也是我们做校长的必须要思考和面对的问题。

做一个与时俱进的校长，才能在实现中国式教育现代化的进程中适应新时代的呼唤，不辱校长使命。

一、眼中有方向——把握好时代脉搏

校长应该是一所学校思想的引领者、工作的示范者、文化愿景的设计者、课程的建设

者、教师的服务者、责任的承担者、学校团队的缔造者。在学校发展中，校长有着众多的角色，就像是学校的一面旗帜，起着至关重要的作用。校长要扮演好这些角色，树好这面旗帜，必须要关注国家教育改革发展前沿信息和政策，把握好时代的脉搏，做到眼中有方向。

从某种意义说，教育代表着一个时代的风尚，引领着这个时代的风气。以2021年为例，教育部连续出台了多项教育政策、法规，涵盖学前教育到高等教育，如《关于加强新时代高校教师队伍建设改革的指导意见》《关于大力加强中小学线上教育教学资源建设与应用的意见》《中华人民共和国国民经济和社会发展第十四个五年规划和2035年远景目标纲要》《义务教育质量评价指南》《关于加强义务教育学校作业管理的通知》，以及新修订的《民办教育促进法实施条例》《未成年人保护法》《关于进一步减轻义务教育阶段学生作业负担和校外培训负担的意见》《关于进一步做好义务教育课后服务工作的通知》《关于进一步减轻义务教育阶段学生作业负担和校外培训负担的实施方案的通知》《国家义务教育质量监测方案（2021年修订版）》《中华人民共和国家庭教育促进法》《"十四五"县域普通高中发展提升行动计划》《"十四五"学前教育发展提升行动计划》等一系列政策法规，着意于解决教育现实问题，对当今教育教学中重大课题进行了全面、深刻回答，旨在校准好教育发展的方向，让每个人都能享有公平而有质量的教育，让每个孩子都有人生出彩的机会。

我们今天所处的时代是一个以变革、调整、创新为显著特征的时代，把握好时代脉搏才能与时俱进。2021年出台的政策法规中，有四个文件均涉及义务教育段作业管理和课后服务：《关于加强义务教育学校作业管理的通知》提出：严控书面作业总量，不给家长布置作业，严禁校外培训作业。《关于进一步减轻义务教育阶段学生作业负担和校外培训负担的意见》则进一步提出要求：全面压减作业总量和时长，减轻学生过重作业负担；提升学校课后服务水平，满足学生多样化需求；坚持从严治理，全面规范校外培训行为。《关于进一步做好义务教育课后服务工作的通知》要求"一校一案"制定课后服务方案。《关于进一步减轻义务教育阶段学生作业负担和校外培训负担的实施方案的通知》要求推进课后服务全覆盖。这些法律法规，进一步明确和强调了现阶段"双减"工作的方向和定位，这是党对教育事业与时俱进的重大战略判断，也是从党和国家教育事业发展大局出发，从理论与实践、现在和未来的结合中深入思考得出的正确结论，进一步引导教师转变育人理念，推动育人方式的改革，是保证既不打乱正常教学进程又让学生从繁重的课业负担中解放出来，既不迷失教育方向又保证教育事业健康发展的关键所在。

当部分学生迷失在课外培训的时候，他们的分数可能会提高；但当所有的学生都去培训的时候，势必只会进一步推高分数线。

因此，国家出台“双减”政策利国利民，意义重大。作为教育人，要认真领会国家的教育方针政策，转变育人方式，坚持以人为本，全面发展，五育并举，培养学生核心素养，办高质量的教育。作为校长，既要结合时代发展、遵循国家政策，又要有自己对教育的深度思考，探索构建更为科学的发展评价体系，不偏离育人的方向和轨道，坚持为党育人，为国育才，为中国特色社会主义建设培育合格的接班人。

二、脑中有蓝图——规划好学校愿景

世界上什么最高贵？信任；信任来源于教师对校长的相信、相依。什么最重要？期待；期待来源于教师对学校美好愿景的认同。

校长要实施愿景管理，学校愿景是学校对未来理想和长远战略目标所描绘的纲领性蓝图，即学校的办学目标、发展方向、学校文化、学校精神等。学校愿景有三个基本要素：大家愿意看到的（期望的）、大家愿意为之努力的（主动的）、通过努力可以一步步接近的（可实现的）。只有把愿景变成每个教职员工的愿望，愿景管理才能实现，所以规划学校愿景不是校长一个人的事。它是一个“自上而下”和“自下而上”相结合的过程，既要有校长的顶层设计，又应有全体教职员工甚至是家长的共同参与。只有建立在全体教师达成共识的基础上，形成它的生存土壤、生存基础，才有实现的可能性。具体来说，愿景的确立需要经历以下几个过程：

一是调查研究，厘清现状。即研究学校的历史和传承，分析学校的优势和不足，敢于直面现实，主动寻找差距，追根溯源，透过现象看本质。二是倾听心声，汇聚智慧。要充分发扬民主，广泛征求意见，面向全体教职工、学生、家长以及相关社会人士，发放问卷，座谈调研，通过深度的积极互动和对话沟通，了解其对学校的共同期望，以形成对学校愿景共同认同的一致性意见。三是研究修正，确立愿景。在学习、分析、研究、讨论的基础上，提出学校的办学宗旨、办学理念及发展规划，并不断修正，在不断修正的过程中，达到人人参与、人人知晓的目的。四是全面渗透，深植愿景。愿景深植强调“将渴望的未来转变为自觉的行动”，这就需要把学校的愿景融入学校管理的全方位、全过程，嵌入学校的发展规划和年度计划，分解为教学管理、德育管理、行政管理等的工作目标和具体任务。

这样，在学校，就把校长的工作由监控下属变成同下属一道自发为共同愿景去奋斗，让他们依靠自己的主动性，而不是在管理层的压力下去工作。愿景管理强调的是引导而不是控制，强调的是效益而不是效率，强调的是个体在团体中的能动作用，发挥的是人的主观能动性。在愿景管理下，学校各种元素在一种信仰的引导下产生互动，教师认同校长的办学理念，发自内心地支持、拥护校长，追随校长，从而爆发出强大的生命力。

结合我的校长经历，我认为愿景最重要

的外显是学校文化和学校精神。

学校文化反映了一所学校隐含的主流价值观、态度和做事的方式，这种价值观、态度和做事的方式可以使一所学校保持相对长期繁荣，也可以使一所学校停滞不前。它外显为学校的环境、教职员工的行为习惯、处事方式、思维方式、工作状态等，既可以是一所学校一直以来的优势传承，也可以是弥补学校目前短板的一种发展愿景，是全体教职员工新的努力方向和未来学校要达到的新高度，用来引领学校的发展，指导全体教职员工的工作。所以说，优秀的学校文化引领并影响着学校的发展，学校文化建设要努力做到与制度、环境、课程、活动等深度融合，这是一个长期坚持渗透的过程。校长是学校文化的领导者，教师则是学校文化的传播士，只要有意识去做，就能让学校文化深入人心。

学校精神是学校向心力、凝聚力、责任感和使命感的集中体现，是一所学校在其发展过程中形成的代表全体成员心愿、意志，并成为激发全体成员积极性和创造性的无形力量，是学校哲学、价值观念和道德观念的高度概括。无极中学在“做幸福教育”的办学理念基础上，又提出“做教育就是做良心”“适合的教育就是最好的教育”的教育理念和“表率是最好的管理”“陪伴是最好的教育”的管理理念，逐步形成了“奉献、团结、自强、超越”的无中精神，长期浸透于心，成为全体员工的共同追求和情怀，最终成为学校文化的灵魂和旗帜。

三、胸中有故事——传播好教育理念

校长的领导，本质上是思想的领导，也就是价值观的领导。从校名、校训、办学理念、学校发展目标、育人目标这几大块，架构起学校的办学思想体系，再把这办学思想体系通过课程教学体系、治理制度体系、环境文化体系等落实、落细、落小。但是，世界上最难的两件事，一是从别人口袋里拿钱，二是把自己的思想和理念嫁接给别人。

学校管理者传播学校理念的最好方式是讲述一个个真实的管理故事。空洞地阐述理念是一种乌托邦式的说教，而学校管理实践中鲜活的故事最能够打动人心，并让人记忆深刻。同时，讲述故事也能够促进我们不断反思并优化自己的管理实践。一个优秀的学校管理者应该善于讲述学校中的管理故事，不仅自己讲，还要中层干部讲，班主任讲，教师讲，甚至家长讲。怎样讲好故事？校长要引领。

1. 把握立足点：要讲述真实的学校管理故事。真实的故事才有打动人心的力量，才具有教育的温度，才更有实践反思的价值。当然，讲述真实的学校管理故事，需要具备真诚和勇气。无极中学有很多教师毕业于无中，有些教师的父母曾于此执教，他们有很多无中记忆，身上有很多无中故事，这些记忆和故事中渗透着教师对无中的认同感、归属感、责任感和荣誉感，蕴含着无中的灵魂，是无中的宝贵财富。于是我们通过讲前辈的"无中故事"和自己的"无中故事",唤醒教职员工对教育的热爱;用学校的传承让老师体会人生的价值,形成对教育的敬畏和热爱。

2. 选好切入点:以新颖的角度讲述熟悉的故事。生活和工作中没有那么多的新奇,但是我们可以选择新奇的角度,或以小见大,或转换视角。教育管理中存在两种视角:成人视角与儿童视角。教育与管理其实就是两种视角的对话。作为学校管理者,我们习惯于以成人视角和管理者立场来观察学校及学校管理,而当我们从学生视角重新打量学校并审视我们的管理时,极有可能获得全新的理解和完全不同的感受。所以,我们不再单方面对教师提出要求,而是让学生写一些自己最喜欢的老师的样子;我们不再单方面对教师进行评价,而是让学生写出自己收获最大和最没有收获的学科。也许,这样得出的结果才是最真实和有效的。

3. 关注价值点:深度反思现象背后的问题。约翰·杜威曾经说过:我们不是从经验中学习,而是从反思中学习。没有反思,就不可能有提高;没有反思的经验是没有价值的。问题→实践→反思→改进→再实践→再反思,这样的闭环就是一个不断学习和提高的过程。我们先后组织年级主任、备课组长、班主任等教师到定州二中、正定中学、衡水中学、精英中学、唐山一中、山西忻州一中等学校学习交流,汲取先进的教育教学理念,回校后,组织年级研讨会,对照自己的管理,结合自身教学实践,结合学生案例,对比中找差距,反思中找出路,反复总结经验教训,透过现象看本质。

4. 探寻生长点:保持对实践的敏感性与价值自觉。故事来自鲜活的实践。但日复一日的学校管理,特别容易让我们陷入琐细烦冗的实践之中,变得迟钝而麻痹。要时刻保持对实践的敏感性,不仅要善于换位思考,还要具备价值自觉,不断地从高处和远处回望自己、检视自己,对我们的管理实践保持足够的价值警醒,使我们的管理行为始终符合正确的教育价值观。

5. 走向延伸点:依靠读书写作丰富管理故事的表达。读书可以开阔我们的理论视野,让我们的思考具有一定的理论深度和厚度;写作则是深度思考的另一种形式,我们平日的反思可能是肤浅的、碎片式的、表面化的,而一旦我们将其整理成文,就可能迫使我们进行较为系统的深度思考。所以有人说,写作才是真正思考的开始。我坚持自己读书,与教师分享读书故事、精彩片段,撰写教研文章,并在教研中讲读,从而影响更多的教师。因此,我主张将写作看成是反思的重要手段以及讲述学校管理故事的重要形式。要求中层干部和教师每个学期至少读一本好书,分享一段精彩故事,写一篇教育管理或教学研究的案例,干部要讲好一次管理故事,教师要开好一堂读书班会,这不仅能丰富自己,也能影响他人。

四、肩上有使命——做教师的引路人

校长的角色众多，那么校长的第一使命是什么？这里首先要明确一下怎么理解第一使命。我的理解是：最重要的工作；最基础的工作；最持久的工作。用这样的标准去衡量，校长的第一使命只能是促进教师的专业发展。校长的工作没有比促进教师专业发展更重要、更基础、更持久的了。于漪老师也曾经说过，校长的使命，发展教师第一，发展学生第二。这里的第一、第二显然不是说重要性第一、第二，而是说，只有教师发展的工作做好了，学生的发展才能得到实现。北京十一学校李希贵校长曾经写了一本书《学生第二》，其观点也是说，要想使学生得到好的发展，首先要使教师有好的发展。校长不可能面对每位学生，每天直接面对学生的是教师，校长直接面对的也是教师。没有教师的发展，就没有学生的发展。人们经常说，校长是学校的灵魂，教师是质量的关键，这里的教师当然不是一成不变的教师，昨天合格的教师不等于今天仍然合格，今天合格的教师不等于明天仍然合格，教师只有与时俱进才能保持思想观念、能力水平的领先。

从另一个角度说，校长影响教师的最有效的办法也是带领他们进步，成为领导后，成功就在于推动他人成长。校长领导力的发展可以分为四个阶段：头衔依赖层——关系影响层——业绩表现层——人才培养层。优秀的校长决不是一个职权意义上的监督者，而是能够超越职权，用个人修养和学识影响他人的指导者。把握教师发展为先的领导原则，校长应当成为干部的导师，帮助下级干部开发领导技巧，修炼管理才能。校长还要成为“教师的教师”，采取各种办法推进教师学习，使每一位教师都能够成为专业发展的“自我塑造者”。

当然，校长也要善于学习，不断修炼自己。一个人的名声不能大于才华，一个人的财富不能大于功德，一个人的地位不能大于贡献，一个人的职位不能大于能力。德不配位，必有灾殃；德薄而位尊，智小而谋大，力小而任重，鲜不及矣。身为管理者，要时刻注意自己的言行，升为管理者后，我们就会成为整个团队的主心骨，作为代价，我们的一言一行都会被教师无限放大，对教师产生较大影响。为什么有人成了管理者反而跟团队关系不好，因为行为细节被放大了。所以，学习、修炼，应该是校长们的毕生科目。

五、手中有方法——做班主任的导师

选择好学校不如选择好班级；好班级的关键是好班主任；培养好的班主任，是培养好学生的前提。当一个善于检查的校长，远不如当一个善于指导的校长。校长，要有能力做班主任的导师，成为班主任的首席教官，要指导班主任工作，让班主任能为、想为、敢为，做到：

班级工作有要求——目标意识明确，组织纪律规范，能力培养为重，师生情感交流。班级工作有明确的目标，有内部的建制，有评比的标准，有展示的舞台，有沟通的渠道，才能强化日常行为规范，强健学生心理素养，培养学生综合能力，有效提升班级管理水平。

班级管理有样式——“班—组—群”式的管理特色，“师生互助”式的教风学风，形成了特色班级文化建设。充分发挥学生自主管理的积极性，遵从“学生能做的交给学生，学生可以做的交给小组，学生感到困难的教师给予指导”的原则，鼓励班主任在管理上多动脑，在教学中多思考，在课堂上多互动，真正落实学生这个主体在自我管理和学习中的地位与作用。

班主任工作有规范——开学三部曲，德育主题月，形成提倡阅读和写作的班级氛围。首先，坚持校长给学生上好开学第一堂德育课，参加一次教研会，听一节班主任的课；其次，实施“三个一”工程，让班主任用一天的时间严格一周的行为，用一周时间做好一个月的事，坚持一个月的规范打好一年基础，形成良好的班风校风。

班主任工作有激励——班主任节，营造尊重、理解、热爱、感恩班主任的和谐氛围。自2019年开始，每年举行隆重的班主任节仪式，树立先进典型，向班主任献花并呈上特殊的祝福，宣传热爱学生、爱岗奉献的班主任精神，进一步激发班主任的工作热情，提升班主任的教育艺术，促进班主任的专业发展。

六、脚下有路径——五育并举育全人

我始终认为，教育最大的价值，是使人成为有能力的人、有灵魂的人、有幸福生活的人。我们培养的，应是会创造、会生活的人，而不是会考试的人。真正的以人为本，不只是考虑学生一时的利益如考试成绩，而是立足学生的长远利益和根本利益，把握好一时与一世的关系，为孩子的一生负责。

五育并举是育人系统中的必备要素，是育人的一个完整体系。建立五育融合机制，做到价值归一、同向而行、统筹兼顾，实现五育共生，呈现出五育相互渗透、相互促进的积极功能作用。再到五育共融，达到五育相互滋养、相互成长、相互成全的最优态势。最后，五育共美，形成一个命运共同体，促进学生由表层发展到深度发展，这是育人的理想追求。

具体来说，德育，铸魂强信念。要为国育才，为党育人，培养“有本领、有理想、有担当”的“担当民族复兴大任的时代新人”。

智育，提智长本领。基于核心素养的课堂，提高了课堂教学的效率和质量，学业质量标准对于教师教什么、教到什么程度，或者说学生学到什么程度、掌握到什么程度就达到了相应的要求，作出了全面系统的规定，有效避免在实际教学中学得过多过难的问题。

体育，锻炼强体魄。新课程标准中体育课时仅次于语文和数学，占比10%—11%。

在此之前，2021 年河北省教育厅也出台了《河北省初中学业水平体育与健康科目考试方案》，加大了中考体育的分值比重，可以说无体育不学校。

美育，熏陶塑品格。美育的目标是造就丰富的灵魂，2022 版新课程标准改革了艺术课程设置，课时占比达 9%—11%，一至七年级以音乐美术为主线，融入舞蹈、戏曲、影视等内容，八至九年级分项选择开设。

劳育，奉献促担当。2020 年 3 月 20 日《中共中央、国务院关于全面加强新时代大中小学劳动教育的意见》发布，2022 版新课程标准更是将劳动从综合实践活动课程中独立出来，要求平均每周不少于一课时，包括日常生活劳动、生产劳动、服务性劳动。

我们以五育“共生、共融、共美”为引领，坚持实施让师生喜欢学校、爱上学校、记住学校的“幸福教育三步走”计划，围绕“健康阳光、家国情怀、学会学习、学会生活”的学生核心素养，努力让学生具备“六个一”“六能力”，为学生的幸福人生奠基：有一个健康身体、一种阳光心态、一项兴趣特长、写一手好字、讲一口普通话、写一篇好文章；具备管理规划能力、沟通表达能力、多元思维能力、合作创新能力、自救生存能力、审美欣赏能力。

我们开发出了富有学校特色的三级幸福课程：幸福课堂模式、幸福校本课程、幸福拓展课程。幸福课堂模式，推行预习、探究、练习、跟进的“三环节一跟进”教学法，让学生课前有期待，课上有惊奇，课中有感悟，课后有收获。幸福校本课程，以学生研究性学习为切入口，发动师生广泛参与，把地方文化传统资源作为校本课程进行开发和利用，旨在培养学生家国情怀，继承无极传统文化，并养成良好的生活学习习惯。幸福拓展课程，广泛开展学生社团活动，辩论社学生唇枪舌剑、演讲社学生激情昂扬、剪纸社学生精工细作、空竹社学生花样翻新、舞蹈社学生翩翩起舞、合唱社学生歌声嘹亮、游泳社学生如鱼得水、军乐队社学生激情昂扬……学校聘请专业教师指导，师生全员参与，活动开展得有声有色。

五育并举、五育融合的主旨就是要回归教育的本质规律，回答并解决教育究竟“如何培养人”这个根本问题。作为一名校长，我无法改变教育生存状态，无法改变家长对学生升学的过高期望，但可以改变学生的课堂，改变学生的课余生活，改变学生在学校里的生存状态，改变教师的行走方式，改变学校的发展模式，为学生终身发展负责。

七、身后有后盾——众人划桨开大船

一是管理团队。好校长不一定有好学校，好团队一定有好学校。林肯曾说过，管理的本质在于用人，统治的根本在于治人，而领导的精髓则在于御人，领导的才干，就在于识人善用。

独行者速，众行者远，众人划桨开大船。抓班子带队伍，本质就是从一个人到一群人的问题。我始终认为，只有始终保持谦虚的领导人，才能创造一个配合协调的团队，并将团队带向均衡的长期发展的道路。不论是学校的中层管理者，还是一线的班主任和教师队伍，我们的培养目标都是培养不断成长、发展、学习的人，其应具备的特质是：比别人早走一步（有志气、善创新），比别人多走一步（能坚持、有韧性），比别人更进一步（有责任、有担当、会引领）。一位优秀的年级主任这样说："我们不是一个人在战斗，我们是一个教学团队，是一个个教研组握紧的拳头。"我们学校建立了明确的工作职责，既分工明确又通力协作，分管工作能独当一面，做到有职有权不越权，也因此大家才能心往一处想、劲往一处使，形成一种团结一心、排难奋进的局面。

二是家长团队。家庭教育、学校教育和社会教育并称为教育的三大支柱，同时也是学校教育和社会教育的基础，对人的一生影响至关重要。理念先进、教育得法、跟学校保持同频共进的家长团队，将是学校工作顺利推进的重要保障。为了把学校的教育理念渗透给每一位家长，增强家校共育合力，我们通过家长委员会、家长广播站、家长驻校、家长沙龙、家长助教、家长论坛等形式，探索出了学校教育与家庭教育的结合点，建立了与家长沟通的长效机制，形成了家庭、学校教育的最大合力。校园内外齐心，教师家长携手共建。一系列的家校共育活动，更新了家长的教育理念，使家长在孩子成长过程中不缺席、不缺位，提升了家庭的幸福指数，也助推了学校的教育教学工作。

有人说，校长是学校里把握方向盘的人，是雨天里给学生撑伞的人；有人说，校长是陪伴学生、陪伴教师、陪伴家长一同修行的人；有人说，校长工作的过程就是带领一群不完美的教师和不完美的学生一起走向完美的旅程……我觉得这些说法都挺好，因为都说出了校长的共性特点：校长很重要。成为一个眼中有方向、脑中有蓝图、胸中有故事、肩上有使命、手中有方法、脚下有路径、身后有后盾的校长更重要，这也是新时代校长应具有的理想信念与使命担当。